認識と文化 1 編集＝田島信元・無藤 隆

共同行為としての 学習・発達

社会文化的アプローチの視座

田島信元

金子書房

「認識と文化」発刊にあたって

　近年，文化という観点は，いわゆる人文社会科学はもとより心理学等の学問においても，単なる外側の変数として重要だということを越えて，本質的な意味を持つものとなった。それは，心理学や社会学・教育学等においてはまず，人が様々な文化で異なった暮らしをし，異なった考え方・感じ方をするのだということ，そしてその様子を記述することの大切さに目覚めることから始まった。その上で，さらに，問題は深められ，一方では，我々が普遍的と思い，逆に日本的と思ったりすることが，我々の背負っている日本なり西欧のそれも近代の文化の持つ枠の現れかもしれない。そうだとすると，我々の学問自体が持つ前提が特殊文化的なのだろうかという疑いを引き起こした。普遍性を解体する試みがそれである。もう一方では，逆に，文化としてあたかも実体として存在しているかのような扱いにも疑問を持ち始めた。例えば，日本文化と言えるようなものは確かにあるのか。それをもっと砕いて，特定のいわゆる下位文化に落としたところで，疑問はついてまわる。結局のところ，文化が現れる行為自体にまで遡って検討しないと解明困難なのではないか。特に現代のように文化変容の甚だしい時代においては，文化の形成と変容が個別具体的な人の行為としてどのような過程となるかにまで検討が及ばなければならない。

　そのいずれの疑問も，文化といい，社会といい，あるいは人といい，その自明とも思われる存在のあり方を疑う。例えば，人の心理・認識にとっては，もはや文化とはその外にあって影響を与える

外部変数としては扱いえない。本来的に文化の過程は心理の発生と入り交じるのである。ここに，心理学，社会学，教育学，文化人類学などが，共通の刊行の場を持ち，各々の問題意識を具体的な内容を持った記述の中で，交差させていく必要が生まれたのである。

　本シリーズは，もともと人の発達の過程を解明しようとする編者二名が，その研究の中に文化の問題を入れ込もうとする努力の中から，そのアイディアが生まれてきた。発達の問題を単に年齢関数の問題としてでなく，人の心理と社会と文化の織りなす「過程」の問題として取り出そうとしたときに，どれが中核とか周辺とか言い難い問題の循環が見えてきたのである。そこで，我々編者は，思いきって，心理学の枠からはみ出し，社会学者，教育学者，そして当初から文化を正面にすえてきた文化人類学者らの協力を得ながら，人の発達過程をとらえる視点を豊かにしたいと願ったのである。また逆に，人の発達の研究が，社会や文化を直接に対象として検討している研究者に示唆するところもあろうかと考えたのである。

　このような学際的な試みは，単に，各々の学問の知見をまとめ，紹介すれば，成り立つものではない。また，各々の専門的な論考を並べればよいのでもない。上に述べたような，心理・社会・文化の緊密な錯綜した関係を，自分なりの立場で解きほぐそうとする決意と，その決意を各々が対象とする具体的な現象において形にする努力がなければならない。幸いにして，多くの方の協力を得て，優れた論考のシリーズがここに形をなしつつある。執筆者の方々にお礼を申し上げると共に，多方面からの読者の思考に対する刺激となることを願って止まない。

シリーズ編者

田島信元・無藤　隆

はしがき

　本書では，子どもがとり結ぶ周りの人々との社会的な相互行為（interaction）が，子どもの学習や認識・行動の発達に大きな影響をおよぼすということに注目し，その過程について吟味するとともに，その観点から，学習や発達というものの性質について再考したいと考えている。とりわけ，子どもの発達を社会・文化・歴史的な構成過程ととらえるヴィゴツキー（Vygotsky, 1978）らの "認識の社会的構成論"（Wertsch, 1991, 1998）を一つの視点として，大人と子ども，あるいは子ども同士の共同行為（collaborative action）の中で，対象に働きかける過程に見られる文化的道具性（文化的道具に媒介された行為）という観点から学習・発達のあり方を再検討するきっかけを提起してみたいと考えている。

　以下に，本書のねらいと採用されたアプローチ，および本書の構成について述べておく。

本書のねらい

　最近，学習や発達をとらえる場合，個人の持つ生物学的要因と，個人が活動する社会文化的な環境（文脈）要因との統合的な相互作用過程としてとらえる必要性が声高に叫ばれるようになってきた。

　しかし，これまでの学習・発達に関する知見は生物学的成熟ないし制約に基づいた個人側の認知・行動達成過程ととらえる成熟論，あるいは，外的刺激に対する個人側の反応に基づく刺激－反応パターンの形成過程ととらえる学習論といった，個人に焦点化したとら

え方が大勢を占めていた。そのため，社会文化的環境の影響過程については解釈的かつラフに論じられ，しばしば過度にパターン化した主張，例えば，「これこれの行動は日本文化に根づいたものである」などのような言及がなされやすくなったり，あるいは，刺激−反応パターン形成を導く刺激配置の問題として矮小化されて論じられることが多かったのである（Wertsch, 1991）。

　このような状況は，個人の学習・発達におよぼす社会文化的環境要因の影響過程に関する知見が不足していることに起因するものであり，これでは真の両要因の統合に基づく学習・発達過程の解明にはほど遠いといわざるをえない。

　そこで本書では，個人の学習・発達におよぼす社会文化的環境要因の影響過程を明確にしていくことを目的として，以下に述べる二点について焦点化して論じていこうと思う。

　まず，第一には，人間の発達過程において主たる環境要因を構成する子ども（発達主体）と周りの人間関係のあり方，とくに，子どもと環境が相互作用するときに重要な援助的，媒介的役割を果たすとされる親子関係や教師−生徒関係（Vygotsky, 1978）などを吟味していくことにより，そうした社会的な相互行為，共同行為というべきものの性質を明らかにしていく。その上で，学習・発達が共同行為過程の中で，どのように生起し，その結果，何が獲得されていくのか，について明らかにしてみたい。

　もう一つは，上記のような人間関係は広く社会文化的集団の中で生起しているのであるが，そうした家庭や学校といった社会文化的集団の人間関係への影響過程を考慮に入れた社会的相互行為過程の分析を進めてみたい。そのためには，子どもが活動する共同行為過程の生起場面において相手や集団（背景的要因）により，共同行為

を媒介するどのような社会文化的な道具が導入され，使われている
か，その結果どのような認識が形成されていくのか，また，そうし
た文化的道具の導入目的は何か，さらに，文化的道具のデファレン
シエーション（追加や創造）により，どのように個人の認識や行動
が変容していくか，を吟味してみたい。

　また，上記のねらいに付随して，個人と社会との統合的な相互行
為過程を分析するにあたり，両要因を統合的にとらえる分析単位，
すなわち，「文化的道具に媒介された（相互作用的な）行為」
（Wertsch, 1991）というものを基盤にした分析を行うことになる。
こうした新しい分析単位の利点と方法論について吟味することも本
書のねらいの一つとなる。

　さらに，これらのことにより，これまでの学習観・発達観，とり
わけ発達観の見直しについて討論してみたい。具体的には，これま
での発達観では生物学的な成熟の展開過程の様相ととらえられるも
のも，実は，家庭や学校などの社会的制度といった広義の“行為を
媒介する文化的道具”の使用の結果ではなかったのか，ということ
を考えてみたい。とくに平均値的な発達過程を示すことで，普遍的
な発達の様相が主張され，個人差の生起の問題が軽視されてきたが，
こうしたマジョリティ優先の発想そのものが文化的道具使用の結果
ではなかったのか，と考えてみる必要がある。すると，一つには，
マイノリティにのみ通用する文化的道具使用のために落ちこぼれた
子どもたちの，あるいは，特異な道具使用のために世間的には天才
的といわれる発達を示す子どもたちの，よりよき発達支援の方途が
見つかるであろう。また，とくに平均値的・固定的・宿命的発想に
導きやすい固定的なタイプ化（“日本文化タイプ・アメリカ文化タ
イプ”といった過度の文化タイポロジーなど）に基づく偏見の悪弊
を排除し，真に，個人と社会との相互作用に基づく，望ましい変容

（発達）過程への道筋が明らかになってくることを期待している。当然，これらの吟味には，"発達とは何か"，"我々はこれまで発達のどういう側面を中心に見てきたのか"などの課題や問題点の解明へと発展していくことになろう。

本書の採用する方法論——相関的アプローチと社会文化的アプローチ

　本書は，上記のねらいに対し，理論的考察を行うとともに，データによる吟味を行う。具体的には，諸研究の展望と筆者自身がかかわる研究資料に基づいて検討していくことになる。実証的研究においては，目的に従う方法論の吟味が必要となるが，本書では，一つは従来の研究方法との接点を保つために主体要因と社会文化的要因の間の相関的関連を吟味することで，両要因間の因果関係を推定するという方法論を採用する。他方，相関的アプローチの実態的吟味のために，両要因が相互作用する過程そのものを描写するという質的方法論をとる。とくに両要因を統合的にとらえるという上記の目的を達成するためには社会文化的アプローチを採用することになる。

　社会文化的アプローチの目指すところは，その提唱者であるワーチ（Wertsch, 1991, 1998）によれば，「認知機能を含む人間的行為と，文化的・制度的・歴史的な文脈との関係を理解する」（Wertsch, 1991）ことである。前項でも述べたように，これまでの研究は，認知機能か社会文化的状況のどちらかを基礎的なものとしてとらえ，そのどちらか一方で他方を説明するというものが大部分であるが，彼は，前者を「個人の特質の分析により，文化的・制度的・歴史的な文脈を説明できるとする方法論的個人主義（methodological individualism）」，後者を「社会的事実の分析のみが個人の理解を可能とするという主張に基づく社会還元主義（social reductionism)」と呼んで，両者ともに否定するのである。社会文化的アプローチは，それらの還元主義ないし二律背反的発想に対して，"live in the middle"（Holquist, 1994）という位置取りに固執する。具体的には，それらの両要因がダイナミックに接触するあり方を描写する問題範囲の設定とそれに応じた分析単位の選定である。本書においては，ヴィゴツキー（1978）が学習・発達との関連で注目した個人と社会的要因とのダイナミックな接触が見られる場面，すなわち社会・文化・歴史的文脈の中で，文化的に組織された道具を使って，積極的に個人が文化獲得活動を行う場面に注目し（問題範囲），個人の文化獲得行為は文化的に組織された文化的道具とは不可分の関係にある（Wertsch, 1998）という前提のもとに，「文化的道具に媒介された共同行為」そのものを分析単位とする。

本書の構成

本書では，以上のようなねらいや方法論に基づき，先行研究における諸理論および実証的資料の吟味と，筆者ら自身の研究をもとに人間の学習行動あるいは認識や行動発達におよぼす社会文化的環境要因の影響過程について，以下のような全5章を通して明らかにしてみる。

序章では，学習・発達に影響をおよぼす社会的相互行為の特質について吟味する上でのいくつかの前提を先行研究の吟味に基づき述べる。まず人間的学習・発達の特性について系統発生的，比較行動学的視点を交えて考察する。次に，それらに影響をおよぼす共同行為の特性について，文化的道具に媒介された相互行為という観点からの吟味の必須性について考察する。その上で，学習・発達を共同行為過程としてとらえることの意義について考察してみる。

続く1章では，まず学習・発達に影響をおよぼす共同行為を具

体的にとらえる一環として，両者の関係性をとらえるために，社会的相互行為と子どもの学習・発達の関連のあり方について，理論的展望と相関的アプローチに基づく実証的研究をもとに考察してみる。

　２章では，共同行為としての学習の本質に迫る意味で，共同行為過程そのものを微視発生（マイクロジェネシス）的にとらえ，そこにおいて何が，どのように生起して子どもや大人の参加者の学習につながっていくのか，ということを質的に描写することによって，共同行為の微視発生的変化のモデル定立を目指し，理論的，実証的に明らかにしてみる。

　３章では，共同行為の社会文化的特質，とくに文化的道具性をとらえるために，社会文化的アプローチのもとに，共同行為の微視発生的過程をさまざまな生態学的文脈の中で理論的，実証的に吟味するとともに，そこから導かれる微視発生的変化すなわち学習過程の本質について考察してみる。

　終章では，本書のまとめとして，人間的学習・発達に影響をおよぼす共同行為過程の果たす役割について考察するとともに，人間的学習・発達の性質を共同行為過程と不可分な形で形成されるものとして，共同行為過程としての学習・発達と定式化した上で，学習を「習得」活動と「専有」活動の表裏一体的な統合的な過程として概念化してみる。また，方法論にかかわって，発達心理学研究における相関的アプローチと社会文化的アプローチの関係，および社会文化的アプローチの有用性についても考察する。

　最後に，本書で用いた用語について，いくつか説明をしておく。まず，すべての章題および本書の書名にも出てくる，本書の最大の鍵概念である「共同行為」という用語であるが，これは英語で表せば「collaboration」あるいは直訳的に「collaborative action」に

あたるもので，辞書どおりに“二人以上の成員（参加者）によって活動（その単位である行為）を共にすること”と解していただきたい。それに対し，類書には「協同（cooperational）行為」という用語を使っているものも多いが，この場合は，やはり辞書的定義に基づくならば“各成員間で分業体制をもつ共同行為”を指すことが多く，共同行為の一部をなすものと考えられる。本書でも，一部には協同行為が含まれているが，全体としては広義の共同行為にあたるものを扱っている。

　次に，「相互行為」について述べておく。これは英語では「interaction」であり，「相互作用」，「相互交渉」などの訳があてられているが，本書で「相互行為」というときは，共同行為の中で参加者が相互にやりとりする状況を表しており，「相互交渉」と同義と解してもらって差し支えない。それに対して「相互作用」はより広義の意義をもち，必ずしも共同行為の参加者間の交渉だけでなく，各種の要因間の影響の及ぼし合いを意味する。本書でも，広義のインタラクションを表す場合は「相互作用」を使用している。

　さらに本書では，「学習・発達」という形で，学習と発達を並記して述べている。詳しくは本書の内容を見てもらわなければならないが，これには二つの意味がある。一つは，学習を短期の発達，変容過程ととらえているからである。さらに，発達というと個体発生の過程を指すのが一般的であるが，そのような広範囲の変化過程全体を実証的にとらえることは困難なため，短期の発達過程（学習過程）の縦断的，横断的資料をもとに，異なる時点間の比較から推測しようとする方法論的指向を目指しているからでもある。ここで重要なことは，学習の延長上に発達過程があり，かつ，何ができるかという学習の結果（成績）を測定するのではなく，学習の過程そのものを測定して発達をとらえ直していこうとする姿勢なのである。

目　次

序章
共同行為，文化的道具性と子どもの学習・発達

　本章では，これまで行われてきた子どもの学習・発達に対する社会的相互行為，とりわけその中核となる共同行為の影響過程に関する諸研究の支柱となってきた諸理論の吟味を通して，共同行為をとらえることの意義と前提的な視点について述べ，共同行為としての学習・発達の特質について展望してみる。

1節　人間的学習・発達としての文化習得と創造

　本章の出発点として，まず学習・発達そのもの特性，とりわけ人間的な学習・発達について考えてみたい。これによりはじめて，共同行為というものにどのようにアプローチすべきかが明確になってくると思われる。

　人間的な学習・発達については古来，さまざま人々が言及してきたが，なかでも系統発生的，比較行動学的観点などの隣接諸領域の諸視点に基づく論述を行ったのがヴィゴツキー（Vygotsky, L. S.）であろう（例えば，ヴィゴツキー，1930/1987）。そこで，本節では，ヴィゴツキー理論を念頭におきながら，比較認知心理学，発達心理学において統合的な理論的，実証的研究を行っているトマセロ（Tomasello, M）の最近著（1999）に基づき，人間的な学習・発達の本質について，そのエッセンスを概略してみる。

人間的特質としての文化的活動

　トマセロは文化的活動に対する人間の生物学的基盤に注目した比較認知科学者である。彼は人間との遺伝的一致率が非常に高い類人猿であるチンパンジーに注目し，チンパンジーとの機能的な比較を通して，人間に固有の能力に関する多くのデータを提供してきた。その中でもとくに注目されたのが，人間にあってチンパンジーにはほとんど見られない「文化」の問題である。トマセロ（1999）は，文化を後天的に開発された道具であるとし，人間にはこの道具を使用する能力がきわめて高いことを指摘した。

　チンパンジーにも確かに文化的道具は存在する。固い殻を持つナッツを砕くために使用される石や，硬い土で覆われたシロアリの巣からシロアリを「釣る」ために使用される棒などはよく知られた存在である。しかしこれらは特定の地域に棲むチンパンジーにのみ見られる行動であり，また必ずしもすべての個体がこの道具を使えるようになるとは限らないことから，種全体に共通して見られる先天的な能力ではないことが明らかにされている。そこで彼は，チンパンジーに見られる文化はあくまでも彼らの生息地域の環境の違いが引き起こした結果（彼はこれを「環境的形成（environmental shaping）」のプロセスと呼ぶ）であるとし，人間のそれと比較して限定的であるととらえた。

人間的能力としての模倣学習能力

　以上の見解は，チンパンジーの学習能力，とくに模倣学習能力が人間と比較してきわめて乏しいものであるという彼の研究データに基づいた主張である。この模倣学習について，彼は，見まね学習（emulation learning）と模倣学習（imitative learning）という

二種類のスタイルがあることを指摘する。前者は，相手の行動の結果のみに注目してその行動のコピーを行うというものである。これは相手の行動の意図や目的とはかかわりなく行われるものとされる。一方，後者は相手の行動の意図や目的を的確に読みとり，相互行為的に学習するものであるという。トマセロら（Tomasello, Savage-Rumbaugh, & Kruger, 1993）は人間の子どもとチンパンジーの行動を比較し，人間には豊かに見られる模倣学習のような相互行為的学習スタイルが野生のチンパンジーにはほとんど見られることがなく，人間とともに生活をした個体であってもきわめて限定的にしか見られなかったことを明らかにした。

　人間の模倣学習能力の高さについては，カーペンターら（Carpenter, Tomasello, & Savage-Rumbaugh, 1995）が明らかにしている。彼らの実験において，チンパンジーはモデルが示す行動をすべて模倣したが，一方の人間の子どもは，模倣相手である大人の意図的な行動のみを学習し，偶発的な行動（「しまった！」という表情や発言を伴った行動など）は学習しなかった。つまり，人間には他者が自分と同じく意図を持っている存在であることを認識し，それに基づいて学習をする能力がチンパンジーよりもはるかに豊かに存在していることが示唆されたのである。

９カ月革命と共同注視

　このように他者が意図を持つ存在であり，その他者の意図を考慮に入れた学習は人間固有の生得的能力であると考えられるが，そのような能力が表れるのが生後９カ月頃であるという（Tomasello, 1995）。人間の赤ちゃんであっても，生後９カ月未満の場合，外界のモノを意識するときに，それに対する大人の注意や意図に注目することはほとんどない。養育者である大人との二者関係においては，

自分自身に向けられる他者の注意に関してはよく見てとることができるが，大人が注目している外界の事物を注視することは少ない。もしも同じものに注目していたとしても，それは偶然であって，赤ちゃんと外界のモノ，赤ちゃんと大人の関係はほぼ完全に独立しているという。これが劇的に変化するのが生後9カ月を過ぎた頃である。この時期を過ぎると子どもは，外界のモノにのみ意識するのではなく，それに対する大人の意図にも注意を払うようになる。つまり大人の反応を媒介として外界を理解するという活動が開始されるというのである。これは「共同注視」と呼ばれる活動であるが，この活動が始まることをトマセロは「9カ月革命」と呼び，人間の文化的発達の基盤となる，重要なフェーズであると指摘した。

　この共同注視は言語の獲得において，重要な役割を演じる。トマセロとバートン（Tomasello, & Barton, 1994）は24カ月の子どもたちが新奇な語彙をどのように獲得していくかについて実験を行った。この研究では女性の実験者が子どもの目を見つめながら「トーマ（トマセロらの作った造語）を探しにいこう」といって，一列に並べられた5個のバケツのところへ行った。そしてバケツの中身を開け，その中の子どもたちにとって新奇な物を取り上げた。その際，「トーマ」であるとした物を取り上げた場合は興奮した様子を見せ，そうでない物を取り上げた場合は顔をしかめるなどガッカリして見せた。その後，子どもたちは5個の物の中からトーマを実験者のところに持ってくるよう頼まれたり，ターゲットとなる物を実験者が持ち上げ，その名前を聞くなどされたが，そのいずれの課題においても好成績を残したという。

　この実験結果は，子どもたちには大人の意図が特定の「トーマ」と呼ばれる物を探すことにあるのを知り，そして大人の行動や感情表現の観察を通して「トーマ」が何を指す記号であるかを理解する

ようになることを示す。すなわち，大人が注目している外界の事物を注視し，その大人の様子を観察すること＝共同注視を通して，大人が持っている新奇なコトバ・記号が何を指すかをマスターすることができるようになるのである。

　このような模倣学習スタイルは，チンパンジーにはほとんど見られないのである。チンパンジーにも道具があり，それを学習する能力はあるのだが，それは見まね学習であり，相手の行動の完全なマスターではない。いわば見よう見まねの「猿まね」では，結果としての手段は学習されるが，それぞれの個体が独自の方法を用いていくため，目的としての新しい戦略は発明者とともに消滅していってしまう。しかし人間の場合は模倣相手の意図を読むことができるため，その行為の戦略を明確にマスターすることができ，その結果，先人の発明をほぼ完全に受け継ぐことができるのである。この差は大変大きいといえよう。人間における道具形成も，チンパンジーと同様，はじめは「環境的に形成」（Tomasello, 1999）されたものであったと考えられる。しかし，チンパンジーがその道具の使い方について新たな発明を加えることがなかったのと対照的に，人間は先人の意図そのものを完全に相続することで，さらに新たな戦略を創造し，発展させることができたのである。

ラチェット効果と文化習得・創造

　このように人間において，いったん創られた発明は白紙に戻ることなく，代を重ねるにつれて洗練されていくようになり，高度な文明社会を築き上げてきたと考えられる。トマセロ（1999）はこの人間に特徴的な蓄積的文化発展を「ラチェット効果」と呼ぶ。ラチェットとは一方向にしか回転しない追歯車である。チンパンジーの場合は一代限りで消滅してしまう道具の戦略が，人間においては元に

戻ることなく，改良を積み重ねられる方向にシフトしていくという構造が，このラチェット効果の示すものである。

人間には文化の体現者である養育者を媒介として世界を理解する能力が備わる。そしてそれは発達過程を通し，過去に生産された文化的道具という遺産を媒介として世界に立ち向かっていくための基盤となる。これは次節で述べるように，ヴィゴツキー（Vygotsky, 1978）によって指摘された「精神の道具的媒介理論」が示す現象とまったく同じものであろう。ここで重要なことは，この人間に特有の文化的進化が，過去の「習得」とそれに基づく未来の「創造」によって成り立っている点である。我々は発達過程において，過去の遺産を模倣しなければならない。しかし，その模倣が道具として機能し，使いこなせるようになると，それに新たな発明を付け加えていくようになる。我々は，ゼロから創造することはない。むしろある道具をそっくりそのまま引き継ぐことにより，新たな段階の創造が可能になるのである。

従来の心理学研究では，ともすれば「習得」は軽視され，むしろ創造性を抑圧する「すり込み教育」として批判される傾向にあったが，このように見た場合，それはやや異なった視点から吟味される必要があるだろう。我々は「習得」を通して，個体発生において「文化的に」系統発生を繰り返す，といえるかもしれない。しかしそれは受動的，運命的なものではなく，常に新たな方向性が与えられ，その「創造」は新たな系統発生として次代の人々に受け継がれていく，というのがラチェット効果の意味するところであろう。

2節　文化的道具に媒介された相互行為——人間的 学習・発達に影響をおよぼす共同行為の特性

　トマセロの説く人間的特性としての文化的活動の基盤は，当然，さらに文化的活動を発展させるという形で，人間の個体発生過程を推し進めていくことになる。その意味では，人間的学習・発達の本質は文化活動といえるかもしれない。そこで，まず，この両者の関係についての理論的展望をしておく必要がある。とりわけ，共同注視もその一つである共同行為の特性に焦点をあてて考えてみる。

ヴィゴツキー理論

　心理学の領域において，人間的な学習・発達と文化の関係を積極的に正面からとらえる最初の試みはヴィゴツキー（ヴィゴツキー，1930-1931/1970；Vygotsky，1934/1962，1978）である，というのは誰も異論のないところであろう。

　彼の基本的立場は，人間的学習・発達は高次精神機能，あるいは人間的認識の獲得ととらえた上で，認知発達の過程を文化獲得ないし文化的学習としてとらえるところにある。ここで文化とは「歴史－文化的」に組織された「人間－対象の世界」であり，これが「発達の源泉」を構成するという。そしてそれらを子ども自身が能動的に獲得していく活動が「発達の原動力」となると考えるのだが，ヴィゴツキーの立場で重要なことは，発達の源泉と原動力のみが発達を推し進めていくのではなく，「発達の条件」としての，大人の介入を含む，大人と子どもの共同行為過程を通しての，歴史－文化的環境（源泉）と子どもの獲得活動（原動力）の媒介過程の存在の位置づけである。つまり，子どもは，はじめ文化の体現者である大

人との共同行為（コミュニケーション）を通して環境の獲得活動を行うが（これを精神間機能という），しだいにそうした大人との関係で機能していた精神活動が内面化していき，子ども自身の中で行われるようになる（これを精神内機能という）。そして成人の認知過程は，対人的相互行為の中で社会的に優勢なパターンが内化されたものとしての機能を示すというのである。

　以上のようにヴィゴツキーは，認知発達は元来社会的なものであり，それがしだいに個人的なものへと内化されていく過程を認知発達とするのであるが，その意味でも認知発達は，先行世代の人間の活動と認識が凝縮されている歴史－文化的環境とは切り離すことができないものになる。しかも子どもの活動は決して環境に対する受動的な適応過程ではなく，能動的な獲得過程－再生産過程であり，自己のものにすることによって再構築・発展を可能にするものであるとしている。そしてこの子どもの活動を支えるのが大人による「環境と子ども（の活動）の間を媒介する」教育的活動であるが，この教育的活動について次の二つの重要な考え方が示されている。

「最近接発達領域」論

　これは大人－子ども間の相互行為過程を通しての大人による教育的活動と子どもの発達との関係を明らかにした概念である。もともとは，成熟と学習の相互依存的関係を表すモデルとして考えられ，問題解決場面において子どもが独力で解決可能なレベル（現時点での発達水準）のほかに，大人ないし認知的により有能な仲間のガイダンスのもとで可能となるより高度なレベル（潜在的な発達可能水準）を仮定し，この（二つのレベルに囲われた）付加的な範囲を最近接発達領域と呼び，教育が影響を与えうる部分はまさにここにあると主張したものであった。つまり教育の本質は，子どもが成熟し

つつある領域に働きかけるところにあり，したがって，教育的働きかけにより発達の可能水準が現時点の発達水準へと変わると同時に，新たに発達可能水準が広がるという意味で，教育（学習）は成熟に依存しながらも，常に先導的な役割を果たすものと考えられた。

　しかし，最近ではこの概念を「より有能な大人や仲間（共同行為の参加者）が，子どもひとりではできない活動にその子どもが参加できるよう，子どもとの相互行為を構成する方法を示したもの」としてとらえられるようになってきた（Newman, Griffin, & Cole, 1989）。最近接発達領域は大人や仲間の手助けを受け入れて問題解決が可能になる部分であるが，その相互行為過程は，最初，大人の援助でのみ解決可能であったものが，その意味で問題解決に対する共同作業（活動）における大人の責任が大きい状態から，徐々にその責任を子どものほうに分担させられるようになり，ついには子ども自身が問題解決の責任をすべて担うことができるようになるという過程をふむのである。こうして大人が担っていた責任を子どもが自分自身のものとして取り込み（内化し），最後に自己統制的に解決可能となるという過程こそ，文化獲得過程としての認知発達そのものであり，認知発達における教育（大人の役割）の重要性が強調されることになるのである。

言語と認識

　もう一つの教育的活動に関する重要な視点は，認知能力の形成に果たす「言語」の役割についての見解である。大人－子ども間の相互行為において，その相互行為の手段には主として言語が使用されるか，少なくとも言語を伴うことが大部分である。言語はその点で，社会的に学習されるものである。また，言語は先行世代の人間の認識を凝集した，いわば文化の表現形といえるもので，言語を学習す

ることは，とりもなおさず文化獲得を意味するものといえる。その意味で認知発達と言語は切り離せないものと考えられている。とくにヴィゴツキー学派は，認知発達におけるこの言語機能を重要視しており，最初，他者とのコミュニケーションの手段として機能していた言語が，しだいに内化されて（これを内言という），自分自身の中でのコミュニケーション，いわば自己内対話が行われるようになり，これが思考や自身の行動の統制機能の重要な手段となると定式化している（Luria，1976；ルリア，1982）。

　もちろん思考や行動統制機能は最初から言語に依存しているわけではないが，言語がそれらの手段となると，それまでの感性的，具体的な概念が再編され，より一般化された概念となり，大人の認識に近づいていくことになるというのである。

社会的媒介

　以上の諸点を貫くヴィゴツキー理論の主要なポイントは，人間の高次精神機能（認知機能）は，人間の活動が道具や言語・記号によって媒介されることによって成立するということであるが，ここで重要なことは，次の三点であると考えられている（Wertsch，1985，1991）。

　まず第一には，人間が外界の対象に働きかけるときに道具使用（媒介）が単に活動を容易にするというのではなく，道具使用が活動そのものを変形し，形作るという意味で，人間の活動はその媒体を考慮することなくしては理解できないということ。

　第二に，そのため人間活動は「主体−対象」という二者関係ではなく，「主体−媒体（道具）−対象」という三者関係ととらえなければならないこと。その意味で，「道具に媒介された行為」は，人間活動をとらえる上で分離することのできない最小分析単位とみなさ

れるべきこと。

　第三には，道具には技術的な道具と，言語や記号などの心理的道具があり，前者は自然の征服に向けられた外的活動の手段，後者は他者や自身の行動に対する働きかけに使われる，人間自身の統制に向けられた内面的活動の手段としてとらえられるが，ヴィゴツキー自身は高次精神機能の成立には心理的道具である言語・記号による媒介が必須であるとしたことである。

　ここで改めて注意を要するのは，彼のいう言語とは，抽象化されたシステムとしての言語（language）ではなく，人間のコミュニケーションに使われる記号システムとしての発話・談話（speech）であり，あくまでも社会的状況の中での活動の媒介手段に注目しているということである。

バフチンの記号学的理論

　前項で述べたヴィゴツキーは，晩年，人間の精神機能がどのように歴史的・制度的・文化的状況を反映し，構成されていくのかを明らかにしようとした。例えば，学校教育において見られる発話・談話形態がどのように概念発達に枠組みを与えていくかということを考察しているが，個人内の機能にのみ関心を求めるのではなく，具体的にある社会的状況での個人間に見られる記号的媒介過程（精神間機能）を分析し，精神（個人）内機能への影響過程を明らかにしようとしたのである。しかしヴィゴツキーの死があまりに早かったため，理論的発想とそれを支える概念装置の間に隔たりが大きく，現在改めて，ヴィゴツキー理論の再吟味と，それに基づく新たな理論構築が模索されているところである。

　その中で現在，最も注目されているのがヴィゴツキーと同時代に生き，同様の精神風土のもとに活躍した記号学者バフチン（Bakhtin, M. M.）の理論である。彼の理論は，彼自身がヴィゴツキーとは直接の交流はなかったにもかかわらず，思想的に非常に一致した面を持っており，しかも，早世したヴィゴツキーが十分には展開できなかった理論的枠組みを広げ，完成させうる可能性を秘めていると考えられているのである（Wertsch, 1991）。

ヴィゴツキーは彼の理論の根幹である「媒介」概念を使い，精神機能が社会文化的文脈に結びついていく過程について説明を試みたが，実際に彼自身が扱った社会過程は，「大人−子ども」といった二者ないしは小集団の相互行為過程が中心であり，広く社会文化的文脈との結びつきについて十分な概念装置を提案するには至らなかった。晩年には，既述したように，ある特定の制度上の問題，すなわち，学校教育における特殊言語形態の使用が子どもの概念形成におよぼす影響を扱ったが，それは完成されたものではなく研究構想のようなものであった。このヴィゴツキーが最終的にねらいを定めた点を発展させる概念装置が，実はバフチンの理論に見られるのである（Bakhtin, 1981, 1986）。

バフチンは社会過程（精神間機能）で働く媒介手段として，コミュニケーションの道具である言語を採用する点ではヴィゴツキーと同様であるが，社会文化的過程にかかわる広く，かつ精巧な言語概念を提案しており，それらがいかに社会文化的な力を持ち，いかに精神内機能へとかかわっていくかという具体的なメカニズムを提供したのである。

バフチンはまず，「発話」という概念を分析の基本単位として提出する。発話とは媒介手段としての言語であり，主体が発する言語（発話）こそが，対象に与える，あるいは対象から与えられる影響を持つという観点で，具体的な分析資料として最小の要因を含むものであるとする。その意味では，発話を抽象化した文法的，形式的

側面を示す言語（language）は分析の対象には不適であると主張する。この発話に関する発想はヴィゴツキーのそれと基本的に軌を一にするものである。

　次に，発話を分析するには，まず発話を産出する「声」に注目しなければならないとする。バフチンが発話の要素として声を重要視するのは，声が主体の意志・志向と，それを表現するアクセントや音色によって特徴づけられているからである。しかもここで重要なことは，声は，主体の意志やアクセントを反映しているだけでなく，主体が発話する相手（対象）や場面の声（意志，アクセント）を反映しているということである。この意味で発話は常に「多声」的であるとされる。

　発話には少なくとも二つ以上の声（自己や相手・文脈）が含まれているとするのは，そこにバフチンが言語をコミュニケーションの一環として分析するときの重要な視点を内包しているからである。彼はそのことを「腹話性」という概念で表している（Holquist, 1981, p. 164）。ことばはコミュニケーションの一環の中で獲得されるのであり，ある発話（声の志向とアクセント）は決して話す主体によって任意に決定されるのではなく，最初は他者の声を借りる（他者の声を通して話す＝腹話する）ことから始まり，次にそれを自分の声にしていくというのである。つまり発話の任意性を制御する組織化原理を社会的な声に求めているのである。これはまさに，ヴィゴツキーのいう精神間機能から精神内機能へと内化していく過程を具体的に表しているものだと考えられる。

　このように，発話は常に他者の声と自分の声とを反映し，互いに出会い，衝突しあうことによって成立していくわけで，いわば内的な「対話」過程なのである。これはヴィゴツキーのいう内言に近いが，よりダイナミックな性質を仮定しており，かつ，対話は対面的

なやりとりよりずっと広義の現象を指し示している。この「対話（性原理）」はバフチンの最も根本的な概念であり，腹話を通しての発話同士の内的やりとりにより，発話主体は他者や文脈に依存し，かつそれらと不可分・一体の存在になるのである。

　以上のように，バフチンは発話に潜む複数の声の間での腹話・対話を通して個人の精神機能が形成されていく過程をとらえようとしたが，これは単一言語内や，単一のことばのタイプ内での発話同士の内的やりとりだけを見ているのではなく，彼が本当に興味があったのは，さまざまな腹話形態，とりわけ単一国語内での複数の社会的なことばのタイプ（「社会的言語」ないし「ことばのジャンル」）間のやりとりや，単一文化内における異なる国語間の接触などであった。ここで社会的言語というのは，ある特定の社会階層（職業集団・同好サークル・年齢集団・世代差，性差，地域差などに基づく諸集団）や特定活動のジャンル（日々のあいさつことば，サロンの会話，テーブル会話など）に特有のことば，さらに権威者のことば・流行語などを指しており，これらの，いわば社会的諸方言の声と自己の声との対話過程を通して，発話の主体は社会・歴史・文化的な要因と不可分な関係を持つことになるのである。

　この「社会的言語」ないし「ことばのジャンル」の概念は，ヴィゴツキーの社会文化的アプローチの中心概念であり，かつ未完成に終わっている記号的媒介に関する見解を，実際に社会・歴史・文化的制度にかかわらせていけるという点で，大きな発展を見込めるものと期待されているのである。

状況的認知・行為理論

　最近，認知発達の分野では，ヴィゴツキーやバフチン，さらに生態学的知覚論を掲げるギブソン（Gibson, 1979）や論理学者ウィ

トゲンシュタイン（Wittgenstein, L.）らの理論にも示唆を受け，学校や職場，日常生活場面などの民族誌学的データから，それぞれの社会にのみ通用する言語媒介的な相互行為に基づく認知発達の解明もなされ始めており，状況に基づく認知発達を強調した「状況的認知」理論ないし「状況的行為」理論が形成されてきた（Lave, 1988；Resnick, Levine, & Teasley, 1991；上野, 1991, 1999）。

　状況的認知理論の主要な主張点は，認知過程を"環境とのたえざる相互作用のプロセス"，つまり主体の状況的な行為の中に埋め込まれたプロセスととらえることである。ここでは環境，知覚・認知，学習は次のように説明される。環境ないし対象とは，主体の何らかの行為との関係で記述されるものであり，主体にとって「ニッチ（生物がその属する生態系で占める地位，居場所）」あるいは「アフォーダンス（主体と環境との相互作用のあり方を決める環境側の資源供給）のセット」を構成する。知覚・認知とは，環境の対象から行為との関連で情報を得ていくことであり，行為に伴い変化する対象の状態により次の行為が決まってくるというように，"行為を伴った情報のピックアップ・システム"，ないし"環境に対する「連続的な同調システム」"といえる。そして学習とは，"連続的な同調システムが変化していくこと"ととらえられるのである。

　以上のように，環境と主体の相互作用は，資源（リソース）や媒体を利用する過程であるととらえるならば，学習とは資源の導入により，課題や状況を再構成することであり，学習・発達のあり方（所産）は資源の利用可能性に依存するといえるのである。

　ここで重要なことは，資源・媒体としての物理的道具や心理的道具の使用は，主体の能力を増幅させるのではなく，あくまでも主体と環境との関係性，すなわち，状況的な行為を再構成する（Cole, & Griffin, 1980）のであって，どんな道具を使うかによって行為

の性質が変わってくるということである。例えば，はじめ記憶の補助システムとして導入した認知的道具（例えば手帳）により，それまでとは異なる新しい課題が生じることとなる（Norman, 1989）。例えば，記憶のエラーのタイプや思い違いの性質などが違ってきて，道具導入以前とは異なった認知能力が要求され，使われるようになってくるのである。

　以上のような前提から，状況的認知理論の真髄ともいうべき主張が出てくる。それは，まず抽象的な知識・推論・解釈過程を主体の内部に仮定する人間中心主義的表象主義の概念を廃することから始まる。そうした表象主義的概念は，実際は環境が与える資源（アフォーダンス）に依存して主体がそれらを使用していく実体としての相互行為過程を，あとから"説明"する一種の資源ととらえるのである。このような主張から，従来の認知観は「プラン還元モデル」（Suchman, 1987）と呼んで批判されることになる。つまり，刻々変化する認識行為の流れを，当初の行為のプランに基づいてすべて事細かに指定することなど不可能であり，認識は対象の位置，変化，道具の性質などを資源（その意味では，プランも資源のうちの一つ）にして進行する状況の中の行為であるというのである。

　また，知識や，それにかかわる言語（言語媒体）に関する概念が，伝統的な認知心理学のそれとは大きく異なってくることに注意しなければならない。まず，知識ないしその表象を"主体の頭の中に実在する外界の記号的，あるいはイメージ的コピー"ととらえる伝統的認知観，ことに言語に外界の対象の代表機能を付する模写論的・道具主義的言語観を明確に否定し，「言語の一次性」，すなわち，言語経験そのもののありように目を向ける。要するに，言語は対象のラベルではなく，行為との関係で対象をどうとらえているかということを示しているのである。

　これについては，ヴィゴツキー自身も乳児の指さし機能の獲得に関する事例を引いて，その重要性に言及している。はじめ乳児が何かものを摑もうとしてうまくいかないでいるとき，母親がそれを助ける。すると乳児は達成されない行為が，ものを指し示す意味を持って，母親の援助を得ることに気づき，指さし機能へと変化するというのである（Vygotsky, 1978）。このように，指さし機能ははじめから子どもの中にあるのではなく，また，母親の指さしを単に模倣するわけではなく，子どものある行為（の意味）が，母親との関係で新たな意味を獲得する（変化させる）のであり，同時に，母親の行動も子どもの把握不能に対する援助行為から，指示行為に対する反応へと変化していくのである。ここで重要なことは，個人への内面化の過程は，決して外にあるものを内にそのまま取り込むといった物理的内化の過程ではなく，母と子の社会的行為の関係が変化し，それが個人（母子双方）の活動の再構成を促し，新しい意味を獲得するという過程であり，それぞれの独自で積極的な過程を示すとともに，まさに社会的な関係システム全体の変化の過程なのである。

　このような状況的認知を重視する立場では，ヴィゴツキー理論の主要命題の一つである言語媒介による認知・思考の形成の問題も，言語を媒介として，それゆえ他者との関係を前提として，対象とある関係を持つ（相互行為を行う）こと，つまり，媒体によって状況的行為を変化させていくことととらえるのであって，決して対象のコピーを頭の中で操作することではないと考えるのである。

文化心理学の展開

　ヴィゴツキー理論は，近年の普遍的な発達理論，とくに1970年代後半に顕著に現れたピアジェ（Piaget, & Inhelder, 1966）の理

論に対する批判的吟味の一つとして，比較文化認知心理学の立場の人たちからも注目されてきた。彼らは文化人類学，比較文化認知心理学的手法から出発し，最近は，具体的な文化的・歴史的・社会的文脈に依存した認知能力の形成過程を明らかにする研究の隆盛が見られ，その理論的立場をより明確にして，新しく「文化心理学」としての立場を確立しつつあるところである（Cole, 1990, 1996; Shweder, 1990, 1991; Stigler, Shweder, & Herdt, 1990）。

シュウェーダー（Shweder, 1990）によれば，文化心理学において文化とは，ヒトの活動が歴史的に蓄積されたものであり，ヒトが生きていく上での特有の媒体であるとされる。つまり，この媒体はヒトが発生して以来，種の生物学的構造とともに進化してきたもので，ヒトの行為の制約および道具の両方として働くものととらえられる。その意味で，ヒトは社会文化的な環境から意味や資源を摑み取り，利用する過程を通して，心的発達を遂げていくと考えるのである。そして，ここで重要なことは，心的過程の文脈特殊性および社会的起源性とともに，「発生的」分析の必要性を強調することである。つまり，ヒトの心を理解するためには，それが発達していくプロセスを，系統発生，社会・歴史的発生，個体発生，微視発生の四つの発生的領域で吟味されねばならないとする。その基本は同一の理論的言語を用いて理論的に説明すること，具体的には，個体発生を微視発生や歴史的発生ないし系統発生に結びつけて説明することを意味し，研究上は操作可能な実際の発生（微視発生）から個体発生のあり方を予測するマイクロジェネティック・アプローチを採用することになる。

この点についてコール（Cole, 1990）はリテラシー（読み書き能力）の発達を例にとり，系統発生的視点を念頭におきながら，歴史的，個体発生的，微視発生的レベルの分析を試みている。彼はま

ずリテラシーの歴史的発生のプロセスを概観したあと，リテラシーの個体発生を考えるには，まず，子どもが大人を介して世界を見るというシステム（媒介的構造）と，大人がテクストを介して世界を見るというシステムの二つがはじめから存在しているという文化－歴史的環境を前提として考えねばならないと主張する。その上で，まず，子どもと世界との間の具体的な相互行為を大人が取り持つが，その大人が世界とテクストを介した相互行為を行うことにより，子どもは二重のシステムを確立して，先に獲得した世界の情報とテクストの情報を統合するようになる，という微視発生のモデルを提案するのである。このモデルは明らかに，"人と人の間に共有される精神間機能が個人の精神内機能へ移行する"というヴィゴツキーの「精神の社会起源説」を具現化したものであることは明白であろう。

　以上のような文化心理学的アプローチは，歴史的，個体発生的，微視発生的という異なる発生レベルの間の関係を明らかにしていくことにより，具体的に社会文化的文脈に関連づけられた認識形成のメカニズムを吟味していこうとするものである。

ワーチの文化的道具媒介論と特権化概念の寄与

　ヴィゴツキー理論，とりわけその発展形を示唆したバフチンの理論を発達心理学の観点から見てみると，その評価はある側面でパラダイムの変換をもたらすものがある，というのが大方の見方であろう。ワーチ（1991）によれば，それらに従った発想をもってすれば，「私たちは従来の社会科学とは違った道を歩むことになる」（p. 67，邦訳，p. 94）というほど大きな発想の転換を迫られるのである。ワーチはこうしたヴィゴツキー，バフチン理論を中核としたアプローチを「社会文化的アプローチ」と呼び，その枢要な点を以下ような四点に集約している。

意味の多声性

　バフチンの多声性の発想は，従来の「社会から遊離・独立した個人のイメージを形成してきた原子論」（Taylor, 1985）を明確に否定することにつながる。したがって，原子論に基づいた人間のコミュニケーションにおける情報伝達の概念，すなわち「導管メタファー」（Reddy, 1979）といわれるような発信者による意味の符号化・受信者による符号の解読といった一方向的な意味伝達を否定することになるのである。つまり言語や記号は導管のように働き，人がそこに込めた思考や感情を他者に運搬することによって伝達が行われるし，人はそこから思考や感情を引き出すことによって意味理解を果たすといった，17世紀以降の「明らかな自然科学モデルへの偏向」（Taylor, 1985, p. 4）に基づく，現代では当たり前と思われるような発想を明確に否定するのである。

　いうまでもなく，ヴィゴツキー，バフチンの発想の根幹は言語・記号を媒介として形成される行為，すなわち人の行為を形成する意味が生み出されてくる道筋の解明にある。そのときの中心問題は「誰がその発話を代弁するのか（Who is doing the talking?）」という原理的な問いにあり，意味は特定の個人が所有しているわけでもなく，また，誰も意味を所有しないというのでもなく，対話に基づく二つ以上の声によって社会的に構成されるものであり，バフチン的にいうならば，言語使用者は相手や社会から意味を「借りる」（Holquist, 1981, p. 164）わけで，意味生産の源を個人内部にではなく，集団の生活，コミュニケーションに求めるのである。

　ただし，意味の生成において，常に共同的で多声的な対話に基づいた相互に活性化された状況で，自立した思考と新しいことばの創造を生み出すとは限らない。場合によっては，一方的に承認と受容を相手に要求する単声型の伝達モデル的な発話があり，これを「権

威主義的なことば」として，前者の「内的説得力のあることば」と区別している（Bakhtin, 1981）。

この「権威主義的なことば」の事例として父親，大人，教師のことばや宗教，政治，道徳に関するテクストなどがあげられている。そしてこのようなことばが出てくるのは，それが他者の声や社会的言語と接触能力がないこと，つまり無能力であるとして，基本的な原理は多声性に基づく内的説得力のあることばであることを強調する。しかし，このような無能力状況が出てくるのは，単声機能と対話機能との間の力の対立関係としても理解できるわけで，その意味では，発話はまさに社会文化的文脈に依存して決まってくるといえよう（Wertsch, 1991）。

道具箱アナロジー

ワーチ（1991）によれば，バフチン理論の示唆するものでもう一つ重要な側面は，その多元的志向にあるという。ヴィゴツキーが単に心理的道具というアナロジーで定式化した言語・記号の媒介的特性について，バフチン理論では媒介手段としての多様性にその特徴があり，媒介手段である言語・記号を多種多様な品目を含む「道具箱」（Wertsch, 1991, p. 93；邦訳, p. 124）と位置づけて見てみる必要があるというのである。つまり，活動が生起する文脈に応じて異なる道具を使ったり，同じ道具が異なるグループや異なる文脈では，異なる使われ方をしている，ということを意味するのである。

このことは，人間のさまざまな認識の個人差を社会文化的・歴史的・制度的文脈差の観点から独特の説明をすることになり，道具箱アナロジーの意義は大変大きいものとなる。従来の認知発達理論ではピアジェの単線型の発達コースを想定する絶対的・普遍的発達観に対して，前述したコールらの比較文化的，文化心理学的資料から

複線型の発達コースを想定させる相対的発達観が台頭するという状況が見られてきた（田島，1992）。そこでは，例えば，特定の発達段階にある子どものみがある能力を所有し，それ以下の段階の子ども（あるいは，大きく発達の遅れを示すとみなされた伝統社会の大人）はそうした能力を持ち合わせない，という絶対的・普遍的発達観に対し，少なくとも別の文脈（例えば，実験室ではなく，日常生活の中）ではその能力を十分発揮できるということを証明することで異議を唱えた。

ところが，そうすることで年少の子ども（伝統社会の大人）も，（近代西欧の）年長の子どもや大人と変わらない能力を所有している，と主張しているととらえられがちであった。しかしながら，やはり年少の子と年長の子，あるいは大人との間には重要な差異が存在するのであり，コールらは単に年少の子と年長，大人の間の差異を否定しようとしているのではないというのである。むしろ年少児や伝統社会の大人は，彼らの生活形態に依存した独自の認識形態を示しているとみる。しかも年少児に見られるように，生活形態の変化に伴って（例えば，幼稚園や学校に行くようになると）容易に年長児，大人のような認識形態に変化しうるということから，彼らがある精神的能力を持っているか，持っていないか，という「所有メタファー」（Wertsch，1991，p. 94；邦訳，p. 125）を否定するとともに，認識形態のあり方を，社会的文脈に依存した，多様な道具箱からの媒介的道具の選択に基づく行為の結果であると主張しているのである。

声（道具）の異種混交性

道具箱アナロジーの本質は（道具の）多様性にあるが，その多様性のあり方についてはさまざまな形態が考えられる。ワーチはテュ

ールヴィステ（Tulviste, 1978）の言語的思考における異種混交性（多様性）の考察を参照しながら，多様性のあり方を整理している（Wertsch, 1991）。

　異種混交性の発想には，さまざまなタイプの思考や行動の発生とその効力（優秀さ）の観点から三つの立場が考えられている。第一の立場は，発生的にも効力的にも序列化をするもので，機能形態に発生の順序が存在することと，新しく発生したものが先行するものよりも大きな力を持つと仮定する「発生的ヒエラルキーとしての異種混交性」と呼ばれる。第二の立場は，発生的には規定の順序を仮定するが，新しい形態がより効力的であるとは仮定しないもので「発生的ヒエラルキーなき異種混交性」と呼ばれる。第三の立場は，発生の観点からも効力の観点からも必然的な序列はいっさい存在しないと仮定するもので「非発生的異種混交性」と呼ばれる。

　第一の「発生的ヒエラルキーとしての異種混交性」には，子どもや未開人の原始的な思考から健常な成人の高次レベルの思考への変化と，その結果としての重層的構造を説いたウェルナー（Werner, 1948），生活概念から科学概念への変化を説いたヴィゴツキーの一側面，あるいはピアジェ理論に範を得て3段階の表象様式の発達を仮定したブルーナー（Bruner, Olver, & Greenfield, 1967）など多くの発達心理学者が関与している。道具箱アナロジーでいえば，道具がある一定の順序で低次から高次のものが獲得され，並べられていくということになるが，ここの立場で特徴的なのは，高次の段階に至ったときでも，低次のものは残っており（それゆえ，異種混交性といえるのだが），しかも条件によっては低次のものが使われるということである（ちなみに，ピアジェ自身の発達段階説は，低次のものが高次のものに再編されてしまうので，異種混交性そのものを仮定していない）。しかしこの立場では，どういうときに，あま

り有効ではない低次の形態が使われるのかについてはほとんど説明不可能なのである。

第二の「発生的ヒエラルキーなき異種混交性」は，先述したブルーナーが，ものごとを表現する手段として「動作的表象」，「映像的表象」，「象徴的表象」の順に表象形態の発生を仮定し，効力としてもこの順に高くなっていくとする点では確かに第一の立場ではあるが，しかし一方，象徴的表象の段階に至った大人でも，身体活動にかかわる表象は，より効力的なものとして動作的表象を選択することを示唆しており，この点は第二の立場に近いものである。この立場の特徴は，異なる形態は特定の活動ないし生活領域によって効力性が異なるのであって，形態そのものの絶対的な効力差は認めない。また，日本型文化，欧米型文化に特有の思考タイプとか，原始的思考と文明的思考を対立させて考えるといった，安易に文化に対応させた発想を強く戒め，思考のタイプは文化にではなく，多様な活動の形態に対応していると強調する。この立場を道具箱アナロジーの観点でいうと，異なる発生の段階で異なる道具を獲得するが，ある道具はある特定の活動や生活領域において有効であり，別の領域では別の道具が有効となるというように道具の領域固有性，相対的効力性が強く浮かび上がってくる。

第三の「非発生的異種混交性」は，道具そのものには本来的に優劣はないという点では第二の立場と同じであるが，しかしながら，道具の決まった発生順序もないということが根本的な違いとなる。これは道具の多様性には発生は関係ないということであるが，コールら（Cole, & Scribner, 1974）が示す生活文脈に依存した特定の活動に基づく特定領域の発達の存在が示唆するように，精神発達には活動，生活文脈に応じた道具使用に基づくそれぞれ独自の発達経路が存在するということと，それによる複数の質的に異なる形態が

並存することを強調しているのである。この立場は，第一の立場はもちろん，第二の立場と比較しても，明確に精神形態（思考タイプ）の発生が人の活動やそれを媒介する個々の道具使用の相互行為的変化にのみ基づくこと，そしてそうした道具使用の多様性に基づく，多様な相対的効力観を主張しており，その強烈な相対的発達観が特徴であるといえよう。

　以上のように，人の思考様式が多様な道具に媒介された活動・生活に基づくと考えるならば，第一の「発生的ヒエラルキーとしての異種混交性」に依拠するよりは，第二の「発生的ヒエラルキーなき異種混交性」，第三の「非発生的異種混交性」に依拠した説明が妥当であることがわかる。しかしながら第二，第三と進むにつれ，その相対的効力観，発達観の度合いも強くなり，へたをすると"制度も道具もさまざまで……結局，人は皆同じ"といった，現状に見られるさまざまな差異の説明を回避してしまう極端な相対論に陥ってしまいかねない。まさに，このような事態に陥らないために道具箱アナロジーが導入されているわけで，どのような道具が，どのように使われ，その結果どのような思考様式が形成され，かつ，使用道具の変化によって，どのような思考様式の変化が生起するのか，といった社会文化的アプローチがきちんと模索されていかねばならないのである。

特権化

　極端な相対論に陥らないために，道具箱アナロジーとともにワーチ（1991）自身が仕掛けたものに「特権化」という概念がある。前述したように，基本的には活動の媒介手段である道具はその効力に序列はないのであるが，しかし現実には，例えば社会的言語といったある一つの媒介手段が，ある特定の社会文化的文脈状況では，他

の手段よりも適切ないし効果的だと見られることが普通であり，このことを「特権化」とか「脱文脈化」と呼ぶのである。そのため話者はその発達過程において特定の社会的言語の話者との対話を通して，その社会的言語を習得することで適応を果たしていこうとする状況が見られるのである。

　ワーチはバフチンの理論に基づいたこの「特権化」の概念を用いて，一方で，例えば，学校教育制度などが発達におよぼす影響について，社会的に意図された「脱文脈化された合理性の声」を利用して特権的な地位を占め，他の声を支配，封殺してきた近代社会の一般的傾向を分析する，といったより広範な社会・歴史・制度的な文脈の精神機能に与える影響過程を問題にしていこうとしている（Wertsch, 1998）。ヴィゴツキー自身も，学校における授業での概念化が科学的概念の成立と深い関連を持つことを示唆しているが（Vygotsky, 1934/1962），ワーチはそれらを「制度化された科学」（Wertsch, 1991, p. 135；邦訳, p. 171）のことばのジャンルが持つ説得力として位置づけて分析している。理科の授業で，一人の子どもが適切な物理的過程とは関連のない説明をしても，「制度化された科学」のことばのジャンルを用いると，友達には大きな説得力が出てくるといった観察や，教師が生徒の使う日常的な文脈に基づくことばのジャンルを動機づけとしては採用しつつも，それらは教室では脱線したものとして扱い，最終的には同義性，包括性のような，脱文脈化した語の意味でまとめていることなどを報告している。

　このように「制度化された科学」のことばのジャンルの特権的状況を示唆して，教室では教室の外からの情報を導入してはいけないという前提を生徒に獲得させているというのである。確かに，生徒自身のほうでも早急にそうした"学校ことば"を獲得して，授業内

では小学校1年生でもほとんど日常的経験のことばのジャンルは使わないのに，しかしながら他方で，学校内でも日常的な状況では日常的経験のことばのジャンルに満ちあふれていることが観察されており，子どもたちが積極的に特定の社会的状況にふさわしいことばのジャンルを通して腹話するよう自らを社会化していることが示唆されている。まさに，こうした社会化の過程はことばのジャンルを「取り替える」ことではなく，「付け加える」ことであり，かつ，場面に応じて適切に「使い分けている」（田島，1993）のである。

　以上のように，ワーチは，基本的には，ヴィゴツキー，バフチンの理論に基づき，発達を「文化的道具に媒介された行為」に基づく文化的学習過程であると主張するのであるが，そのプロセスの中核である共同的対話行為を方向づけるものとして「特権化」という社会文化的な力の概念を持ち込むところに大きな貢献があると考えられる。

　しかしながら，ある「特権化」は永久に続くものではないことも確かであり，特権化の形成過程や崩壊過程，あるいは特権的な道具の配置およびその変容過程についての吟味が必要になってくる（Wertsch，1998）。とりわけ，本書のテーマにかかわっては，発達する子どもたちが，どのように，その共同的，社会的行為の中で特権的な道具に接し，どのように自己のものとしていきながら，同時に，自分たちなりのものに改変していくのか，といったことを明らかにしていく必要があるのである。

3節　共同行為の本質としての認知・学習過程

　人間的学習・発達におよぼす社会的相互行為の影響過程についての基本的概念を吟味すればするほど，社会的相互行為過程そのもの

が文化的道具を媒介にした共同行為に基づく短期の発達過程，すなわち学習過程であることが示唆されてくる。そこで本節では，トマセロの示唆から出発した人間的学習・発達について，改めて，学習に焦点をあてて考えてみたい。

ヴィゴツキー，バフチン，ワーチらの理論から強く示唆されるところの，「人間的な認知発達とは，すなわち文化的学習であり，その学習過程は社会的相互行為，共同行為の中で遂行される」とすれば，共同行為過程とはすなわち学習過程にほかならないということであろう。その意味では，共同行為としての学習過程，あるいは共同行為の本質としての学習過程とは何か，という観点から見直しをしてみる必要がある。

ロゴフの「認知＝共同行為過程」論における不一致としての学習過程

最初に，社会文化的アプローチに基づき，認知過程そのものを共同行為過程として正面切って考察しているロゴフ（Rogoff, 1998）の主張から見てみる。

ロゴフはまず，共同行為をかなり広義に定義する。通常，共同行為としてとらえられている慣習的会話，教育場面のやりとり（teaching, tutoring）や共同学習のような対面的相互活動だけでなく，並行的に行われる活動や物理的に共存していない場合の分散的活動への参加（通信中，読書中，回想的会話）なども含んでいる。その上で，認知発達ないし学習は，こうした個人間のやりとり，ないし制度的実践における新しい世代の人々と古い世代の人々との，さまざまな形式の共同行為の中で生起すると位置づけている。

このように，認知過程を個人的活動ではなく，複数の個人間の（広義の）共同行為過程ととらえることは，従来の，単に個人的活

動に社会的要因を付け加えるだけの認知発達研究とは，少なくとも最小分析単位を社会文化的活動におくという点で異なると指摘し，そこに社会文化的アプローチの独自性を認めている。

　こうしてロゴフは，共同過程（社会文化的活動）そのものが認知過程として，認知発達や学習の源泉となっているとするのである。その上で，共同行為のさまざまな形式のあり方に注目するわけだが，その中でとくに重要なことは，広義の共同行為論の立場から，共同行為には二者関係以上のものが含まれるものであること，非対面的な活動が含まれること，そして大人－子どもといった非対等的活動だけでなく，子ども同士といった対等な活動が含まれること，さらに共通の目標を目指した調和的な活動だけでなく，不一致さえも含む活動であることを強調するところであろう。

　とくにここで注目しておきたいのは，不一致的な共同行為の認知発達・学習におよぼす貢献である。ロゴフは，まず，一致と調和によって成り立つ関係は共同行為の一形態にすぎない，と断じる。しかし，共同行為がいざこざをも含むという考え方は一般には理解されがたいかもしれない，とも心配する。というのも，「協力」と「共同」ということばに対して，多くの人々は不一致という要素を考えないからである。通常，アメリカでは，親や先生が子どもたちに「協力が必要である」と言う場合や，子どもが他者との不一致を避けたりやめたりすることを「協力した」と言う場合，子どもも大人も「協力」を権威との争いを避けることとして使っているからである（Holloway, 1992）。

　しかしながら，共同行為において，不一致はその本質である学習にとって重要な道具である，と強調する。しかもこの点については，伝統的な認知心理学の主要な担い手であるピアジェ派が，子ども同士という狭義の共同行為ではあるが（また，ここに限定したものに

しか，関心を示さないのであるが），そこにおける理解の爆発的飛躍を子ども同士の闘争が支えていることを強調しているのである。例えば，小学校 5 年生の教室において行われた議論では，彼らの不一致に関して吟味することにより，論理展開の進歩に大いに貢献した（Azmita, & Montogomery, 1993）といった資料を多数報告しているのである。

　もちろん，最近の新しいヴィゴツキー理論の解釈においても，広範囲な共同行為過程での不一致を，大きな発達のモメントとしてとらえている。ヴィゴツキーは，中核的な概念装置である「最近接発達領域」論において，最近接発達領域とは，学校特有のフォーマットで教え込まれる科学的概念と，家庭で自然な過程で学ぶ生活的概念との間の「不一致」の場であるととらえており，ここでの闘争が学習の動機を支える重要なシステムであると考えていた（中村，1999）というのである。

　当然ながら，不一致間の闘争の結果は，必ずしも有用であったり，学習を強化する意図が最初からあるわけではない。子どもはたいてい，勉強せよという（大人の）指示に抵抗する（Litowitz, 1993）わけだし，グッドナウ（Goodnow, 1987）が指摘するように，社会経済的状況などさまざまな要因により大人が子どもに学習させないよう妨害するようなトピックも多い。また大人は必ずしも，常に子どもを教示的状況に参与させようと努力しているわけではない。両親はたいてい忙しく，ときにストレスを受けてもいる。彼らは常に子どもの将来の職業について準備したり，常時，勉強するよう促すわけではないのである（Goldsmith, & Rogoff, 1995, 1997）。

　これらのことは，いくつかの実証的データでも示されている。中層の，子どもとのやりとりに参加している母親は，彼らが観察されていないと考えているときは，観察されることを意識している場合

と比較して，子どもに対してより非関与的で非教示的になる（Graves, & Glick，1978）し，4歳児の子どもとドラッグストアまで行く道を探す計画を作るよう要請された下層から中層の母親たちは，彼らの子ども自身がその課題をあとで実際に行うことを告げられた場合に，より子どもに対して応答的になった。しかしそうでない場合は，彼らは子ども抜きでその作業を進めてしまうことが頻発したという（Gauvain，1995）。

　以上のような資料をもとに，ロゴフは，大人はしばしば子どもの探索の機会に制約を与えるものであることを強調しながらも，これらの制約は子どもの学習の環境の一部をなしており，それが認知発達における共同行為の性質を理解するための重要な鍵となると考えているのである。

専有としての学習

　ロゴフが提起した「学習＝不一致的な共同行為過程」の現象は，実は，バフチン（1981）の指摘のもとに，ワーチ（1991，1998）によって理論化されている「学習＝専有過程」と軌を一にするものと考えられる。

　ワーチ（1998）は，人間的学習・発達を「文化的道具に媒介された行為」の過程として提起するが，そこで問題となるのが，ヴィゴツキーが文化的学習というときに使用した「内化（internalization）」という概念の多様性ないし誤解の多さであるという。そこでワーチは，内的，心理的平面と外的，社会的平面という二項対立的な発想を拒否し，文化的道具に媒介された行為の中で，主体と媒介手段との関係に限定して「内化」を二つの側面から定義する。一つの側面は，主体が媒介的道具をすらすらと使用するための「方法を知っている（knowing how）」（Ryle，1949）ことであり，これ

を「（媒介手段の）習得（mastery）」と呼んだ。もう一つは，当初，他者に属していたもの（媒介手段）を取り入れ，それをわがものとする過程としてバフチン（1981）によって概念化された「専有（appropriation）」という側面である。

後者の専有という概念は，他者と自分を異なるもの（他者性）としてとらえた上で，他者のものを自分のものにする過程のことであり，例えば言語といった典型的な文化的道具は，まさに他者のそれを自分のものとして取り込むものなのである。その意味では，自分が使う言語（文化的道具）は，まさに他者と自分との間（境界線上）に位置しているのである。バフチン（1981）はこのことを次のように述べている。

「言語における語は，半分は他の誰かのものである。それがその人自身のものになるのは，話者が彼自身の意図やアクセントでもって，語に魂を入れたときや，彼自身の意味論や表現の意図に適応させることによって，その語を専有するときだけなのである。」（Bakhtin, 1981, p. 293）

しかも，こうした文化的道具を専有するのは，そう簡単なことではない。必ず抵抗や軋轢を生んでしまう。我々が話すときはいつでも，すでにある言語学的用語や概念のセットに「従わなくては」ならないからである。しかし，人は決して文化的道具の受け身的な消費者ではない。専有とは，他者の語を借りたり，「賃貸」（Holquist, 1981）するとき，確かに「半分は他の誰かのもの」であるが，あとの半分は話者のものであり，他者の語に「彼自身の意図やアクセントでもって，語に魂を入れる」ことで「（語を）その人の意志やアクセントに従うことを強制する」（Bakhtin, 1981, pp. 293-294）過程でもある。その意味では，文化的道具である語には，

間違いなく従わざるをえない「用語的スクリーン」（Wertsch, 1998）があるが，魂が入らなければ，それらの他者の語は，「疎遠なままにとどまり，それらを専有した人の口の中で他者のものとして響いている」（Bakhtin, 1981, p. 294）というのである。

　このように，学習＝専有という側面は，最初，彼の外部にあった文化的道具を，積極的に容認することから，強く反発し，拒否することまでを含む能動的な過程であると定式化されている。

習得と専有の関係

　ワーチ（1998）が定式化した学習の二側面，すなわち「習得」と「専有」は，例えば，習得の高度のレベルが専有となるのではないか，といった指摘が可能ではある。しかしそのことによって，この二側面が同じものであるというように考えるのは間違いであるという。とりわけ文化的道具の専有の場合は，習得的側面と専有的側面は相互に関連しながらも，独立しており，ある内化＝学習領域では両側面は高いレベルでも，低いレベルでも相関しているが，別の領域では，文化的道具の使用は習得の高いレベルと，専有の低いレベルによって特徴づけられる，というのである。例えば，アメリカのクリスチャンではない家庭の子どもが，公立学校でのクリスマスのお祝い会にどのように参加するか，というトピックを一つの典型として示している。ガモラン（Gamoran, 1990）の観察によると，あるユダヤ人の生徒がクリスマス・ソングを歌うときに，歌詞がイエスにさしかかったときには，歌うことを止めるという形で対処したという。この場合，ユダヤ人の生徒はある特定の部分にさしかかると歌うことを止めたわけで，歌詞についての習得は十分に達成していたと考えられる。しかし，そこで歌うことを止めたということは，習得された歌詞がその生徒にとって，クリスマス・ソングとい

う文化的道具は，それに対し自己同一化し，意欲的に借用したい，専有したいと考えられるものではなかった，ということなのである。

　このように，内化＝学習における習得と専有という二つの形式は，相互に独立したものと考えられるが，それならば，習得的学習と専有的学習はそれぞれどのような独自性を持っているのであろうか。また，お互いに関連するとすればどのような契機とパターンを示すのであろうか。こうした点が，最終的に本書において明らかにしたい中心的な問題となる。

　そこで本書では，はしがきにも述べたように，以下の章において，先行研究の吟味と筆者らの研究をもとに，以下のような諸点について考察していくことになる。

　(1)　共同行為と学習・発達の関連のあり方をとらえる（**1章**）。

　(2)　「共同行為の中の学習」のメカニズムについての実証的なモデルを立てる（**2章**）。

　(3)　「共同行為の中の学習」の社会文化的特質を明らかにする（**3章**）

　これらの諸点の分析・考察を通して，「共同行為としての学習・発達」について，とりわけ学習の習得的側面と専有的側面の関係を中心に概念化していきたい。

1章
共同行為と子どもの学習・発達の関連を とらえる
相関的, 縦断的アプローチ

　本章では，共同行為としての学習・発達を明らかにする上で，ま
ず，共同行為あるいは社会的相互行為と子どもの学習・発達がどの
ような関連を持つのか，その大枠を摑むことに焦点をおく。まず1
節において，これまで社会的相互行為あるいはより広く社会文化的
諸要因と子どもの学習・発達の関連性について吟味してきた分野の
理論と先行研究について展望を行う。それに基づき，2節では，筆
者らが行ったいくつかの相関的，縦断的研究の結果を提示し，社会
的相互行為が子どもの学習・発達のどういう側面に関連するのかと
いうことについて考察してみる。

1節　学習・発達におよぼす社会文化的要因の 影響に関する研究の動向

研究動向の特徴

　子どもの学習・発達におよぼす社会的相互行為などを含む社会文
化的諸要因の影響過程を明らかにするために，両者の関連のあり方
を吟味する研究は，1960年代以降に限ってみると，大きく二つの
流れがあった（田島ほか，1990；田島・臼井，1979）。
　一つは，社会的，情動的行動の諸側面の発達を母親などの社会化
の担い手とのかかわりで検討してきた社会化研究のパラダイムに知

的発達の測度を当てはめた「認知的社会化研究」のアプローチである。

　この研究では，母子関係のあり方をはじめとする家庭環境の諸要因の分析に重点をおき，それと IQ や学業達成といった総合的な単一の発達指標との相関関係を吟味することが中心的に行われてきた。こうした研究の背景にはヘスとシップマン（Hess, & Shipman, 1965, 1967）の研究に見られるように，文化的に恵まれない下層階級の子どもたちの就学前補償教育と結びついて発展してきたという流れがある。英国の社会言語学者バーンステイン（Bernstein, 1959, 1961）の知的発達の階層差と家庭における言語的コミュニケーションの質との関連に関する仮説に端を発したこのアプローチは，当然ながら，操作可能な環境要因の分析に重点がおかれ，認知発達測度との間に何らかの関連が見つかれば，かりに明確な因果関係が同定されえなくても，より良い認知発達を保障するために，あるいは発達の遅れを早期に取り戻すために環境要因の操作を実行に移すという，現実社会の要請に応える側面が強調されたのである。

　もちろん，研究計画段階での環境要因の選択や結果としての認知測度との相関関係の解釈には，乳幼児期の感覚的経験の不足（sensory deprivation）が後のさまざまな知的・行動的発達を阻害するという知見（例えば，Hebb, 1949）や，発達臨床的観点からフロイドの理論などが示唆する発達における初期経験の重要性に関する知見，またピアジェの認識発生理論から引き出された応答的環境（responsive environment）についての知見（Hunt, 1961），さらに経験の組織化の重要な担い手となる言語の役割についてのヴィゴツキーの理論などの諸知見が参考にされたが，従属変数としての認知発達測度が総合的単一指標であったため認知構造そのものの変化には言及できず，それらの認知発達理論に基づいた解釈には成功し

たとはいえない状況であった。

　もう一つの流れは認知発達研究の領域から出たものである。ピアジェの影響を強く受けた認知発達研究の領域では，1960年代から認知構造の変容そのものを探ることに重点がおかれてきたが，ピアジェ理論の文化的差異を超えた普遍性の主張の吟味のために行われた比較文化的研究が必ずしも予測どおりの結果を示さなかったことから，認知構造の変容にかかわる文化的・教育的な環境の差異の影響について関心が持たれた。

　この「比較文化認知発達研究」とでもいえる研究の特徴は，異なる地域で生活する子どもたちの認知構造の差異を見つけることに重点がおかれ，その差についてはそれぞれの地域に特有な社会・文化・歴史的背景情報によって解釈される程度であったが，認知発達を理解するには社会文化的な文脈を込みにしたメカニズムを想定しなければならないという認識を研究者間に広げた意義は大きいものがあった（Cole, & Scribner, 1974）。

　このように，子どもの発達にかかわる社会文化的要因に関する研究は，一方で基準変数として社会文化的要因の分析には重点をおくが認知発達そのものは従属変数としてラフな指標を用い，両者間の相関的関係から認知発達への社会文化的要因の影響のあり方を推測する「認知的社会化研究」の流れがあり，他方で，測定するのは認知構造のみだが，その社会・文化差に焦点をあて認知発達への影響過程を推測する「比較文化認知発達研究」の流れがあって，当初は比較的独立に研究が進められたのであった。しかし，1970年代半ばになって，それまでの乳児の知覚研究が，母子関係という文脈の中で改めて研究され始めたり，ピアジェ理論の再考の動きが見られるようになって，認知発達の研究はその発達的個人差の究明も含め，社会文化的状況の中で発達の詳細なメカニズムを明らかにしていく

方向へと転換していった。こうした状況の中で，上記の二つの研究の流れもそれぞれ変化を見せ，お互いにそれぞれの特徴に影響される形で，進行していったのである。

「認知的社会化研究」は比較文化的研究を採用したところ必ずしも一義的な結果が得られず，そのため認知構造を念頭においた従属変数（認知測度）の多変量化を行って，よりきめ細かな関係性を同定することで社会文化的要因の影響過程のメカニズムの想定を詳細にしていく方向へと進んだ。しかし，この研究領域は，その研究パラダイムが社会文化的変数と子どもの発達変数との間の相関関係を求めることにあるため，影響過程という変化メカニズムそのものについては推定の域を出ず，十分な吟味は相変わらず困難な状況にある。

一方，「比較文化認知発達研究」のほうは，同一文化内での下位文化差の存在を念頭におくことで，社会・文化といった社会学的変数でラフに解釈することから，認知構造に対応した具体的な社会文化的要因の測定へと進み，やはり社会文化的要因の影響過程のメカニズムそのものを同定すべく新しい「文化心理学的アプローチ」の段階に向かっていった。しかし，この領域の研究パラダイムはあくまでも子どもの認知構造のモデルが基底にあるため，社会文化的要因そのものの分析は子どもの認知構造との対応に重点がかかり，社会文化的要因と子ども自身の相互作用的なかかわりの直接的な分析はほとんどなされていないのが現状である。

以上のように，二つの異なるアプローチはそれぞれの欠点を克服しつつ，独自の資料の特徴を生かして分析法を工夫し，主体と社会文化的な環境とのダイナミックな関係のメカニズムを追求しようとしているのであるが，両アプローチとも，研究パラダイムの制約のために，社会文化的過程と子どもの心理過程の間の相互的なかかわ

りについての直接的な分析には成功しているとはいえないのである。その意味では，現実に両過程が同時に起こっている最小分析単位としての共同行為過程の分析が強く求められる。

　そこで以下に，二つのアプローチの展開過程を詳細に展望しながら，本書で目的とする共同行為過程の分析の視点を明らかにしていくとともに，社会文化的過程と子どもの心理過程との間の相互的なかかわりについての理論的な考察と，両過程を同時に扱う方法論の検討を試みる視点を吟味してみたい。

認知的社会化研究の展開

親のコミュニケーション・スタイルの影響

(1)　バーンステインの理論

　社会階層により子どもの認知発達，とりわけ言語発達が遅れるという知見はかなり古くから報告されてきた（McCarthy, 1954）が，バーンステイン（1959, 1960, 1961）は英国の社会・経済的階層における中流の子どもにくらべて労働者階級の子どもの言語性 IQ の低さに注目した。つまり労働者階級の子どもでは言語が経験を組織化するために利用されず，そのため認知発達が遅れを示すことになるのではないかと考えたのである。そしてこのことと，階層差による家庭での親の子どもに対することばの使用法，言語習慣の違いとを関連づけて説明を試みている。

　彼によれば，労働者階級で使われている言語（「制限コード」と命名）は，中流での言語（「精密コード」と命名）とは対照的に，仲間や家庭での内々での伝達機能には十分役目を果たすが，ものごとを分析・総合したり，推理したり，抽象的なことを述べたりすることには不向きな性質を持っており，そうした言語環境で育つ子どもは，中流の子どもにくらべて認知的な言語の使用法を学ぶ機会が

少なく，かつ，そのようなことばが重要であるという認識・態度も育ちにくいという。これらの言語使用の特徴は，同時に下層の親の，子に対する「地位に方向づけられた（status-oriented）」統制の仕方と結びついており，社会慣習に行動の指標をおき，子どもには命令文やステレオタイプなことばを与えがちになる。こうしたときに子どもは，課題解決や学習場面で衝動的かつ消極的な態度をとるようになり，学習態度の形成にも不都合をもたらすことになる。これに対し中流家庭の「人間に方向づけられた（person-oriented）」統制のもとでは，学習場面でも熟慮的に振る舞える余裕を与えられ，親や他人の意図を理解して十分に考える機会があり，学習態度に積極性が出てくるという。この理論は，後に彼自身によりいくつかの点，例えば言語の形式的な側面（語彙数や文法的知識）に差はなく，場面に応じたことばの使い方に差がある，などについて修正が加えられたが（Bernstein, 1970），初期の理論はその後の認知的社会化研究の隆盛を引き起こす大きな影響力を持った。

(2) バーンステイン理論の検証

ヘスとシップマン（1965, 1967）はバーンステインの理論を実証的に検証することを目的として，163名の社会階層の異なる黒人の母親と4歳の子どもを対象に，母親面接と課題解決を求められた母子の相互行為場面の直接観察を行った。そこでは主として母親の子どもに対する言語的統制の仕方（コントロール・タイプ），課題解決に導くための子どもの方向づけの仕方（教授スタイル）などや，そこで使われる言語の性質（言語スタイル）などが検討された。その結果，母親の社会階層が高くなるほど〈精密コード〉の特徴を持った言語を使い，子どもの行動のコントロールでは地位指向的表現が少なく，また情報を組織立てて子どもに説明することが多かった。すなわち，子どもに対し有効に言語を用いて対処していることが示

され，しかも，子どもの課題遂行成績は高いという結果が出たのである。

　その後もさまざまな研究が同様の結果を出したが，必ずしも子どもの知的発達との関連は深く考察されておらず，しかも，これらのデータから低階層の子どもの知的発達の遅れを母親の言語使用能力，教育能力の欠如ということに結びつけて，安易に補償教育（米国におけるヘッドスタート・プロジェクトなど）に走ったことに対する批判も多く出た（Ginsberg, 1972）。一つは下層の子どものことばが，認知的な使用に欠けるというよりは，学校教育で使われている種類のことばという点で不利なだけである（Labov *et al.*, 1968）という現代学校文化への批判と，言語がそれほど思考や知覚に大きな影響を持つものではないという指摘（Furth, 1966；Gibson, 1969；Lenneburg, 1969）のもとに，言語治療教育に焦点を合わせた補償教育の不十分さ，不適切さが指摘されたのである。事実，補償教育自体の成果についての評価研究も盛んに行われ（Glaser, & Resnick, 1972），言語治療中心の就学前補償教育の成果が必ずしも小学校中学年段階までも永続性を持たないこと，母親を含めて行った補償教育に唯一定着的な成果が見られたこと（Bronfenbrenner, 1975）などの結果から，子どもの認知発達におよぼす社会文化的な影響要因を，親の言語的コミュニケーション・スタイルに限らず，より広範な要因の模索が求められることとなった。

変数の多様化・詳細化と比較文化的，縦断的視点

　東ら（東・柏木・ヘス，1981）および東（1994）は，ヘスとシップマン（1965, 1967）の見いだした結果が，果たして育児文化や言語的コミュニケーションのあり方の異なるわが国においても当てはまるかどうかという問題意識のもとに，母子関係と子どもの発達に

おける一般的な諸指標と文化との交互作用の有無の同定を目指した。

　この研究は基本的にはヘスとシップマン（1965，1967）のパラダイムを踏襲しているが，前述した諸批判が念頭におかれたことと，認知的社会化研究における方法論の改革が進められていた時期でもあったことから，いくつかの点で研究法上の工夫が凝らされている。

　まずサンプルは母子だけでなく教師－子どものサンプリングが行われ，比較文化とともに徹底した「比較」という方法論をとっている。また観察場面は母親や教師の教授スタイルや言語的伝達能力を見るもの以外に比較的統制度の低い，遊具を媒介とした母子の自由遊び場面も加わるなど母子関係を多様な側面から見ようとしている。これは場面比較ということだけでなく，母親をはじめとする環境側の働きかけ変数の多様化，詳細化を進めることによって，より広範な環境要因の影響性を明らかにしようとしたのである。

　子どもの発達指標においてもそれまでの総合的単一変数に変えて，子どもの認知発達の諸側面をそれぞれ代表する複数の測度を採用し，環境変数との多変量的な関係パターンの同定を目指した。また，子どもの発達指標については，異なる発達時点（4〜6歳）での測定も行われており，こうした縦断的な視点から先行変数（母親の働きかけ）と後続変数（子どもの発達指標）の間の因果関係を推定しやすくしようとしたのである。

　この研究は小学校5年時の追跡研究まで含めると10余年にわたる膨大な研究となっており，その結果を詳細に述べることは不可能であるが，全体的な結果と比較文化的に興味深い結果を紹介してみる。まず，多変量間の因果的関連を推定する重回帰分析の結果，母親の態度・行動は，知的発達の個人差の分散のおよそ25％を説明するほど関連が深いということ，そして子どもにプラスの影響をおよぼすと推定される母親要因は，子どもに対する温かさや，受容

的・配慮的なかかわりであることが示された。これらの結果はいずれも日米に共通していたのであるが，より具体的な行動のレベルでは日米で一致しない場合が少なくなかった。例えば，米国の母親の言語活動は課題内容に焦点化され，それを精密かつ個別的に説明しようとする傾向があるのに対し，日本では課題の周辺を概観したり，情緒的なかかわりや励ましなどに言語活動の多くが割かれていた。また，このプロジェクトのメンバーの一員であった筆者らが担当した比較的統制度の低い自由遊び的な課題場面の分析においては，母親の配慮的かかわりについては日米共通に認知発達指標全般に正の関連が見られたものの，圧力的かかわりを中心とした指示命令や否定的応答には，日本では全般的な強い負の関連が示されたのに対し，米国においては関連がないか，一部の指標には正の関連さえ示されたのである（三宅・田島・臼井，1980）。

こうした結果を受けて，比較文化的な差異を説明するために，筆者は，そうした母親の働きかけに子どもがどのように反応しているかに注目し，認知的社会化研究パラダイムに基づきながらも，相互作用的な観点から日本ケースについて独自の分析を行ってみたところ，日本の母親の受容的・配慮的なかかわりは子どもの熟慮的，固執的（持続的）活動と強く関連しており，かつ，そうした子どもの行動は子どもの認知発達指標全般に正の関連を示していた（Tajima, & Miyake, 1980）。そこで，こうした分析を日米比較の視点で行ったところ，日本の子どもの場合は上記のような熟慮的，固執的（持続的）活動，米国の子どもの場合は独創的，自発的活動を喚起するような母親行動が子どもの認知発達に正の関連を示すことが示された（三宅・田島・臼井，1980）。つまり，日本の母親の励ましなどの，子どもの動機づけを高めるような情緒的かかわり，米国の母親の指示命令や否定的応答も多発する課題に焦点化したかかわ

りという日米それぞれの母親の働きかけが，それぞれの子どもの独自の活動（日本：熟慮的，持続的活動，米国：独創的，自発的活動）を生み，そのことが良好な課題達成の成績へとつながってくるのである。まさに，同じ認知発達レベルに到達するにも，日米では異なるコースを辿るのではないかということが示唆されるとともに，共同行為過程そのものの分析の必要性が強く示唆されるのである。

乳児研究と母子関係

　1960年代に始まった新生児・乳児の知覚研究は彼らにこれまで考えられなかったほどの認知能力の存在を実証したのであるが（Cohen, 1979），それらの成果を基礎に，1970年代に入ると中心的な課題が子どもの社会的能力や母子関係の解明に移行したのである（水上, 1987）。このような変化が起こった原因の一つは，乳児の能力測定上の問題と関連して，子どもの能力は文脈との関連において発揮され，成立するのであって，単にその能力そのものを測っても，能力のあり方や発達のメカニズムの本質はわからないということが理解されてきたからであった。

　こうした視点から乳児期における母子関係のあり方が研究され，新生児・乳児の持つ社会的同調能力（インターラクショナル・シンクロニー）の発見がなされた（Condon, & Sander, 1974）。これは，現象的には出生直後から見られる共鳴動作（母親の"舌出し"刺激に新生児が"舌出し"で応答する現象）や母親の呼びかけに対する新生児の応答的な手足運動などに見られるが，社会的相互行為過程の実証的資料としてはトレヴァーセン（Trevarthen, 1977）による2カ月児とその母親を対象とした相互行為のマイクロ分析によって明らかにされているものがある。ここでは，乳児に対する母親の働きかけが乳児の応答を呼び，それがまた母親の新たな働きかけを

生み出すという過程が繰り返し見られ，乳児の同調性に触発され環境が変化し，相互交渉が進展していく様子が如実に描写されている。彼はこれらのことから，間主観性（intersubjectivity）という概念を導入した。これは相互交渉の参加者が，お互いに相手の行動を解釈して働きかけ，その積み重ねを通して両者の間に共通の知識が成立していくことを指しており，2カ月時は母親に先導される部分が多いものの（第一次間主観性），生後6カ月を過ぎる頃になると，どうすれば母親を動かすことができるかというように子どもが行動するようになり，母子間で同等に，相手の意図を解釈し，自己の意図を通していくといった「相互意図性」に基づくやりとり（第二次間主観性）が可能になってくるという。

　こうした乳児の社会化の研究は，少なくとも養育者や環境要因が一方的に子どもに影響を与えるといった発想を強く批判するとともに，双方向の影響性の吟味の必要性が強調されることとなったが，そのためにも，母子関係の成立と変容過程の分析の必要性が強く示唆されるのである。

比較文化認知発達研究の展開

ピアジェの認識発達理論に対する批判的吟味

　近年の認知発達研究はピアジェの認識発達理論（Piaget, & Inhelder, 1966）に代表されてきたといえよう。ピアジェの立場は認知発達を論理的操作の発達としてとらえ，その発達はさまざまな知的領域を超えて全体的・斉一的な発達段階として表され，初期の感覚運動的段階から前操作・具体的操作・形式的操作の段階に至る順序は普遍であると主張し，その意味で，基本的には文化を超えて認知発達は普遍性があることを示唆している。

　しかし，ピアジェ理論を支える種々の実験・観察資料は西欧文化

に育つ子どもたちから得られたものであり，彼の主張が西欧文化以外の異文化圏においても通用するかどうかということに興味が持たれていた。その場合も，基本的には発達は超文化的であると予測され，文化の影響があるにしても，それはただ発達の速度，すなわち，「豊富な刺激を与えたり，子どもの能動性を生かしたりするような文化は，そうでないところよりも発達段階の移行は早めに起こるであろう」という点にのみ限定されると考えられていた。

こうしたピアジェの基本的立場を前提に，種々の比較文化的研究が彼の使った課題などを用いて行われたが，課題成績という点からは必ずしも予測どおりではなく，文化の違いにより認知課題の達成度にかなりの差が出てしまった。一般に西欧文化を中心とする現代文明に浴していない人々はピアジェが示した発達基準より遅れているだけでなく，成人に至っても最終レベルまで到達していない場合が多かったのである（Berry, & Dasen, 1974）。その上，主として狩猟や遊牧を生業とするカナダのイヌイットおよびオーストラリアの先住民の子どもたちと，主として農業を営んで生活するアフリカのエブリーの子どもたち（6～14歳）を対象として，空間概念に関する課題（水面の水平性の理解など）と保存課題（液量，重さなど）を実施した研究によると，いずれの子どもたちも同年齢の西欧文化の子どもたちにくらべると両課題とも低い成績を示していたが，狩猟民族の子どもは農耕民族の子どもより空間概念課題の成績が高く，逆に保存課題では農耕民族の子どものほうが高い成績を示していたのである（Dasen, 1975）。つまり彼らの生活にかかわった領域の能力は速く発達し，関連の薄いものは遅れてしまうことを示唆しているのである。

これらのことから，認知発達は彼らが生活する環境条件に深くかかわっており，超文化的に全体的・普遍的な発達段階があるという

より，生活条件にかかわって特定の領域が発達するのではないかという議論が巻き起こってきたのである。そこで，ピアジェが使用した課題以外のものについての比較文化研究の諸結果も含め，検討がなされ始めた。例えば，ウィトキン（Witkin, 1962）の「場の依存性－独立性（field dependence vs. independence）」次元にかかわる認知スタイルの発達と，生活様式，とくに育児様式との関連を研究したベリー（Berry, 1976）の報告によれば，厳格な育児（大人の権威への服従，体罰使用など）で有名なアフリカのテムネ族と，比較的穏やかな育児様式をとるイヌイットの子どもの認知型を比較したところ，予測どおり，テムネの子どもは場面依存的で，イヌイットの子どもは場面独立的であった。

認知発達の文脈依存性と領域固有性

　以上のような報告に続いて，思考や認知の様式およびその発達を生活様式や社会制度の異なる文化圏の間で比較する研究がますます活発になされたのであるが（Brislin, Bochner, & Lonner, 1975），しだいに，認知発達に影響をおよぼす文化そのものの分析の必要性が強調されるようになってきた。つまり認知発達が社会文化的要因と切り離すことができないという点の強調にとどまるのではなく，文化差の生じる認知機能系および領域が，文化のどういう要因によって規定されてくるのかという「文化と認知」を結ぶプロセスないしメカニズムの解明へと動いてきたのである。その背景には，発達研究における生態学的接近の強調があるとともに，研究者の側も西洋人のモノサシを基準にして未開人の心性を調べるという態度から，文化の内側から実態に迫ろうという取り組みへの変化もある。このような立場はいわゆる「文化的相対主義（cultural relativism）」として知られている（Cole, & Cole, 1989）。

　これらの立場やそれに基づく研究は，単なる認知能力の文化差の発見ということを超えた，発達現象の理論モデルの実験的な検討にもつながる。つまり，ピアジェやフロイドに代表されるような発達のいわば「単線モデル」に対する「複線モデル」の必要性についての検討である。例えば，文化や社会階層に基づく社会環境の違いが，発達のどのような側面に対して影響をおよぼすのか。それは普遍的な発達のコースにおける遅速のみに影響するだけか。あるいは，特定の社会文化的影響や要請に対して，それに対応する特定の認知能力の発達のコースが存在するのか。そして，それはどのようなものだろうか，ということなどがこれらの研究に携わる人々に共通した基本的な問題意識となっていったのである。

　認知発達の文化的影響過程を重視した発達理論を「文化的文脈理論」と定式化したコールら（Cole, 1990；Cole, & Cole, 1989）は，彼らの立場を二つの点でピアジェの立場とは異なっているとする。一つは，ピアジェの場合だと発達の方向性は決まっており，文化はその促進・抑制に働くとすると，良い文化，悪い文化という文化の序列化を招きかねないのだが，コールらの場合は西欧・非西欧文化，先進・非先進文化の人々や，あるいは乳幼児・大人・老人にも共通する認知の基礎的過程を想定しており，その意味では文化的後進国の人々の能力の過小評価に異議を唱えることとなる。そしてもう一つは，コールは文化的先進国と後進国との差は普遍的な基礎的過程が現実の「機能系」として作用するとき，つまり子どもが，自身がおかれた社会文化的文脈の中で，そこに適応する上で必要な知識や技能を獲得するときに現れると考えるのである。その観点から，認知発達は「文脈依存」的であり，適応上特定の領域がより発達するという意味で「領域固有」的となり，ピアジェの示した一方向的発達観における文化的要因解明軽視の風潮を批判するとともに，認知

的技能の文脈依存性・領域固有性をもとに，社会文化的条件の詳しい解明を目指す必要のあることを強調するのである。

　こうしてコールは自身の研究課題として，特殊な経験が認知的技能の形成に与える影響を明らかにすることを試みている．まず，スクリブナーとコール（Scribner, & Cole, 1981）は文化的文脈条件の解明から始めているが，そこでは文化人類学的手法を用いた子どもの生活環境の分析を行っている。例えばリベリアの辺境に住むバイ族の子どもは，学校に通う子どもは町に寄宿し，そこで英語を学ぶが，学校に通わない子どもは，学校では教えないバイ語を日常生活の中で学習する。また特定の子どもはコーラン（回教の教典）を教える学校でアラビア語を学ぶ。英語は学校での授業で扱われる情報の処理に使われるのに対し，バイ語はもっぱら日常会話と手紙を書くときに使われるし，アラビア語は情報の理解やアラビア語で話すということには使われず，経を唱えるためにのみ使われており，その学習ももっぱら機械的丸暗記方式であるという。それでは，こうした三つの言語の読み書き能力（記号体系の理解・運用能力）を獲得するという経験が，どのような認知的技能の発達をもたらすのだろうか。コールらはバイ族の子どもたちのそれぞれの言語の読み書き能力の中に含まれる特殊な認知的活動（符号化や符号解読）の分析をもとに，それぞれに対応する認知的技能を測る課題を構成した。英語は一般的な学校での知的活動を代表する機能を持つとして，分類課題や推理課題などの標準的な知的能力テストの達成を促進すると考えた。一方，バイ語は手紙を書くときに使われるとすると，相手の立場を考慮し，相手にわかるように説明することが得意になると考え，伝達ゲーム（他者に一定の情報を正確に伝える課題）で優れているだろうと予測した。また，アラビア語の場合は機械的記憶の技能の発達が予測され，物語の記憶などではなく，記憶すべき

項目が一つずつ増えていく一連のリストを記憶させる漸増的記憶課題で優れた成績を達成するだろうと考えた。実際，結果は予測どおりのものが得られ，それぞれの言語に見合った認知技能の領域が発達するという「領域固有性」が示されたのである。

共同行為としての社会的相互行為過程をとらえる視点の吟味

以上のように，「認知的社会化研究」と「比較文化認知発達研究」の展開には，お互いに影響をおよぼしあってきたことが見てとれるのである。その結果として，さまざまな文化的差異を無視して普遍的に子どもへの最適なかかわりのあり方を決定することの無謀さを指摘するとともに，子どもの学習・発達におよぼす社会文化的要因の影響過程についての研究のあり方に一つの方向性を示していると考えられる。

第一に，同じ認知発達レベルに到達するにも，社会文化的条件の異なるところでは，異なるコースを辿るといった相対主義的な発達観を考慮する必要のあること。そして，第二には，発達そのものが社会文化的文脈のもとでの具体的な経験に依存しており，こうした子どもの経験のあり方を分析する必要のあること。とりわけ，乳児研究が示唆するように，そうした経験が生起する場である社会的相互行為過程そのものに直接目を向け，そのあり方を吟味していく必要のあることを示しているのである。

以上のように，子どもの学習・発達に対する社会文化的要因，とりわけ社会的相互行為の影響過程に関する研究の動向の特徴を吟味した結果，以下のような諸点について課題や示唆が浮かび上がってくる。

(1) 「認知的社会化研究」の流れも，「比較文化認知発達研究」の流れも，それぞれの研究パラダイムの制約のために，直接的に

社会的相互行為過程そのものの分析には成功していない状況が明らかとなったが，社会文化的条件の異なるところでは，発達のコースさえ異なることも想定されるほど，発達は社会文化的文脈のもとでの子どもの諸経験に依存していることが示唆され，子どもの発達の理解には，まずは子どもの諸経験が生起する場としての社会的相互行為過程の分析が必須であることが示唆される。

(2)　社会的相互行為過程の分析にあたって重要な視点を提供してくれる背景的理論としては，**序章**で述べたヴィゴツキー理論では，子どもの認識への影響過程として，言語・記号的媒介に基づく大人−子ども間の相互行為の内面化という重要な概念化があるが，内面化のプロセスそのものを分析しているわけではない。その意味では社会的相互行為の発達への影響過程が十分明らかにされているわけではない。また，ヴィゴツキー理論における社会的相互行為過程にあたるものを，社会的言語やことばのジャンルを媒介とした，個人と個人，個人と社会集団との「対話過程」ととらえ，広く社会文化的，歴史的，制度的な側面にまで拡張する可能性を秘めたバフチン理論においても，基本的には，社会的な方言の取り込み（借用・腹話）過程といった内面化過程が論じられており，やはり，同様のことがいえるのである。しかしながら，ヴィゴツキー理論でも，バフチン理論でも，言語・記号に媒介された社会的相互行為過程（対話過程）を，単に子どもが丸ごと内面化していく受け身的な過程として想定しているわけではなく，文化心理学が示唆しているように，活動（対話）の中で使われる言語・記号の意味（社会的な意味）を内的に再構成する中で新たな意味を創造していくといった積極的な過程が示唆されるのである。とりわけ，記号学

者バフチンの「対話性原理」は，相手や活動場面，社会集団への積極的な同一化と新たな意味創造過程を示唆しており，その意味では，社会的相互行為の内面化というよりは，状況的認知論でも強調しているように，社会的対話，自己内対話といった内外の区別を排した対話性原理に基づく，意味の取り込み＝新しい意味の生成過程としてとらえ直していくべきであろう。

　以上のような理論的視点は，子どもの発達におよぼす社会的影響過程の分析においては必須の視点として考えられ，本書における吟味の前提的な仮説として，検討していく必要があると考える。

2節　学習・発達と社会的相互行為との関連
　　　に関する研究

　本節では，1節における諸研究の展望をもとに，子どもの学習・発達と社会的相互行為過程との関連について，いくつかの側面から，実証的に吟味してみる。とくに「認知的社会化研究」の展開で吟味されたように，単に母親の働きかけと子どもの発達指標の間の関係を見るのではなく，社会的相互行為過程のあり方を基盤とした上で，子どもの学習・発達との関連を検討すべきだということから，まず，発達初期の母子相互行為（母子関係）の成立と変容過程に焦点化し，母子それぞれの持つ要因が母子間の相互行為におよぼす影響を吟味してみる。次に，そうした母子相互交渉のあり方が子どもの発達にどうかかわっていくかを，中・長期縦断的に相関分析法で吟味してみる。

母子間の相互行為と母性形成との関係

問題の背景

　子どもの発達に影響する要因として，とりわけその初期には，主たる養育者である母親との関係の形成が重要な発達課題となる（Bowlby，1969）。この母子関係の形成は，母親側の要因と子ども側の要因とが複雑に絡みあった結果の産物と考えられているが（Sameroff，1993），なかでも母親自身の持つ母性要因は，発達初期には子どもが未熟なだけに，母親側の主要な要因として実際の育児行動に大きな影響をおよぼすことが予測されている（大日向，1988）。

　この母性要因は，育児行動に直接的にかかわるものとしては母親自身の妊娠受容感や，子ども観，養育観（態度），現在の家族関係，生活スタイルなどの個人的要因や社会文化的要因から規定される母性感情が中心となる。例えば，妊娠受容感については，妊娠初期の感情や妊娠の受け止め方がその後の妊娠中の心境を規定し，さらに出産後の子どもへの愛着や育児行動にも関係するという報告がなされているのである（大日向，1978）。

　しかしながら，母子関係の形成に影響をおよぼす側面がある母性要因，とくに母性感情といわれるものは，母親自身の生育史に基づく背景要因に影響を受けていると考えられている（田島・小田倉，1986）。そうした背景要因の主要なものの一つに，それまでの母親自身の周りの人々との人間関係に基づく，母親自身の自己の価値についての肯定的な感情的評価なり精神的自律性を示す自尊感情（self-esteem）がある。人間は，自尊感情が低いと不安が高まり，そのため相手や多数派に同調しやすくなったり，逆に否定的な自己感情のため他者から独立する傾向もあり，ますます過度の不安を誘

発するようになって行動の一貫性に欠けることになるといわれている（藤原・遠藤・井上，1974）。その意味では，自尊感情は適切な人間関係の基盤と考えられ，母性の形成にも大きな影響を与えると推測されるのである。

　背景要因の中で重要と考えられているもう一つの要因は，自分自身の経験に基づくもので，自分の母親（子どもにとっては祖母）に対するイメージが，自分自身の育児行動や母親としての自己像に対するモデルの役割を果たすと考えられている（福井ほか，1977）。

　以上のように，母性感情は母親のさまざまな背景要因によって影響を受けながら，子どもの誕生後の育児に対する考え方や実際の育児行動に影響をおよぼしていくと考えられるが，しかし，誕生前の母性感情が母親の周りの人々との関係で成立するとするのと同じ論理で，誕生後の子どもとの関係によって，その後の母性感情が影響を受けるということも考えられるのである。このことは，先述したサメロフ（1993）の指摘から考えても当然のようにも思われるが，これまでの母性要因にかかわる諸研究では，母性要因の育児行動に対する一方向的な影響の面が強調されており（田島・小田倉，1986），改めて吟味してみる必要があると考える。

母性形成におよぼす要因の検討

　そこで，田島（1997）は，母親の母性感情に焦点をあて，一つは，それが母子の相互行為におよぼす影響のあり方を検討するとともに，もう一つは，母性感情そのものが母子相互行為から受ける影響のあり方を検討することで，母性形成と母子相互行為過程の相互作用的な関係の吟味を目的とした縦断研究を行った。

　具体的には，母親の背景要因が妊娠初期の母親の妊娠受容感や母性感情に与える影響，さらにそうした妊娠期の母性感情が，出産後

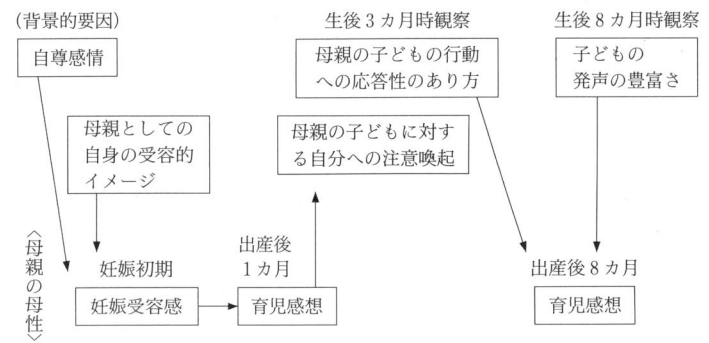

図1　母性形成にかかわる諸要因の影響範囲

の育児感想といった母性感情や具体的な養育行動にどのように影響するのかを検討していくとともに，安定的な母子関係が形成されてくる生後8カ月時くらいまでの母子関係の進展の中で，逆に，母性感情が影響を受ける側面について，縦断的に検討している。

　対象は東京都内の総合病院産科を受診した東京近郊在住の母子34組（男児23名，女児11名）であり，子どもはいずれも満期出産の第一子で，どの子どもにも出産時に臨床的問題は見られていない。この対象者に，妊娠初期から子どもの生後1カ月時にわたる5回の質問紙調査（妊娠初期（8週），中期（20週），後期（34週），産褥期（生後5日），生後1カ月時），および生後3カ月時から8カ月時にわたる2回の家庭訪問による観察および質問紙調査の計7回の調査が行われた。

　結果の概要は，図1で図式化したとおりである。

(1)　妊娠初期の妊娠受容感の成立要因

　まず，妊娠初期の母親の妊娠受容感の成立には，母親自身の自尊感情の高さおよび母親としての受容的イメージといった，母親の意識が大きな役割を果たしていることがわかった。母親が自分自身を

どのようにとらえているかが，妊娠を受容し，母親になることへの準備の段階を踏める一つの要因になっているといえる。しかし，ここでは，福井ら（1977）に示されるような，自分の母親（祖母）のイメージとの関係は見られなかったことから，自分の母親（祖母）に対する母親像がモデルとなって母性形成をなす役割は直接は示されなかった。

　(2)　母親の妊娠受容感と育児感想との関連

　また，この妊娠受容感と子どもの出生後の母性として，1カ月時および8カ月時の育児感想との関連から，出生直後の1カ月時には母親の育児に対する態度には，妊娠を受容していたかどうかが影響をおよぼすが，子どもが生後8カ月になると，直接的な影響は見られないことが明らかにされた。生後1カ月時という母子関係の初期においては，妊娠初期に母親が持っていた母性感情や妊娠の受けとめ方の影響がまだかなり大きく利いていることがわかるのだが，しかし，生後8カ月時に至るまでの期間に実際の母子関係の経験を重ねることによって，妊娠中の感情は後の母性意識にはそれほど直接的に大きな影響をおよぼさないことが示唆されたのである。

　(3)　母親の育児感想と母子相互交渉の関連

　事実，実際の母子相互交渉を観察すると，むしろそこで見られるやりとりのあり方と，出産後1カ月，8カ月時点の母親の母性意識（育児態度）との間に直接の関連が見られたのである。まず，子どもの出産後1カ月における育児をどうとらえ，どのような感想を持っているかが，3カ月時の母親の子どもへの働きかけに影響し，とくに肯定感の低い母親は，子どもが母親に注意を向けるよう働きかけるといった子どもとの絆を強めようとする働きかけの傾向が示された。しかしながら，そうした3カ月時の母親の子どもへの働きかけ，とりわけ子どもへの応答性のあり方が8カ月時の育児感想に直

接関連しており，同時に，同時期の8カ月時の子どもの発声の頻度
とも関連を示していることから，母性感情は実際の母子相互交渉の
ダイナミズムの中で形成される側面のあることも示唆されたのであ
る。

(4)　相互行為の結果としての母性形成

　このように，妊娠期から出産後初期までの間の母親の母性感情は，
母親としての意識の安定性を保証し，子どもの行動への対応の余裕
を作るという形で，出産後初期の良好な母子関係の形成に影響をお
よぼすと考えられ，この時期の母性形成に影響をおよぼすと示唆さ
れた母親自身の自尊感情や母親としての受容的イメージを持つこと
は重要なことであろう。

　しかし，出産後数カ月の期間がたつと，母性感情には毎日の生活
の中での子ども自身の行動とそれに対する母親自身の対応のあり方
といった，実際の育児行動そのものが大きな影響をおよぼしている
ことも明らかとなった。つまり，母性そのものは，母子関係に影響
を与えると同時に，母子関係から影響を受ける相互作用的な産物で
あり，妊娠初期から母親が持っている自尊感情や自身の母親として
の良好なイメージ，あるいは妊娠の受け入れ方は，単に母子関係の
出発点で影響を与えるのみで，むしろ出産後から始まる現実の母子
相互行為過程の中で改めてダイナミックに形成され変化していくこ
とを示している。

　このことは，妊娠期に良好な条件を持てなかった母親も，子ども
との社会的相互行為の持ち方によっては良い母子関係の形成が可能
であり，逆に，たとえ妊娠期に理想的な条件を持つ母親であっても，
子どもや日常の育児をどのようにとらえられるかによって良好な母
子関係を持てない場合もあることが示唆されたのである。

　このように，母親としての発達過程の一つと考えられる母性感情

は，決して一方向的に母子関係に影響を与えるのではなく，現実の母子相互行為の中で形成され変化するものであり，相互作用的に子どもの発達に大きく影響するものと考えられる。つまり，子どもの発達を規定するのは環境側の代表者である母親のもともと持っている条件よりも，子どもの行動のあり方やそれに対する母親の対処などを含む，実際の母子相互行為過程であることが示唆されたのである。

子どもの気質と母子関係の発達

問題の背景

前項の田島（1997）の研究では母子関係におよぼす母性要因の影響過程について吟味したが，母性要因は母子関係に影響をおよぼすものの，その範囲は限られており，母子関係の進展のもとでは，逆に，母子関係のあり方に母性要因が影響を受けていくといった相互作用的な姿が浮き彫りとなった。このことは，子どもの持つ要因の影響が強く示唆されるわけで，改めて母子関係に影響をおよぼす子ども自身の要因についても検討が必要となるということと，その場合にも，母性要因で見られたことと同様のことが見られる可能性があるということを示唆しているのである。

1970年代初期の頃より，発達研究者は母子関係が母親から子どもへの一方向的な過程ではなく，相互作用的過程であるという認識を持つようになり（Bell, 1968），一方の主体である子ども側の要因を解明することに視点がおかれるようになった。その中でも，環境の影響をほとんど受けていないと考えられる出生直後の子どもの行動特徴の個人差が，気質（temperament）と呼ばれて，発達初期の母子関係における母親への影響要因として注目を集めてきたのである。

　しかしながら，子どもの気質に関する諸研究には，母性要因の研究と同様に，いくつかの問題点があるように思われる。その一つは，研究のパラダイムに依存するためか，やはり子どもの気質的行動特徴が母親行動にどう影響するかという，一方向的な吟味に終始していることである。例えば，気質的行動特徴のある側面と母親の育児態度との関係（Dunn, & Plomin, 1986）や，扱いの難しさ（difficultness）という側面（Bates, & Bayles, 1988；Thomas, & Chess, 1986）や，母親の精神的健康との関連などが検討されている（菅原ほか，1994）が，これらの研究はいずれも子どもの気質的行動特徴が母親行動に大きな影響をおよぼすことを強調するものであった。しかし，個体の持つ要因と環境側の対応との相互作用的な関係を表した相乗的相互作用モデル（transactional model）（Sameroff, & Chandler, 1975）を考慮しても，また，実際の母子関係のあり方が母性に大きく影響するという前項の結果からも，気質的行動特徴が母親の働きかけに影響するだけでなく，逆に，母親側の要因によって気質的行動特徴が変容するという，両側面から母子関係を検討していく必要があろう。その意味で，子どもの持つ生物学的要因についても，社会文化的アプローチは必須であると考えられるのである。

　二つ目の問題点は気質的個人差を測る測度にかかわることである。気質は主として，質問紙を使った母親による評定に依存してきたが，母親評定を子どもの気質的行動特徴の指標として用いることには，客観性という点で強い異論が出されてきたのも事実である（Kagan, 1989）。しかし，この母親による評定を客観的指標としてではなく，むしろ母親が現在感じている子どもの認知像としてとらえ直すならば，気質的行動特徴を環境との相乗的相互作用的な関係の中でとらえる指標としては妥当であろう。育児の中で母親が注

目したり敏感に反応したりするのは，誰にでも客観的に観察され測定される気質的行動特徴というよりも，それをどのようにとらえているかという母親の子ども像に直接的に基づいていると考えられるからである。母親自身の子どもへの主観的な思いを反映して実際の母子相互交渉が展開されると考えるのであれば，子どもの気質的行動特徴の発達をとらえる上で，母子関係の中で構成され変化する母親の認知像を測度とすることに積極的な意味があると考えるべきであろう。

子どもの気質と母子関係の発達

　以上のような問題意識から，田島ら（1990）は，気質研究における上記の問題点をふまえ，子どもの気質的行動特徴と環境要因との相互作用的関係を明らかにすることを試みている。すなわち，母子関係が社会的相互行為の中心的地位を占める発達初期において，主たる環境要因である母親が育児の中で子どもの気質的行動特徴をどのようにとらえた上で母子相互行為が展開されるのか，またその結果として，子どもをどのようにとらえ直すのかという，気質的行動特徴のとらえ方と実際の母子相互行為との相互作用的関係を検討したのである。

　具体的には，乳児期の生後1カ月時，母子関係のあり方に大きな変化が見られる第二次間主観性（Trevarthen, & Hubley, 1978）成立期にあたる8カ月時，そして母子関係からその他の社会的関係へと重点が移り始める24カ月時における，子どもの気質的行動特徴に関する母親の認知像を，トマスら（Thomas, Chess, & Birch, 1968）の尺度項目に基づいて明らかにした上で，まず，それと育児に対する母親の肯定感（育児感想）との関連を見ることによって，母親が子どもの気質的行動特徴のどのような側面に期待し注目して

いるかを検討している。さらに，母親が異なる側面に注目すると考えられる三つの時期の気質的行動特徴と，それらにはさまれる3～18カ月時に家庭において観察された，比較的自由な母子相互行為の中での母子，とくに母親の働きかけ行動の生起頻度との関係を検討している。以上のことから，子どもの気質的行動特徴のどのような側面が，母子間で実際に展開される社会的相互行為に影響しているか，また，そこでの相互行為の経験がその後の気質的行動特徴に関する母親の認知像のどのような側面を形成するかという，相乗的相互作用の過程を吟味したのである。

　対象は，田島（1997）の研究と同じ34組の母子対のうち，24カ月時まで調査継続可能であった31組の母子対（男児20名，女児11名）であった。

(1)　母親のとらえた気質的行動特徴と育児肯定感

　まず，1カ月，8カ月，24カ月時の母親の子どもの気質像の評定結果を因子分析し，同時期の母親の育児感想との関係を見て，各時期に母親が育児を通して肯定感を感じる子どもの気質像を抽出した。各時期において母親がどのような気質的側面に注目するかを見てみると，1カ月時は，まだ運動発達が未熟で情動的にも不安定であることから，気質像においてとりわけ母親が注目する側面は見られなかったが，他者に対する受け入れの良さや積極性を示す「社会性」にのみ母親の育児の肯定感と弱い関連が見られた。8カ月時では，「刺激への反応傾向」すなわち新しい環境への適応性や感覚の敏感性，および「注意の指向性」すなわち注意や興味の集中とその持続性に対して母親の育児の肯定感が関連していた。この結果は，母親が注目する子どもの気質的行動の側面は，一つは日常生活における養育者の世話にかかわる特性であることを示唆している。もう一つは，フライ（Frye, 1981）がこの時期の子どもには，目的を

達成するために意図的に活動するようになると指摘しているように，対物的操作にかかわる注意の特性が注目される。24 カ月時になると，「行動の活発性」が育児の負担感と，「注意の指向性」が肯定感と関連を示した。この頃になると社会的，情緒的，運動的発達により子どもの活動範囲が大きく広がり，内容も豊富になっていくため，活動に対する周囲の対処のしやすさや対象への注意の指向性が母親の育児への肯定感と関連するようになることが示唆されるのである。

(2) 母親のとらえた気質像と母子相互行為との関係

次に，これらの 3 時点にはさまれる 3 カ月，18 カ月時に家庭で観察された母子相互行為の中での行動の生起頻度との関連が検討された。すなわち，母親の子どもの気質像と現実に展開される母子関係とが，その後のどのような子どもの気質像と関連するかという，個体の持つ特性と環境側の要因との相互作用過程が吟味された。

以上のような母親の注目する子どもの気質像と母親の働きかけとの関連を縦断的に見たところ，三つの異なるパターンが見られた。まず第一のパターンは，母親の気質像の如何にかかわらず，実際の母子相互交渉のあり方によって，育児における母親の価値観（肯定感）と関連が高い気質像と結びつくものであった。一つは，子どもの 3 カ月時に母親が応答的な働きかけを重ねることは，8 カ月時の「刺激への反応傾向」の高さ，すなわち適応の良さという気質像に関連していた（図 2 ）。これは，愛着や認知発達における母親の応答の重要性（Ainsworth *et al.*, 1978）を考えてもわかるように，1 カ月時に母親が子どもの気質をたとえ拒否的にとらえていても，母親が応答性を高めることによって 8 カ月時には肯定的な育児観に関連する気質像としてとらえ直すことができることが示唆された。もう一つは，18 カ月時に母親が子どもの注意を自分に向けようと働きかけることが，24 カ月時の育児の負担感をもたらす「行動の

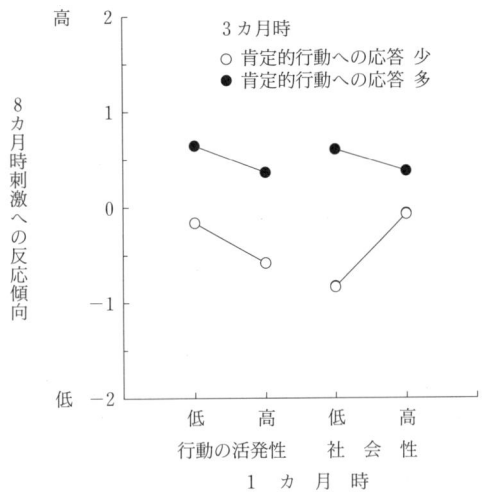

図2　1カ月時の気質像と3カ月時の母親の働きかけによって分けられた
4群の8カ月時の刺激への反応傾向

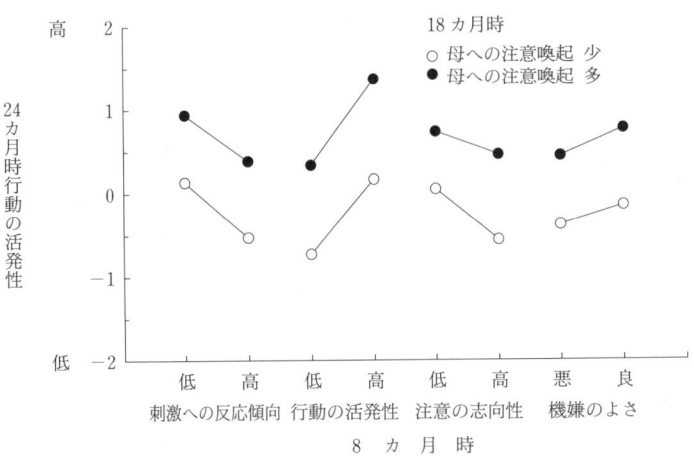

図3　8カ月時の気質像と18カ月時の母親の働きかけによって分けられた
4群の24カ月時の刺激への反応傾向

活発性」と関連することが示された（図3）。第二次間主観性が成立し，さらに言語が重要な役割を果たすようになり，母子間のやりとりが共通の認識を形成していくというコミュニケーション形態に発展していく時期（Trevarthen, & Hubley, 1978）には，子どもの主体的な活動ややりとりへの関与を待てずに，母親が母子関係を強めようと主導的に働きかけることは，後の気質像の形成や育児へのかかわりにマイナスの要因となるものと考えられる。このように，コミュニケーションにおける母親の介入や応答など，現実の母子関係の質にかかわる母親の働きかけは，育児の肯定感と関連のある気質像に大きな影響をおよぼしていることが示された。

　第二のパターンは，気質像と母親の働きかけとの関係が，後の気質像の形成のあり方を決定するものであった。1カ月時に子どもの「社会性」が低いと感じている場合は，3カ月時に"子どもの否定的行動への応答"が少ない母親のほうが，逆に「社会性」が高いと感じている場合には"子どもの否定的行動への応答"の多い母親のほうが，8カ月時に子どもを「刺激への反応傾向」が高いととらえていることが示された（図4）。同様に，1カ月時の「社会性」の高低により，3カ月時の母親の"子どもの肯定的行動への応答"の8カ月時の「機嫌」への影響のあり方が異なる（図5）。また，8カ月時の子どもの「注意の指向性」の高低によって，18カ月時の母親の"子どもの否定的行動への応答"の24カ月時の子どもの「抑制性」への影響のあり方が異なる（図6）。1カ月時の「社会性」と8カ月時の「注意の指向性」のいずれもが，育児の肯定感と関連を示しており，母親にとって気になる気質像であった。このことから，子どもの気質像に依存して母親の異なる働きかけが現れるが，結果としてはいずれもがその後の同じ気質像につながるという相互作用的な変容過程が示されたのである。つまり，子どもの状況

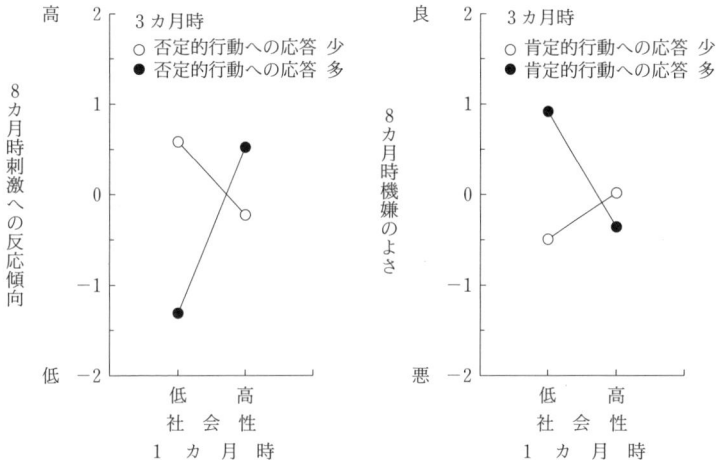

図4 1カ月時の気質像と3カ月時の母親の働きかけによって分けられた4群の8カ月時の刺激への反応傾向

図5 1カ月時の気質像と3カ月時の母親の働きかけによって分けられた4群の8カ月時の機嫌

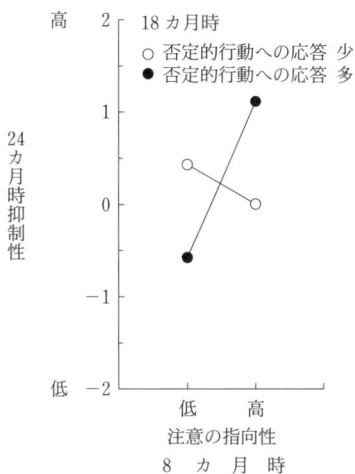

図6 8カ月時の気質像と18カ月時の母親の働きかけによって分けられた4群の24カ月時の抑制性

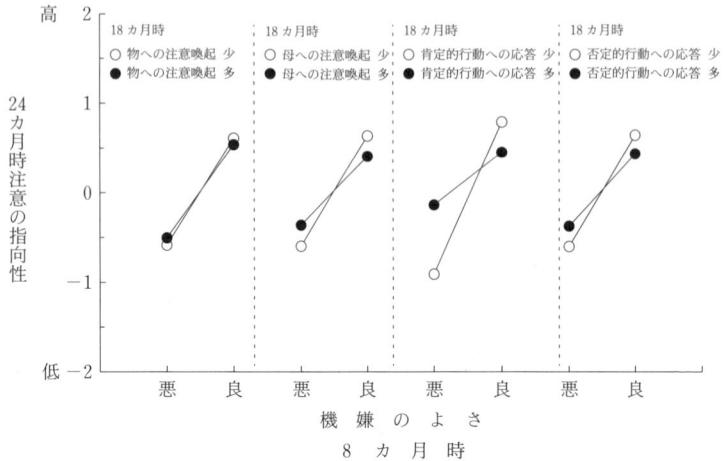

図7　8カ月時の気質像と18カ月時の母親の働きかけによって分けられた
　　　　4群の24カ月時の注意の指向性

に応じて母親が働きかけのあり方を調整し，全体として望ましい状
況を保持する「適合の良さ」のモデル（Thomas, & Chess, 1986）
に基づく縦断的な変容過程が示唆されたのである。

　第三のパターンとして，子どもの8カ月時の「機嫌」と24カ月
時の「注意の指向性」の間には，母親の働きかけ如何にかかわらず，
お互いの関連性が示された（図7）。生後1年目の気質的行動特徴
の安定性および予測性は低いといわれている（McDevitt, 1986；
佐藤, 1990）が，このように8カ月時から生後2年目にかけて一部
の気質像の間に安定的な関係も現れるようになった。8カ月時の
「機嫌」は，この時期の母親にとって注目の薄い側面であると考え
られる。また，24カ月時の「注意の指向性」も18カ月時の母親の
いずれの働きかけとも強い関連が見られなかった。このようにこれ
らの気質像は，1歳台後半ではとくに母親が積極的に注意を向けた
り介入する側面ではなく，その結果，気質間の安定した傾向が保持

されたものと考えられる。

(3)　相互行為の結果としての気質像形成

　この研究の知見が示す意義について考えてみる。まず母親のとらえた子どもの気質像と育児の肯定感との関連のあり方は子どもの発達の三時点で異なっていたが，このことは，子どもの行動の範囲や内容，そして母親がそれらの意味をどのようにとらえ，どの側面に敏感に反応するかが子どもの発達によって変化することを如実に示している。次に，この研究での主たる主張につながることであるが，気質像の変容過程に関する三つのパターンにより，いずれも気質像と母親の働きかけとの相互作用的関係によって後の気質像が規定されることが示唆された。すなわち，母親の子どもの気質像に依存して働きかけのあり方が決まり，それらが後の時期の気質像形成に影響をおよぼすという過程が見られたのである。このことは，これまでの気質像の安定性や変化の問題も，子どもの発達過程における母親要因との相互作用的関係によって構成されるものとしてとらえ直すことの必要性を示唆するとともに，本研究の結果は，養育者の期待や働きかけとの「適合の良さ」に焦点をあてたトマスら（1968）の考え方を実証するものになると考えられる。母子の相互行為の中で，母親は時期によって異なる子どもの気になる側面に積極的に働きかけ，そのようにして刺激を受けた側面が変化していく。逆に，関心を持たれずにあまり介入を受けることのない側面は，この時期には安定した傾向を持つという相乗的相互作用過程があるものと考えられる。

　このように，本研究では，母親の子どもの気質像の中でも，各時期においてとくに育児にかかわって母親が注目する側面が母子関係に影響し，その母子関係によってその後の母親の気質像のあり方が実際に変化することが示されたことの意味は大きい。気質的行動特

徴は，これまでの定義上ではある程度一貫性のある個人差としてとらえられ，乳幼児初期の母親評定による気質尺度に関する縦断的研究では，年齢とともに安定性が増加すると論じられている（McDevitt, 1986）。このような安定性を前提として，これまで発達初期の気質的行動特徴は，将来の発達的変化や認知的，情緒的，社会的発達の可能性の予測尺度として使用されてきた。しかし現実には，子どもの発達時期により母親は気質像の気になる特定の部分にのみ積極的に働きかけ，気にならない部分はそのままにして特定の働きかけをしないというように，母親によって評定された気質的行動特徴はそれまでの個体の持つ特徴と環境側の働きかけとの相互作用の一時的な結果として現れたものであることが示唆されるのである。また，同時にこのような気質像はその後の相互行為を展開していく個体側の要因ともなるものと考えられる。したがって，子どもの気質的行動特徴に予測可能な安定性もしくは変化に一定の方向性があるとすれば，それは行動特徴そのものが一貫した安定性を持つというよりは，サメロフら（Sameroff, & Chandler, 1975）が相乗的相互作用モデルとして提唱したように，働きかけや母子関係のあり方が行動特徴をある方向に向けやすくなるという，好循環，悪循環という現象で知られる相互作用の循環性から生じる結果ととらえる必要があろう。

　さらにこの研究では，子どもの気質的傾向の母親評定結果を，積極的に母親の認知像の測度として採用したことの意義も大きいと思われる。母親のとらえた子どもの気質像は，育児行動に直接的に反映され，子どもの発達にも大きな影響をおよぼすことが示唆されたからであるが，育児にかかわる母親の気質像と現実の母親の働きかけとが相乗的な相互作用をしており，母子間で展開される社会的相互行為が異なればその結果も違ったものになりうるといった相互作

用過程が具体的に明らかになることで，ときとして悪循環に陥ることもある母子関係に対して，子どもへの母親の働きかけに，認知像の変容という観点からの適切なアドバイスが与えられることで，比較的に容易に悪循環を断ち切る介入が可能になると考えられるのである。

母子関係・子どもの行動特徴と自己制御行動の発達

研究の背景

第1，2項で扱われた研究では，発達初期の社会的相互行為過程において，母親の持つ母性感情や子どもの気質的傾向が母子関係そのものを変容せしめていくが，その進展過程で逆に，それらが影響を受け変容していくことが示唆された。このようなダイナミックな母子間の相互作用的変容は，当然ながら乳児期から幼児期にかけての母子関係においても見られ続けるだろうことは容易に予測されうる。そして，そのことがどのように子どもの発達に影響し，かつ，逆にそこから影響を受けるのか，という点の吟味が，さらにダイナミックな母子相互行為過程のあり方をより明確にすることになると思われる。

中・長期的な子どもの発達に焦点をおいて母子関係のあり方に注目した諸研究の中で，近年とくに大きなインパクトを与えたのはエインズワースら（Ainsworth *et al.*, 1978）の一連の愛着に関する研究であろう。彼らは，出生直後からの母子関係のあり方が，生後1年くらいまでに形成される子どもの母親との愛着関係の質に影響を与えること，そして，そこに見られる社会的・情緒的な関係パターンが，あとに続く3〜4年の子どもの発達のあり方を予測しうると主張し，さまざまな資料を提出している（Londervill, & Main, 1981；Main, 1983；Matas, Arend, & Sroufe, 1978）。

　彼らは，安定した愛着の子ども（securely attached infant：B
タイプ）は，そうでない子ども（anxious/avoidant infant：A タ
イプ；anxious/resistant infant：C タイプ）にくらべて，親によ
る社会化の働きかけに対する受容性が高く，そのことが，B タイプ
の子どもの，後の社会的・情緒的・認知的発達における優位性を示
す一因となることを示した。

　しかし，このような見解にはいくつかの吟味しなければならない
問題点が含まれている。それらは，"「愛着関係の質」が子どもにど
のような資質を保証するのか"という問題にかかわっている。そこ
で主張されているのは，新しい場面や発達課題，すなわち，子ども
が挑戦すべきものに直面したときに，「自分の持っているもの，あ
るいは環境の中から，どのくらい自分の助けになるものを取り出す
ことができるか」（Sroufe，1979）という適応的態度の高さであり，
母親依存（受容），母親利用（要求）といった資質に 1 歳以降の一
貫性を認めているのである。

　ここでいう適応的態度というのは自己制御行動につながるものと
考えられるが（Kopp，1982），確かに，先にあげられた「社会化の
働きかけに対する受容性」を含むこのような態度や行動が，さまざ
まな発達の領域に好ましい影響を与えることは十分予測できるし
（Kopp，1982）， また，愛着のタイプと自己制御的行動との間には
密接な関連が想定しうるのも事実であろう。

　しかし問題は，以上のような，「愛着関係の質」に支えられた適
応的態度のみが発達に貢献すると考えてよいかということである。
逆にいうと，そのような態度を十分に身につけられなかった子ども
は，そうでない子どもにくらべて発達が遅れることになるのだろう
か，ということである。これについては ルイスら（Lewis，
Brooks-Gunn，& Jaskir，1985）が 12 カ月時の母子愛着関係と 18

カ月，24 カ月時の子どもの自己認識の発達との関連を見たところ，予想に反して，B タイプの子どもよりも A，C タイプの子どものほうが自己認識の発達が速いというデータを提出している。ルイスらは，彼らのデータについて，①愛着の質の低いことが，（かえって）自己認識の発達を促進する，②愛着の質の低さと自己認識の発達の両方とも，子どもの特質に媒介されている，といった二つの観点から解釈を試みているが，これは，もし愛着に支えられた適応的態度が十分に獲得できなかった場合，それは単に適応的態度の未熟さを示すのか，それとも適応的態度の代わりに何か別の側面を発達させているのか，という問題を投げかけていると考えられる。この点の吟味が第一の問題である。

　第二の問題点は，上記のことをエインズワースら（1978）がいうように認めたとしても，果たして「適応的態度の 1 歳以降の一貫性」を簡単に認めていいかということである。少なくとも 1 歳時点の愛着関係にそれまでの母子間のやりとりにおける母親の応答性などの人的環境要因が重要な役割を果たす（Ainsworth *et al.*, 1978）と考えるとき，人的環境要因の変容を前提とした母子間のやりとりそのものの変容があることは当然考えなければなるまい。確かに母子間のやりとりのパターンは固定的になりやすく，循環性（好循環，悪循環）を持つものである（Sameroff, 1979, 1993）ことから，子どもの適応的態度の一貫性が導かれる側面はあるのかもしれない。しかしこのことは，母子間のやりとりが相乗的相互作用の性質を持っていることを前提にしているのであり（Sameroff, 1979），その点からいうと，上記の一貫性は諸現象のほんの一部であって，運命的なもの（法則的に予測できるもの）と考えるべきではないはずである。

　母子間のやりとりの変容という点について示唆的なのは，母子相

互行為では，子どもの行動や特性（気質，性差など）が母親の子どもに対する働きかけ行動に影響をおよぼすことが明らかにされてきているということであろう。とりわけ愛着関係に関しては，子どもの持つ気質要因が1歳時点での愛着のタイプに関連することを示唆したもの（Miyake, Chen, & Campos, 1985）や，1歳時の愛着関係のあり方が6歳時の発達的トラブルに影響を持つ可能性が男児にはあるが，女児にはそうした関係は認められないといった資料（Lewis *et al.*, 1984）などがある。

さらに，ルイスら（1984）の資料では，愛着関係が6歳時点の発達的トラブル状況をすべて予測するわけではなく，家庭の生活上のストレスの発生や，デモグラフィックな変数を含む他の諸要因の寄与の可能性を示している。このような点を考慮に入れるならば，ここでも，エインズワースら（1978）のいうような形で，"生後1年目の頃に成立する愛着の質がその後の2〜3年間の発達のあり方を予測できる"とは必ずしも考えられない。少なくとも，母子のやりとりという点に焦点を絞ったとしても，そのパターンが1歳時点から変容しないのかどうか，したがって子どもの母親に対する受容性や，挑戦的な場面に対する態度などに変容が見られないかどうかについて検討してみる必要があると考えられる。

母子関係・子どもの行動特徴と自己制御行動の発達

そこで田島（1991）は，以上のようなダイナミックな相互作用過程を示す母子の相互行為の結果が，中・長期的に見ると，どのように子どもの発達に影響を与えていくのかという問題意識のもとに，幼児期の子どもの自己制御機能の発達におよぼす環境要因としての，発達初期の母子間の愛着関係，および，子ども自身が内包する要因としての気質的傾向のあり方について，縦断的に検討している。

　対象は北大縦断研究（Miyake *et al.*, 1983）のコーホート 1 の
メンバーとして参加し，生後 12 カ月時にエインズワース・ストレ
ンジ・シチュエーション観察手続き（Ainsworth Strange Situa-
tion Procedure）（Ainsworth *et al.*, 1978）により，子どもの愛着
のタイプが測定された母子 28 組（男児 11 名，女児 17 名）である。
子どもはいずれも満期出産の第一子で，どの子にも出産時に臨床的
問題は見られていない。愛着のタイプの内訳は，B タイプが 17 名
（60.7 ％），C タイプが 11 名（39.3 ％）であり，A タイプには一人
も分類されなかった。28 名の子どものうち 13 名は， 7 カ月，11 カ
月時において実験室での観察および生理的指標（心拍数）の測定に
参加し， 7 名が抑制的な子ども（inhibited infants）（Garcia-Coll,
Kagan, & Reznick, 1983）， 6 名が非抑制的な子ども（uninhib-
ited infants）と分類されていた（Miyake *et al.*, 1983）。この対象
者に，生後 16 カ月時から 32 カ月時にわたる 5 回の調査（実験観
察）が行われている。
　具体的には次のように問題を三点に分けて検討している。

(1)　12 カ月時の母子愛着関係と 16 カ月時・20 カ月時の自己認識
　　の発達との関連

　吟味すべき第一の問題点に従い，いわゆる「愛着関係の質」と後
の子どもの発達との関連について，"果たして，愛着の質の低い子
どもは，高い子どもにくらべて発達は遅れるのであろうか，それと
も ルイスら（1985）が示したような逆転状況が見られるのか"，と
いうことについて検討している。発達変数を自己認識にしたのは，
ルイスら（1985）のデータに対する追試的な意味を持つと同時に，
自己認識の能力が認知的，社会・情動的発達の両側面から成り立つ
ものであり，さらに幼児期における自己制御行動の発達にもつなが

るものと考えられており（Kopp, 1982），ここでの最適な変数と考えられたからである。

　生後16カ月時（25名：Bタイプ，14名／Cタイプ，11名），および20カ月時（24名：Bタイプ，13名／Cタイプ，11名）に実施された鏡映像を使った自己認識能力のテスト（母親が子どもに気づかれないように鼻の上，ないし頬に無臭性のルージュをつけたあと，鏡に向かわせたときの子どもの反応を見るもので，子どもが自分の顔についたルージュに気がつけば，鏡像は自己の映り姿ととらえていることがわかり，自分自身を客体として見る自己認識の成立の指標とするもの（Lewis, & Brooks-Gunn, 1979））の結果，自己認識の発達については，16カ月時には全体で20.0％の子どもが自己認識の反応を示すのみであったが，20カ月になると41.7％の子どもに見られるようになり，明らかな発達的変化が認められた。この結果は他の諸研究のそれとほぼ同様のものとなっている（Lewis, & Books-Gunn, 1979）。

　以上のような結果をもとに，愛着のタイプと自己認識能力の個人差との関係について見てみる。図8は，愛着のタイプごとの，各月齢時における自己認識反応を示した子どもの割合を表しているが，16カ月，20カ月時ともCタイプの子どものほうが，Bタイプの子どもにくらべて自己認識の反応率が高いことがわかる。16カ月時でもその傾向は見られるが，20カ月時でははっきりとCタイプの優位性が示されている。この結果は，明らかにCタイプの子どものほうが，Bタイプの子どもにくらべて，自己認識の発達が速いことを示しているのである。

　以上の結果でやはり興味深い点は，不安定な愛着の子ども（insecurely attached infant）と呼ばれるCタイプの子どもが，エインズワースら（1978）の一般的仮説といくつかの検証データから出

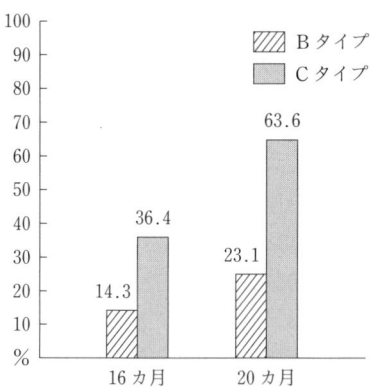

図8　愛着のタイプ別の16カ月，20カ月時における
　　　自己認識反応を示した子どもの比率

てくる予想とは異なり，認知的，社会・情動的発達の一つの指標で
ある自己認識能力という点では，いわゆる安定した愛着の子ども
（securely attached infant）よりも優れたものを持っている（少な
くとも，発達が速い）ということを示唆していることであろう。こ
の点は，先に議論されたルイスら（1985）の結果を支持するもので
ある。

　なぜCタイプの子どもにおいて自己認識の発達が速くなるのか，
ということについては，少なくとも，愛着のタイプの違いによる自
己認識の発達差が見られているのであるから，エインズワースら
（1978）の愛着理論そのものからの説明が可能かどうかを吟味して
みる必要がある。

　確かに，彼らによれば，Cタイプの子どもは応答的な養育を受け
なかったために安定した愛着（secure base）を十分に形成できて
いない子どもたちである。しかしルイスら（1985）は，そのことが
養育者からの分離意識とストレスを生み，そのため子どもは自分な
りの防衛機制を働かせ，外界に対して敏感（attentive）になった

り，警戒的（vigilant）になって，自己と他者の区別にかかわる自己認識の能力の発達を速めることになると考えているのである。こうした解釈は，恐れやすい子ども（fearful children）のほうがそうでない子どもよりも，また，不安定な愛着の子どものほうが，安定した愛着の子どもよりも図形弁別課題において良い成績を示した（Lewis, & Brooks-Gunn, 1974, 1979）といったデータや，虐待児あるいは疎隔児のほうが，そうでない子どもよりも環境に対して敏感，かつ警戒的である（Belsky, Taylor, & Rovine, 1984；Lewis, & Schaeffer, 1981）といった知見によっている。

またルイスら（1984）は，"発達が速い"ということと"適応的な発達"ということとを区別して考えるべきで，不安定な愛着の子どもは自己認識の発達は速いかもしれないが，上記のような点を考えると，不健康な自己概念（self-concept）を形成し，社会・情動的な問題を起こすという可能性は否定できないと考えている。愛着の質と自己認識の発達との関連を見た研究はこれまであまり多くはない。しかしその中には，虐待児では，統計的有意差はないものの，やや不安定な愛着の子どものほうが自己認識の反応率が高かったが（60%），正常に育てられた子どもでは，逆に，安定した愛着の子どものほうが高い反応率を見せる傾向にあった（Schneider-Rosen, & Ciccihitti, 1984）といった報告もあり，ルイスら（1985）のデータや本報告のデータ自体も，さらに追試的検証にかけられる必要があろう。

しかし，ここで重要なことは，十分な応答的養育を受けられず，したがって愛着の質に問題があり，そのため，認知的，社会・情動的発達が遅れるとエインズワースら（1978）によって予測されるCタイプの子どもが，認知的，社会・情動的発達の一側面である自己認識の発達が速まったと考えることの意義づけであろう。愛着に支

えられた適応的態度が十分に獲得できなかった場合，単に適応的態度の未熟ということを示すのではなく，その代わりに別の側面の発達，すなわち環境に対し，より敏感かつ警戒的となることで，かえって自己認識能力の促進がはかられる結果となったと考えるのである。このことは，エインズワースら（1978）の想定したものとは異なる発達のコースの存在を示唆することになり，必ずしも生後1年の頃に成立する愛着のパターンからその後2～3年の発達のあり方を彼らのような形で予測できるとは限らないということがいえる。ただ，早期の自己認識が，後の適応的な自己概念にはつながらないということが予測されているように，異なる発達のコースを通るが到達点は同じになるのか，それとも，異なる発達のコースは異なる到達点に至るのかは，次項以降であらためて検討すべき重要な問題である。

(2)　子どもの気質的特徴と愛着関係の質，および子どもの自己認識の発達との関連

　同じく，第一の問題点に関し，愛着関係と発達（自己認識の発達）との関連についてエインズワースら（1978）とは異なる説明の可能性の有無を検討するため，ルイスら（1985）の解釈，とくにここでは"愛着の質の低さと自己認識の発達の両方とも，子どもの特質（気質的傾向）に媒介されている"ということについて見てみる。

　こうした点を検討する理由は，乳児の気質的傾向が，直接自己認識の発達に関連する可能性があるからである。もし，前項(1)で見たように敏感さや警戒心が自己認識の早期出現に影響するとすれば，そうした敏感さや警戒心は母親のかかわりといった環境的要因からくるだけでなく，乳児の気質的傾向からも影響を受けることが考えられるのである。実際，いくつかの研究によって気質的に敏感すぎ

る乳児は生後8〜9カ月において見知らぬ人物に対し，そうでない子どもよりもずっと恐れやすいことなどが報告されている（Berberian, & Snyder, 1982；Paradice, & Cucio, 1974；Scarr, & Salapatek, 1970）。このような気質的特徴としての敏感さや警戒心を持つ子どもたちをガルシア゠コールら（Garcia-Coll, Kagan, & Reznick, 1983）は"抑制的な子ども（inhibited child）"と呼んでいるが，もし上記のことが正しいとすれば，彼らは母親とのかかわりのあり方とは独立に，早期自己認識出現者となる可能性は高いと思われる。

　もちろん，問題の項で述べたように，気質的傾向が1歳時点での愛着のパターン形成に影響をおよぼすという知見の存在，例えば，抑制的で，人見知りの時期に人一倍恐れやすい子どもはCタイプに分類されやすいといった報告などがあり，抑制的傾向が愛着関係の形成を通して，より強い形で（母子関係のほうからも敏感さや警戒心が増幅される形で）自己認識の発達に関連してくることは当然考えられる。

　そこで，気質的特徴（抑制的傾向）と愛着のパターンとの関係，および，抑制的傾向と自己認識の発達との間に関連が認められるかという二点について検討している。まず第一点については，図9に示されるように，サンプル数は非常に少ないが，抑制的な子どもの85.7％（7名中6名）がCタイプに分類され，一方，非抑制的な子どもの83.3％（6名中5名）はBタイプに分類されており，抑制的傾向と愛着のタイプとの間には大きな関連があることを示唆していた。

　そこで第二点目にかかわって，図10には，抑制的な子どもと，そうでない子どもとの間で，16カ月時と20カ月時の自己認識の反応率に差があるかどうかを示している。16カ月時は全体的に反応

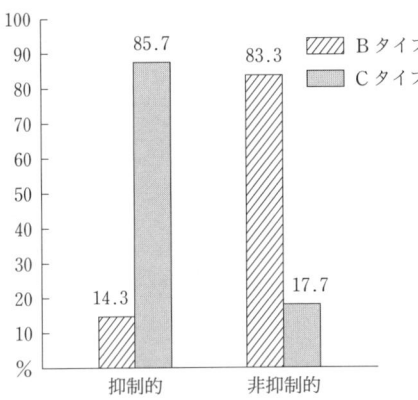

図9　抑制的・非抑制的な子どもの愛着のタイプの比率

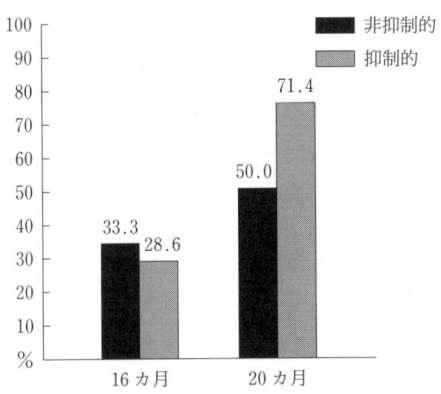

図10　16カ月，20カ月時において自己認識反応
を示した抑制的・非抑制的な子どもの比率

率が高くはないので（前項(1)参照），両グループの間にほとんど差
は見られないが（抑制群，7名中2名：非抑制群，6名中2名），
20カ月になると，抑制的な子どもの71.4％（7名中5名）が自己
認識反応を示しているのに対し，非抑制的な子どもの場合は50.0
％（6名中3名）にとどまっていることがわかる。

　以上の結果から，検討できるサンプル数が少ないため明確な結論は出せないが，前項(1)の結果を合わせて考えるならば，少なくとも，気質的に抑制性を示す子どもは，1歳時点でCタイプ（insecure infants）になりやすく，かつ，抑制的でCタイプになった子どもは，20カ月の時点で自己認識の反応率が高い，ということは示唆されうるといえよう。

　以上のように，前項(1)および本項(2)の結果からは，必ずしも十分な検証とはいいがたい側面があるものの，子どもの気質的傾向が愛着のパターン形成と，それに基づく認知的，社会・情動的発達に影響をおよぼしていることが示唆されており，子どもの発達が，母親の応答性や，その結果としての愛着関係のあり方といった単一変数のみで予測しえないことを示しているといえよう。

(3)　母子愛着関係と 32 カ月までの適応的態度の変容との関連

　ここでは，吟味すべき第二の問題点に従い，愛着関係に基づく適応的態度の個人差にその後数年の間，一貫性が認められるのかどうかを検討している。具体的には，1歳時点での愛着関係のタイプ別に，16カ月，23カ月，32カ月の時点で観察された母子共同の課題解決場面（課題は子どもひとりでは容易に解決できないもので，母親の援助や指導により解決していく過程を見る場面）における，母親の働きかけと，それに対する子どもの受容的反応，および子ども自身の母への働きかけのあり方を分析し，それらの発達的な変容の有無を検討している。

　課題解決場面の構成は以下のとおりである。最初に，子どもひとりでの課題解決能力を測定した（プリテスト）あと，続いて母子セッションに入るが，まず母親にモデル演示と解決法の教示を依頼し，このとき子どもが勝手に手出しをしたときには制止するよう求めた

（解決モデル提示）。その後，子どもがひとりで解決可能となるよう母親が教示・援助を行う場面が設定され，そこでの母親の行動と子どもの反応（子どもの母親への自発的な働きかけと，子どもの求めに応じて起こる母親の教示，禁止行動，およびそれに対する子どもの受容行動）が観察された（母子共同作業）。最後に，子どもの達成能力が測定された（ポストテスト）。

　その結果，まず，母子共同作業場面で観察された子どもの自発的な母親への要求や依存行動において，16〜32カ月を通してB，Cタイプの子どもの間には差が見られていないのである。このこと自体，両タイプの子どもの母親依存，母親利用という点については，先述したスルーフ（Sroufe, 1979）のいう適応的態度の見解が示唆する一般的なタイプ差として結論づけることはできないと考えられるが，ここでの分析目的である母親の指示に対する子どもの受容性についての検討においては，明らかにタイプ差と，その発達的変化が見られたのである。

　最も重要な結果は，母子共同作業中における母親の教示に対して，16カ月，23カ月時ではエインズワースら（1978）の予測どおりにCタイプの子どものほうが，Bタイプの子どもにくらべて，低い受容性を示していたのだが（図11，図12），32カ月時になるとB，Cタイプ間に差は見られなくなったということであろう（図13）。これは，エインズワースら（1978）の予測とは必ずしも一致していないのである。

　しかし，注目すべき結果が見られた。母子共同作業に入る前の母親による解決モデル提示時における子どもの手出し行動の制止に対しては，上記の発達的変化としては逆の結果，すなわち，それまで両タイプ間に差が見られなかったのに，32カ月時になってCタイプの子どもに低い受容性が示されたのである（図14）。しかも，以

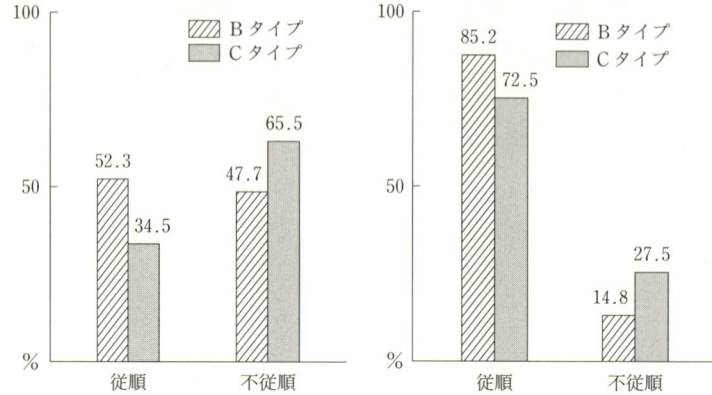

図 11 16 カ月時の母子相互行為のセッションで従順な子ども・不従順な子どもの愛着のタイプの比率

図 12 23 カ月時の母子相互行為のセッションで従順な子ども・不従順な子どもの愛着のタイプの比率

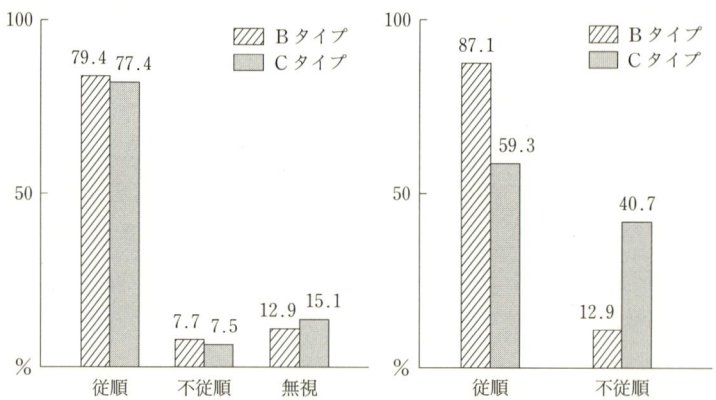

図 13 32 カ月時の母子相互行為のセッションで従順な子ども・不従順な子どもの愛着のタイプの比率

図 14 32 カ月時の解決モデル提示時で従順な子ども・不従順な子どもの愛着のタイプの比率

上のような母子の相互行為パターーンの違いがあった時点でも，プリテスト，ポストテストの結果は B，C タイプの子どもの間には大きな差がなかったのである。これは，両タイプの子どもが同じように

課題を理解したかは明確ではないが，少なくとも同じレベルの課題
達成は果たしていることを示している。

　以上のような母子間の相互行為に見られる発達的変化がなぜ起こ
ったのであろうか。これについてはいくつかのことが考えられる。
一つは，Cタイプの子どもの受容性の低さは，エインズワースら
(1978) が考えたように母親との不安定な愛着関係に基づくという
よりは，「自分でやりたい」，「自分でできる」といった自信ができ
たときに制止されると我慢ができないといった高い自己意識（前項
(1)参照）に基づく行動傾向を強く持っているからであると考えられ
る。逆にいうと，自発的な母親依存，利用に両タイプ間に差がなか
ったということからも，自信がなく母親の助けが必要だと感じたと
きは，Bタイプの子どもと同じように，ちゃんと母親を利用するこ
とができることが示唆される。その前提で考えると，16カ月，23
カ月時においては，ひとりで解くには難しいプリテストを経験した
あとの母親制止にはBタイプの子どもと変わらぬ従順さを示せた
のだが，その後の母子共同作業時での母親の教示に対しては，自信
がつくと介入を嫌って受容性はBタイプの子どもよりは低くなっ
てしまったのであろう。しかし，32カ月時にもなると，両タイプ
ともひとりでやれるという自信は大きくなると考えられる。こうし
たとき，自意識の高いCタイプの子どもは，難しいプリテストを
経験したあとでも解決モデル呈示時の母親制止に対しては，Bタイ
プの子どもにくらべると低い受容性を示してしまうのであるが，
"やはり難しい"とわかると母子共同作業時にはBタイプの子ども
と同様に高い受容性を示したと考えられる。

　もう一つは，23カ月時に典型的に見られたのであるが，Cタイ
プの子どもの母親が，Bタイプの子どもの母親にくらべて，より直
接的，介入的な教示をしているということである（図15）。Cタイ

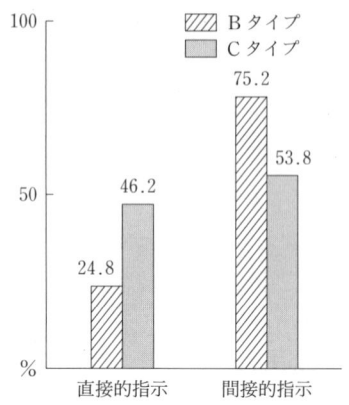

図15 23カ月時の母子相互行為のセッション
で直接的指示の多い母親・間接的指示の多
い母親の愛着のタイプ別の比率

プの子どもの母子共同作業時での受容性の低さは，こうした母親側
の働きかけの違いとも関連していることは疑いない。しかし，その
因果関係は，一方向的というより，両者が相互に影響をおよぼしあ
っているということも事実であろう。

　このように見てくると，Cタイプの子どもについては，前項(1)(2)
の研究で示された自己認識の発達に関する結果とも整合性が見えて
くる。つまり，「自分でやりたい・やれる」という意識はBタイプ
の子どもより速く出てくる可能性が高く，かつ，抑制的な点からい
って狭い範囲だが安心できるところについてはその自信はかなり強
いと考えられる。このことから，母親の納得のいかない介入が多い
場合には大きな反発を感じることになるのだろう。このようなC
タイプの子ども像に対して，Bタイプの子ども像は，母親の情報や
評価に対して大変敏感で，主として，母親の情報を受け入れる形で
情報処理していく姿が浮かんでくる。

　要約すると，愛着関係が不安定なCタイプの子どもたちは，「子

どもの抑制的傾向」→「母親の応答性の低さ」→「愛着の不安定さ」→「自己意識の高さ」→「自分で解決できると思うときは，母の指示に反発しても自分で解決しないと気がすまない」という形で課題解決可能になるプロセスが示唆される。これは，非抑制的傾向を持ち，それゆえ母親の高い応答性を享受して，安定的な愛着を確立した子どもの，母親利用による課題解決達成というプロセスとは対照的でさえあるといえよう。つまり，ある領域の発達の抑制は，別の領域の発達を進めるといった発達のダイナミズムを示唆するのである。

　こうして見ると，1歳時点の愛着関係のあり方は，子どもの後の発達に対して異なる影響を与えるという点で，確かに一つの重要な発達の予測因子といえるかもしれない。しかし，ここで重要なことは，このような子どもの違い，そこからくる母子相互行為のパターンの違いにもかかわらず，少なくとも課題解決能力の達成（ポストテスト）はほとんど同じレベルに至っていることで，まさに，異なる発達のコースを辿りながら，同様の達成を示しうることが示唆されるのである。

　さらに，Cタイプの子どもの発達的変化は，母親の介入的態度からもきていることが示唆されている点を考えると，子どもと母親が，その時点，その時点におけるそれぞれの状況に応じた相互行為のパターンを形成していく姿が浮かんでこよう。そしてある時点では異なる発達の姿を見せ，別の時点では同じような達成が見られると考えられる。まさに母子関係は「適合の良さ」（チェス／トマス，1981）の結果であり，それはまた「相乗的相互作用」（Sameroff，1993）的に変容していく過程で，その結果として発達がさまざまな形に達成されるのである。その意味では，エインズワースら（1978）による愛着分類は「安定，不安定」，あるいは「質が高い，

低い」というように価値的に扱うのは適当でないと思われるし，1歳時の愛着関係のパターンは，将来の発達を予測する固定的変数というよりも，その時点での特徴や，これから変容していく諸要因を提示する通過的，可変的変数としてとらえていくべきであろう。

3節　まとめ

　本章では，子どもの発達と社会的相互行為の関係を相関分析的にとらえた先行研究を展望したあと，発達初期の母子の相互行為そのものに焦点をあてて，母子それぞれの持つ要因が母子相互行為（母子関係）の成立とその変容におよぼす影響過程，および，そうした母子相互行為のあり方が子どもの発達にどうかかわっていくかについて縦断的，相関分析的に吟味した以下のような研究を報告した。

　1．まずはじめに，母親の持つ要因として母性感情に焦点をあて，母子相互行為との関係を検討した結果，妊娠期の母性感情は母親自身の自尊感情の高さや自分を受容的な母親ととらえるといった自分自身のとらえ方，意識とかかわっており，自分の母親に対する母親イメージとはかかわりが見られなかった。また，こうした母性感情の影響は出産直後の母性感情には関連があり，そして，それが生後3カ月時点での母子相互交渉時の母親の働きかけのあり方に関連しているものの，生後8カ月時点での母性感情には関連を持たなかった。生後8カ月時点での母性感情が直接関連していたのは生後3カ月時点での母子相互行為時の母親の働きかけのあり方と，同時期（生後8カ月）の子どもの発声行動であった。つまり妊娠期の母性感情の影響は直接的には出産直後の母性感情までと限定的で，0歳台後期の母性感情は，子どもの誕生以降の直接的な母子相互行為そのものに影響されることが示唆されたわけで，母性は，比較的一方

向的な影響としてとらえられてきた母性観とは異なり，母子相互行
為の成立に影響をおよぼすものの，逆に，その母子相互行為のあり
方に影響を受けて変容するといった相互作用的な関係が示唆された。

　2．一方，子どもの持つ要因として，気質的行動特徴に焦点をあ
て，母子相互行為との関連を検討したところ，母親がとらえた子ど
もの気質的特徴と，後の実際の母子相互行為過程における母親の働
きかけのあり方との関連で，後の子どもの気質のとらえ方に関し，
複数の影響パターンが示唆された。具体的には，①子どもの気質像
のあり方にかかわらず，主として母親の働きかけが，後の子どもの
気質像を規定する場合，②気質像と母親の働きかけが相互作用的に
後の気質像を規定する場合，③母親の働きかけのあり方にかかわら
ず，主として気質像そのものが後の気質像を規定する場合，といっ
た３パターンが見られ，これらのパターンの違いは母親が育児に対
する肯定感との関係で気質像にどれほど注目しているかに依存して
いることが示されたのである。このことから，影響パターンの違い
はあるが，子どもの気質的特徴をどのようにとらえるかが，後の母
親の働きかけのあり方に影響し，さらにそうした働きかけは，その
後の母親の子どもの気質的行動の認知の変化のあり方と関連してい
ること，すなわち，子どもの行動に影響を受けやすい母親行動が，
さらに子どもの行動に影響をおよぼしていくといった相互作用的関
係が示唆されたのである。その意味では，これまで比較的一貫して
いるととらえられてきた子どもの気質的行動特徴の本質は，母親行
動との相互作用的な循環性によって強められてきた結果によると推
定されるわけで，子どもの行動発達は，母親行動との相互作用的な
関連の中でとらえ直されなければならないことが強調された。

　3．このようなダイナミックな母子間の相互作用的変容は，乳児
期から幼児期にかけての母子関係においても見られた。とくに，愛

着関係が不安定な子どもたちについて,「子どもの抑制的傾向」→「母親の応答性の低さ」→「愛着の不安定さ」→「自己意識の高さ」→「自分で解決できると思うときは,母の指示に反発しても自分で解決しないと気がすまない」という形で課題解決可能になるプロセスが示唆された。これは非抑制的傾向を持ち,それゆえ母親の高い応答性を享受して,安定した愛着を確立した子どもの,母親利用による課題解決達成というプロセスとは対照的であった。つまり,ある領域の発達の抑制は,別の領域の発達を進めるといった発達のダイナミズムと,同じレベルの発達点に達するにしても,そこに至る道筋は異なること(different path, same/similar end)を示唆するとともに,全体として,発達の道筋は母親要因と子ども要因の相乗的相互作用過程(transactional process)であることを示唆した。

　以上のような結果から,子どもの発達におよぼす影響について母親要因あるいは子ども要因からのみ検討することの危険性,つまり,両者の相互作用的な関係性をもとにした検討の必須性が強調された。

2章
共同行為過程における学習をとらえる

マイクロジェネティック・アプローチ

1章において，母子関係の相互作用的な成立過程および子ども
の発達に対する母子相互行為の中，長期的な縦断的変容過程の影響
性が吟味され，母子相互行為過程そのものを分析することの重要性
が示唆されたが，しかしこれらの示唆は，母子それぞれの変数間の
相関的関係から推測するという形で得られたものであり，相互行為
過程そのもののデータに基づいているわけではなかった。

もし母子間の相互行為が子どもの発達に影響するとしたら，その
メカニズムはヴィゴツキー（1978）が示唆するように，短期の相互
行為過程そのものの中に存在するはずであるし，それを検討しなけ
れば具体的な影響性のメカニズムは明らかにならないと思われる。
これまでこうした分析が行われてこなかった大きな理由は，相互行
為過程そのものをデータとしてとらえることが必ずしも容易なこと
ではないということにあると考えられるが，しかし，発達の因果的，
相互作用的側面を理論化するには，相互行為過程そのものをデータ
化することが強く求められているのも事実である（Sameroff,
1993）。

そこで本章では，ケース研究に基づき相互行為過程そのもののデ
ータ化の試みを行い，その中で，社会的な相互行為を通して子ども
がどのように発達していくのかを質的に描写し，子どもの発達への
影響のあり方に関するメカニズムについて示唆を得ることを目的と
してみたい。具体的には，短期の発達過程を詳細に描写することに
より，相互行為の構造的，機能的側面，すなわち相互行為過程その

ものの中でどんなことが起こっているかを知るということと，発達
へのメカニズムの影響について，そのプロセス・モデルを推定する
ことを目的とする。方法論としては，実験室における母子共同の課
題解決過程のプロトコル分析（Ericsson, & Simon, 1980, 1984）
に基づくマイクロジェネティック・アプローチ（Siegler, & Crow-
ley, 1991；Wertch, 1979）を採用した分析を行う。

1節　社会的対話モデルとしての母子相互行為過程 の分析

　前述したように，本章では，子どもの発達にかかわる共同行為過
程，とりわけ1章で問題にした母子関係そのものの描写方法を検
討しながら，そこから子どもが何を学び，どのように発達・変容し
ていくかという過程，すなわち，短期の発達過程（マイクロジェネ
ティック・プロセス）（Wertsch, 1979）を吟味することを目的と
するが，まず，そのようなプロセス・モデル作成の目的，視点，参
考（仮説的）モデル，およびモデル作成の手続きについて検討して
みよう。

プロセス・モデル作成の目的

　1章における研究パターンは，心理学の方法論としては中核的，
かつ伝統的なものでもあり，母子相互行為の発達への影響過程を推
測することは可能である。しかしそれは，あくまでも間接的な推測
であって，母子関係をはじめとするさまざまな共同行為を通して子
どもが発達を遂げていくプロセスそのものを描き出していない以上，
影響過程に関する精密なプロセス・モデルを提示することはできな
いのである。その意味では，1章を受けて，こうしたモデル作成

を試みることは，従来の研究の流れに位置づくものであるとともに，**序章**で強調された社会文化的アプローチにつながるものと考えられる。

　しかも，従来の心理学的な方法論では，基本的には，研究のはじめにモデルを想定しており，それに基づいて研究を計画し，結果を出して，その解釈からモデルの妥当性を推測するのであり，その意味では，研究の前提となるモデルのあり方に研究の成否がかかっているといってよい。すると，優れた，社会文化的アプローチにもかかわってくるモデルを準備することは，次の従来型の研究にもつながる重要な流れを作ることにもなるのである。

　現在は，上記の二つの観点から，相互行為過程そのものの描写から，精密なプロセス・モデルを直接的に抽出することが強く求められているといえよう。

プロセス・モデル作成の視点

　1章で述べたように，子どもは成長していく過程で，世の中の事象や自分自身のことについて，さまざまな知識を獲得し，知識構造を形成していく。つまり子どもの認知発達は，環境が提供するさまざまな情報（知識）を子どもが主体的，選択的に処理し，自身のものにしていく過程ととらえられる（例えば，Piaget, & Inhelder, 1966）。

　以上のように，認知発達は主体である子どもと，社会的（人的），物理的（物的）環境との間のたえまない相互作用によって促進されると考えられるが，子どもが最初に出会う環境は彼の養育者であり，物理的環境も養育者を中心とする社会的環境要因によって準備され，媒介されるとすると（例えば，Bronfenbrenner, 1977），認知発達はその出発点から社会的性格を帯びたものだといえよう。その意味

で，認知発達は社会文化的文脈に規定される側面を持っているのだが（Cole, & Scribner, 1974），社会文化的文脈の中で提供される情報（知識）を子ども自身がどのように理解し，獲得していくかという過程に関する理論（モデル）は必ずしも一致した見解が得られているとはいえない。

ピアジェとイネルデ（1966）は，前述のように認知発達は主体が積極的に環境と相互作用していく中で遂げられていくものと定式化した。そこでの重点は，主体が，主体の持つ既有の構造（シェマ）を基盤に同化・調節作用という自己調整的過程を通して情報を処理していくという，いわば自主的発達の強調であった。そのために経験要因や，社会的伝達要因の役割については，当初はその重要性を指摘しつつも，明確な定式化がなされないまま彼の理論体系の中からははずされていってしまった。

この彼らの立場に異を唱え，正面きって認知発達の社会文化的性格を理論的に明確にしようとしたのがヴィゴツキー（1978）である。彼によれば，認知機能は元来，社会的なものであり，子どもははじめ歴史的・文化的環境の体現者である大人との言語を介した共同行為を通して環境の獲得活動を行うが（「精神間機能」），しだいにそうした大人との関係で機能していた認知活動が子どもの内部に内面化していき，ついには子ども自身により，彼の内部において機能するようになる（「精神内機能」）という。つまり，認知発達とは子どもと大人との相互行為において大人の手助けを受けて獲得したものが，内面化のプロセスを通して個人的専有物（子どもの力だけで再生産されること）となる過程を指すというのである。

しかし，ヴィゴツキー（1978）の見解は環境要因に重点がおかれすぎて，個体内のメカニズムについては十分な分析がなされていないという批判がある（ブルシュリーンスキー，1986）。それは，共

同行為という文脈における情報を子どもが理解し，処理するあり方を内化理論で説明するところに起因していよう。文脈的情報を子どもが理解し，情報処理する過程を単に情報の取り込み（内化）ととらえると，それがいかに「子ども自身の能動的な獲得の活動」によると定式化しても，子どもは大人とまったく同じ方法で理解し，行動することが期待され，また理想的にはそうなると判断されるだろう。このことは子どもがいかに文化を超え，文化を創造していくのかという展望が欠落することになり，文化発達の観点からも，子どもの「能動性」の観点からも，現状を反映していないと思われる。

　実際，子ども（4歳児）ひとりでは解決困難な課題（「うさぎ　動物　生物」という層を含むクラス概念の理解と分類操作の実行を求めるもの）を親が教示するという形で，共同して解決していく場面を観察してみると，以下の会話事例のように，まさに相互行為のはじまりの部分においてさえ，子どもは単に親の提供する情報を受容するのではなく，積極的に情報の理解・獲得活動を行っている姿が見られるのである（田島，1986）。

例1
親：これも動物だよ。ほらだからこの中全部，要するに，生きているもの。
子：<u>ウン，……おとうさん，生きてるってどうして生きているかというと，常にさ……だんだん大きくなる……</u>（A）
親：ウン，大きくなっていくんだもんね。

例2
親：ウサギったらなんだ？　動物でしょ。
子：ウン，動物だよ，ウン。
親：チョウチョウやなんかも動物だね。
子：<u>動物じゃないよ。虫だよ。</u>（B）

親：フフフ，ウン虫だけどさ……
子：ウン
親：虫だけど，あの昆虫というのもね　動物の中の……
子：<u>ウン　ひとつ？</u>　（C）
親：そうひとつなんだ。うんでさ……

　（A），（B）の部分は，子どもが親の情報に接し，自己の既有の知識を想起し，親の情報との関連をつけ，その上で既有知識の中に位置づけて理解しようとする内的な情報処理過程が存在していることを示唆するし，（C）の部分は，情報の能動的処理をするだけでなく，子どものほうから外部に情報を求めていく側面のあることを示唆していよう。

　以上のような，子どもの共同行為場面における知識獲得過程の実態は，文脈的条件を捨象した形で個体内の情報処理メカニズムの解明に焦点をおいたピアジェをはじめとする認知発達研究から浮かび上がってこないのは当然だが，一方，社会文化的文脈条件を認知発達の必須要因とするヴィゴツキーの立場からも，個体内での情報処理のあり方を「情報の内化」としてとらえる限り，出てこないのである。

仮説的プロセス・モデルの吟味

　以上の点をふまえた上で，認知発達の社会文化的文脈による規定性を明らかにするために，まずは，共同行為場面における子どもの知識獲得過程について考えてみたい。すなわち，子どもひとりでは解決困難な課題解決場面において，大人（母親）の援助により，徐々に子どもが独力で解決可能になっていく過程を観察し，①母子の相互行為に見られる情報の内容と提示のあり方，②母の情報の子どもによる処理のなされ方，について考察してみる。

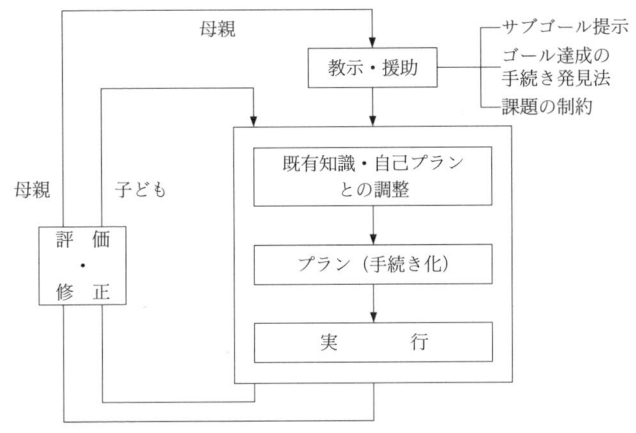

＊既有知識・自己プランおよび手続き化としてのプランは毎回改訂される。

図16　共同行為過程における知識の獲得過程のモデル
（Hayes-Roth *et al.*, 1981 に基づく）

　このような，共同行為場面における知識獲得過程については，ヘイズ゠ロスら（Hayes-Roth, Klahr, & Mostow, 1981）が"advice-taking model"という形で，教授・学習場面における大人の学習者の情報処理過程を描写したモデルを母子用に適用したものがある（図16；田島, 1986）。これは，学習者が教示者のサブゴール（下位目標）提示に従い，自己の既有知識・自己プランとの調整（情報の解釈・意味づけ）を行って実行プランを立て，実行したその結果を教示者により評価・修正されて再び自己知識（プラン）との調整を行い，新たな実行プランを立て，再び教示者に評価・修正を受けるという循環的な過程を経ていく。そして，しだいに課題に適切なプランが立ち，同時に，学習者自身で実行結果の評価・修正ができるようになり，独力で課題が達成されるようになるというモデルである。

プロセス・モデル作成の手続き

　本節の目的である「子どもが母親とのやりとりを通じて，どのように知識を獲得していくのか」といった個体内の情報処理過程の解明そのものを目的とする場合は，ヘイズ゠ロスら（1981）も採用しているように，言語社会学的研究の手法を受け継ぐ会話研究で多用される少数事例の会話プロトコル分析（無藤，1983；田島啓，1992，2000）により，場面の参加者のやりとりの動的な過程を詳細に分析し，可能な説明モデルを提出することが妥当だと考えられる。この方法の特徴は，発話行為や非言語的行動を含め，実際のやりとりそのものをプロトコル（台本）化し，相互行為場面での情報を参加者がどのように理解し処理するかという点について，意味的，解釈的に分析するところにある。

　こうした会話研究的アプローチは「会話（発話行為の系列）を行うことと，会話で何かをするということとを同一の枠組みで検討しようとするもの」であり，その上，発話行為を社会的な場での相互行為としてとらえるところに特徴がある。無藤（1983）に従いその視点を列記してみると，

(1)　会話（言語）を社会的な場での相互行為としてとらえる。

(2)　ある発話を理解するためには，その発話の背景となる文脈を了解する必要がある。つまり発話のみを扱っていては断片的な理解しかできない。

(3)　ある発話の文脈としては，その前後の発話を含めて考える。これらは談話（discourse）という単位を構成するが，談話にはこれに対応する一つの知識構造（スキーマ）があり，これによって発話の理解が可能となる。

(4)　文脈には，発話以外に，発話がなされる場ないし状況を含め

て考える必要がある。状況の違いにより発話の解釈が変わりうる。場，状況とは，例えば会話に参加する人々が守らねばならないその場固有の規範的秩序のようなものである。

このように会話研究では，会話成立，すなわち認知活動の生起の要因を社会的な相互行為過程，すなわち，「動的で解釈的な」性格を持った社会的やりとりの中に求めるわけで，本書の「共同行為過程」分析の視点と軌を一にするところである。

このような会話研究は具体的な方法論としては，プロトコル分析として以下のような特徴を持つ（Dickson，1981）。

(1) 資料は通常，実際のやりとりを録音（録画）して得られる。分析は，資料から転記した言語プロトコルに基づいて行われる。

(2) 被験者は少ないが，観察変数は逆に多い。

(3) 分析は言語プロトコルが提示され，証明されるという形が多く，量的な指標の統計的分析はあまり強調されない。

(4) 測定と分析は妥当性が強調され，信頼性はそれほど強調されない。

(5) 個人差については個々のケースが詳しく記述され，個人ごとの指標間の相関がとられることはない。

(6) 科学哲学としても，研究者の主観性は避け難いし，逆に価値のあるものとさえ見られる。

これらの方法論的特徴は，心理学の伝統的な方法論から見るとかなり対比的ではあるが，しかし，心理学においても「間主観性」の問題や「アタッチメント」の研究等でこうしたことにはかなり踏み込んでいるし（鯨岡，1986），ゆくゆく仮説検証的な心理学的実験研究に耐えるような，生態学的妥当性の高い仮説としてのモデルを提供するというレベルでは，必要不可欠のアプローチであるといえよう。

2節　母子相互行為場面における子どもの知識獲得
　　過程のプロセス・モデル作成の試み

　1節における背景的考察のもとに，田島（1984）は，子どもの発達にかかわる母子相互行為過程そのものの描写から，子どもの発達におよぼす母子相互行為の影響過程に関するプロセス・モデル（影響過程そのものを表すモデル）を作成する試みを行った。

　調査対象は，札幌市内の幼稚園年少組に在園中の子どもとその母親19組（男児7名，女児12名）である。これらの対象者に対し，子どもひとりでは解決が困難な課題を与え，母親に教えてもらうことで子どもが成功裡に課題を遂行する過程を観察したが，ここで報告されている対象は，自己プランの変容・新知識の獲得が見られた母子対の中から任意に抽出した1組の男児（36カ月）とその母親である。なお，ここで幼児を対象としたのは，実験室での課題解決場面に馴染むことができ，かつ，プロトコル分析に耐える一定程度の言語発話を必要としたからである。

　課題は，図17に示されるように，高さの異なる複数の積木群2組（積木番号7，8，9，10の大積木群と，1，2，3の小積木群）を高さの順に並べて，二つの積木群を重ねることにより積木列を平たくするという"二重系列化課題"を設定した。なお各積木は一つの側面に高さに対応した「数字」が，また，その裏面には「数字」の数だけ丸いマーク（図中では＊印で示されている）が描かれている。

　観察は，幼稚園に隣接する大学の心理学実験室において，図18に示したように，母子相互行為場面を中心にその前後に子どものみを対象として観察者によって行われるプリテスト・ポストテストを

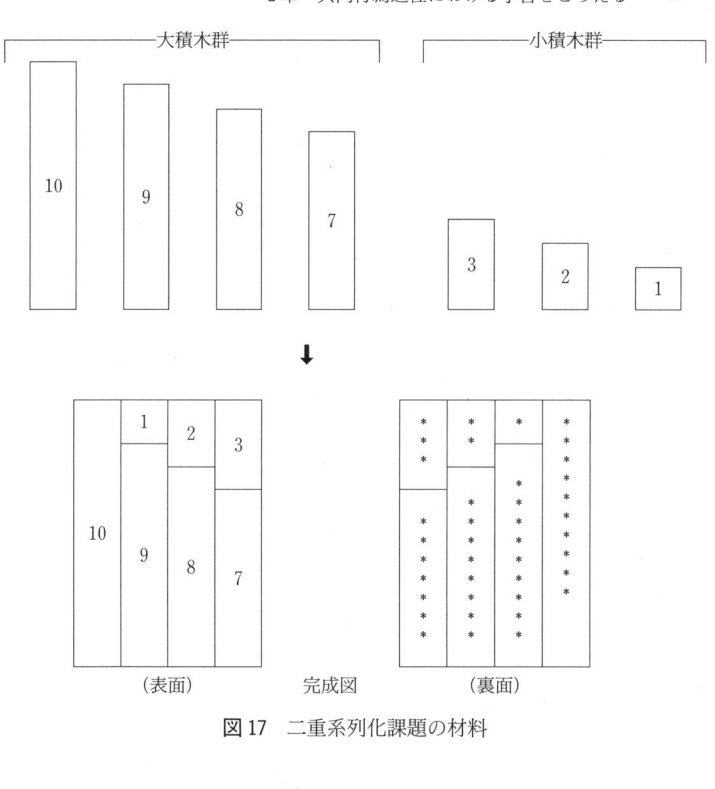

図 17　二重系列化課題の材料

──プリテスト──
子どもの課題に対する理解と
遂行能力（既有知識）の判定

↓

──母子相互行為場面──
母親の指導に対する子どもの
理解の変容過程の描写

↓

──ポストテスト──
子どもの課題に対する新しい
理解や獲得知識の判定

図 18　観察の手続き

含む3セッションにわたって実施され，すべてがVTRに記録された。

　対象の母子は，研究室に到着後，若干の説明を受け，観察者とともに実験室に入室し，横に並ぶようにテーブルに着いた。観察者は母子に対面するように座り，以下の各セッションの手続きに従って教示を与えた。なお，観察時間は全体で約15分間であった。

　(1)　プリテスト

　プリテストでは，子どもに与える積木セットとは別に準備した同一の構成をなすモデル積木セットを使って，課題の説明と課題解決のモデル演示を観察者が行ったあと，子どもに独力で，モデル積木セットを見ながら課題を遂行することが求められた。これは子どもの課題に対する理解，すなわち，子どもが積木の構造をどのようにとらえ，また，どのような課題理解に対する自己プラン，既有知識を使って解決にあたろうとしているかを，実際の課題遂行過程から推測することが目的である。

　(2)　母子相互行為場面

　母子相互行為場面では，プリテスト時に子どもひとりではうまく課題解決ができなかった様子を横で黙って見ていた母親に対し，子どもが独力で課題解決できるように指導（教示，援助）するよう依頼し，母子共同による課題解決場面の観察が行われた。依頼にあたっては，改めて母親に向けて積木セットの構成について説明がなされたが，教示方法などについては特別の指示はなされなかった。指導時間は，母親が，子どもが独力で課題解決できると判断した時点まで（基準5分間）とし，同時に指導後，子どもの出来栄えを検査することも伝えられた。ここでは，プリテストにおける子どもの課題解決のプランや既有知識が母親の教示や援助の内容に依存してどのように変容していくかということをとらえることが目的である。

(3)　ポストテスト

　ポストテストでは，母子相互行為場面における子どもの課題に対するプランの変容状況や獲得された新しい知識を同定するために，プリテストと同様に，子どもに独力で課題解決を行うことが求められた。

　資料の分析は，まず，すべての場面のVTRによる観察記録から，全過程における母子の言語行動と非言語行動をできる限り詳細に文字化（プロトコル化）することから始まった。そしてその文字化資料（プロトコル資料）をもとに，母子が相互行為場面において課題材料を具体的にどのように操作していったかという非言語的対象操作行動と，それに伴う言語行動を合わせて，それらの根底に存在すると思われる知識内容とその変化，すなわち知識獲得・変容過程を推測すべく分析が行われた。具体的には，①始発時から終了時にわたり，相互行為がどのように変容するのか（母親の子どもへの情報の与え方，子どもの情報の受け取り方，子ども自身の既有知識との調整の仕方とその変化，母親の情報が子どもによって獲得されるきっかけなど），そして，②相互行為を通して参加者は何を獲得するのか（子どもはどういう知識や技能，構えを新たに得て，当初独力ではできなかった課題ができるようになるのか，またどういう知識を得ることにより，母親はうまく子どもを導くことに成功するのかなど）という，微視発生的視点から見た相互行為過程の意味的，解釈的な検討がなされた。

　これらの資料収集および分析の結果，以下のような状況が観察された。

プリテスト

　図19にプリテストにおける子ども自身の独力による課題解決過

程を積木構成の推移として表したものが示されている。この過程および実験者による課題説明，モデル演示時の子どもの反応から，子どもの課題に対する理解（プラン）のあり方，既有知識の状態をまとめてみると以下のようになる。

(1) 実験者のモデル演示時に，大積木群が高い順に系列的に並べられたのを見て，「階段だ」と指さして発言したこと，および自ら段階状に積木を構成して（図 19 の e）「階段のぼり」と発話していることから，子どもは既有知識として，「系列状の構成＝階段」という概念を持っていること，さらに眼前の刺激布置（課題）を自分自身のことば（概念）で表現し直すといった，自己の既有知識と外的情報の照合，解釈を行っていることがわかる。

(2) しかし彼の課題に対する理解は，課題の一部に対する既有知識（「階段」）にとらわれてか，知識の不完全さからか，高さの順に系列的に並べることができず（図 19 の b〜c），大・小積木群をとり混ぜて独得の階段を形成し，満足している（図 19 の d〜e）。そこで実験者から「もうでき上がりかな？」と促されると，今度はモデルを見て，課題の要求に従う形で自ら積木構成を修正していくことができた。ただしその修正は，モデルに従い"上を平らにすること"と"積木の側面に記されたマーク面を揃えて並べ，数字面とマーク面が混合しないこと"という二つの点にのみ焦点化され，"下の段は大積木群が背の高い順に並び，上の段は小積木群が背の低い順に並んでいる"という点は抜け落ちてしまっている（図 19 の f〜j）。

以上のことから，プリテスト段階で見られる子どもの課題に対する理解（これをここでは「自己プラン」と呼ぶ）と，既有知識のあり方を含む課題遂行能力は以下のようなものだと考えられた。

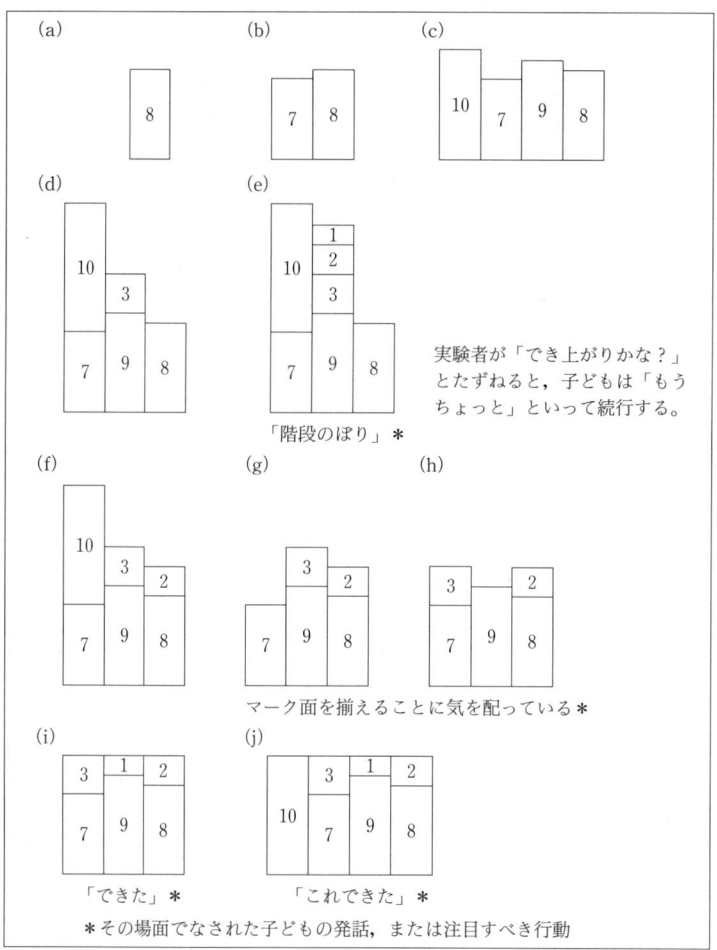

図19 プリテストにおける子どもの積木構成の推移

(1) 階段を構成すること〈自己プラン1〉——ただし，子ども
  は大積木群を高さの順に並べることはできない。
(2) モデルと同じものを構成すること——ただし，モデルに対

しては，次の二点にのみ焦点化されている。①大積木群の上に小積木群を載せて平らにすること〈自己プラン2〉。②マーク面を手前に向けて揃えること〈自己プラン3〉。

　また，ここで示された子どもの能力で特記すべきは，子ども自身が自己の既有知識と外的情報とを照合・解釈して自己の課題解決プランを持ち，それに従って実行し，不完全ながら，実行結果を自己評価して，自分で修正しようとする側面を見せていることであろう。これはヘイズ＝ロスら（1981）が示したような基本的な情報処理能力が子どもにも備わっていることを示している。

　それでは，課題を成功裡に達成するような情報処理ができるためには何が必要となるのだろうか。この点を明らかにするために，次に，母子相互行為場面で子どもが母親の教示・援助を受けて，独力で課題達成を成し遂げる状況を分析してみる。

母子相互行為場面

　母子の相互行為は，二人が積木を構成し始めてから一応完成するまで（これを一つの「エピソード」と呼んだ）を何回か繰り返すという形で進展した。このケースはそのような試行エピソードを4回繰り返したので，各エピソードごとに母子相互行為の状況を描写してみる。

《エピソード1》

1．最初に母親が課題の目標（ゴール）を，しかも子どもに理解されやすいように下位目標（サブゴール）に分けて提示しようとする。まず"大積木群を大きい順に並べること（これを「サブゴール1」と呼ぶ）"を提示する。それに対して，子どもは"比較的大きな積木を選択して並べていく"という形で反応する。

母親：まずね，積木ね，これ大きい順番に並べて
　　　みるか（10 の数字のついた積木を立てる）

子ども：これ大きい（8 の積木を取って 10 の横
　　　　におく）

　2．母親は子どもがサブゴール 1 の実行がうまくいかないので，次の二つの方法で間接的に修正を行う。一つは，最も大きな積木が基準となること（A）であり，もう一つは，積木の挿入場所をあけて，子ども自身の発見を促す（B）ことである。

子ども：（7 を 10 と 8 の間におく）

母親：（10 を 8 の横に少し離しておいて）こっち
　　　から大きい順。一番大きいしょ？　（10 を
　　　指す）（A）

子ども：うん（と言って 10 を 8 の横につける）

母親：はい（と言って 9 を取り出して子に渡すと
　　　同時に再び 7，8 と 10 の間をあける）
　　　（B）

子ども：（9 を 7，8 と 10 の間に入れる）

　3．母親の援助のもとでサブゴール1が完成したところで，母親は「階段」という子どもの既有知識との関連づけを行う。子どもは自己プラン1である階段構成が完成したことに満足し，自己プラン3〈マーク面を揃える〉も合わせて実行する（C）。

母親：うん，そう，階段みたいね
子ども：ここ，こう（一つだけ手前を向けていなかった8を回転させてマーク面を揃える）（C）
母親：ああ，うん，絵（マーク）ついてるのね。

　4．次に母親は"小積木群を小さい順に載せて，上を平らにすること（これを「サブゴール2」と呼ぶ）"と（D），それについて指で平面を表現して間接的に解決方法を提示する。母親のサブゴール2と，子どもの自己プラン2〈大積木群の上に小積木群を載せて平らにすること〉はほとんど一致しているため，子どもは指示により一つおいたあとは自発的に自己プラン2と自己プラン3〈マーク面を揃える〉を合わせて実行，完成する。

母親：（小積木群を子どもの前に順に並べて）
　　　今度これはね，小さい順番にこう三つおいといてね，小さい順番にこの上に載せていくの，こうやって（9，8，7の順に指す）（D）

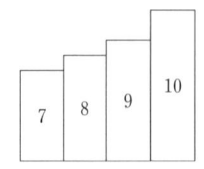

子ども：（1を手前に取りマーク面を確かめる）
母親：うん，ここに同じになるように小さい順
　　　（と言って9の上で10の高さを示す）
　　　（E）

子ども：これ（1を9の上に載せる）

母親：うん

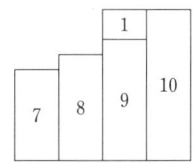

子ども：これ（2を8の上に載せる）

母親：うんそう

子ども：これ（3を7の上に載せる）

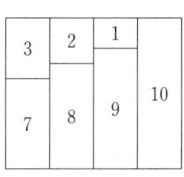

　5．サブゴール2が遂行されて全体が完成したあと，母親は再度サブゴール1・2に言及して言語的に確認を行う（F）。しかし，子どもは自己の既有知識「階段」を当てはめて満足し（G），母親の確認作業には気が向かないであくまで「階段」のほうに集中している。子どもは自己プラン1〈階段を構成する〉を主張し，母親のサブゴール2の確認的実行の依頼を拒否する（H）。

　このようにエピソード1では母親の教示・援助は子どもによって受け入れられるが，それはあくまでも子ども自身の既有知識とプランに合ったものであり，他のものは必ずしも理解されえたかどうかは確かではない。

母親：下のはね，こっちから大きい順番に並べたでしょ？（大積木群の上から小積木群を取り10，9を指す）一番大きいしょ？（10を指す）（F）

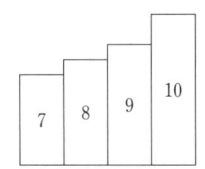

子ども：階段ガタガタ（積木列の上を指でなぞる）（G）

母親：うん階段みたくね，で，今度上に載せるの

は，小さいほうから載せていくの（1を指
さす）（F）
子ども：これなくてもいい（と言って小積木群を
　　　　箱の中にしまう）
母親：ううん，これ今同じにするんだもん
子ども：階段でもいいんだもん（H）

《エピソード2》

1．母親は再び積木をばらばらにして二度目の練習を始めようと
し，サブゴール1〈大積木群を大きい順番に並べる〉を提示して子
どもに実行を促す（A）。子どもは実行を開始するがうまくいかず，
母親はサブゴール1を〈階段のように大きい順に並べる〉と既有知
識を含めた提示をし（B），それでもうまくいかないので，階段形
成の評価法を教示する（C）。それでも子どもはまだサブゴール1
の実行は困難で，母親は最後に直接的に修正を施して完成させる
（D）。つまり，ここでは課題理解の一致は果たしたので，階段のよ
うに高さの順に並べたいのだが，そのやり方がわからないので，母
親は階段を形作って見せたのである。子どもは完成したものを評価
することはでき，満足を示す。

母親：こっちから大きい順にまず並べて（A）
子ども：（10をおく），（10の横に7をおく），
　　　　（7の横に9をおく）

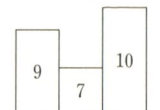

母親：まず，階段のようにこっちから（10を指
　　　　さす）大きい順に並べてごらん（B）

中　略

母親：こう（9を指さす），こう（8を指さす），こう（7を指さす），あれ（10を指さして）？　へんな階段だ。なんか順番違うんじゃない？

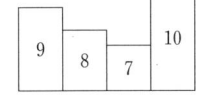

子ども：（8を取り除き7の横に9をおく）

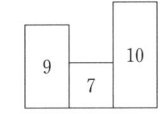

母親：うん。こうもへんだ，ほら，でこぼこだもん（C）
　　　まず大きい順に並べてごらん，こっちから（10を指さす）

中　　略

母親：……こうじゃない？　大きい順番たら（と言って7，8を9の横におき，7，8，9，10と並べる）（D）

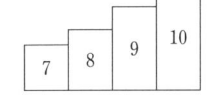

子ども：こうだ，こうだ（うなずいてほほえむ）

　2．次に，母親はサブゴール2〈小積木群を小さい順に載せて平らにすること〉を提示するが，これはエピソード1同様，容易に完成させる。

《エピソード3》

　1．今度は母親が子どもに，課題をひとりでやることを要求する。子どもは自分でサブゴール1〈大積木群を大きい順に並べる〉を自発的に実行しようとする。この段階で最も大きい積木（10）が基準となることは習得しているが，まだ，それに続く積木をうまく並べることができない。母親は子どもが間違っても見守っているが，大積木群が四つ並んだところではじめて間違いを指摘し，新たな修正の仕方を「階段」と関連づけて間接的に教示する（A）。それでも

うまくいかないので，母親は，最後に1回，直接的に修正の仕方を
教示し（B），子どもはそれを実行し，自己評価する（C）。

母親：今度，Tちゃん自分でやってごらん
子ども：こうでしょう？（7と10を一緒に並べ
　　　　て立て，7を10の横から離す）

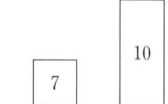

母親：うん
子ども：こうでしょう？（8を10の横におく）

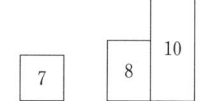

母親：う，うん（ほほえむ）

中　略

子ども：こうでしょう？（と言って9を7の横
　　　　におく）

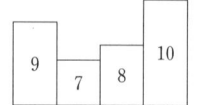

母親：何かちょっと変だね，さっき，トントント
　　　ントンってちゃんと並んだよ（と言って指
　　　で階段を登るようなジェスチャーをする）
　　　（A）
子ども：（9と7を入れ替える）

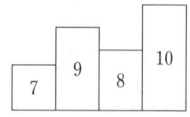

母親：ううん，もうちょっと変だね

子ども：こうやって（9を抜き7をつける）

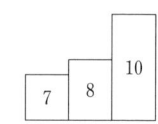

母親：うん，ここじゃない？　これ（と言って7，
　　　8と10の間をあけてその場所と9を順に
　　　指さす）（B）

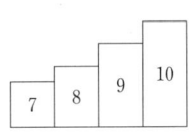

子ども：こうやって（9を8と10の間におく）

母親：うん

子ども：ああできた（うれしそうに言う）（C）

　2．続いて母親がサブゴール2〈小積木群を小さい順に載せて平らにすること〉を提示するが，これはエピソード1，2と同様，自己プラン2に一致しており，自己プラン3〈マーク面を揃えること〉を気にしながら容易に実行ができる。

《エピソード4》

　1．母親がサブゴール1〈大積木群を大きい順に並べること〉を提示すると，子どもは，母親に指摘されなくとも自分で達成の評価をし，自己修正を行う（A）。ここにおいて，子どもはこれまでに提供された修正の仕方に関する母親の情報，すなわち"「階段」のようになっていなかったら間違いである"こと，"最も大きな積木（10）を基準とし，「でこぼこ」のないように並べる"という二つの情報を知識として獲得していることがわかる。また母親は，子どもが自分の評価・修正方法を考えついたことに，驚きと（B）（C），関心を示し（D），最後には感激する（E）というように，母親自らも学習した側面が見られた。

母親：またじゃあ大きい順番に並べてごらん

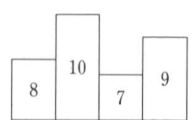

子ども：(10 → 7 → 9 と並べたあと 10 の横に 8
　　　　をおいてしばらく考えて) 階段だもん
　　　　(といって 10 を取る) (A)

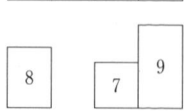

母親：うん, 階段みたく大きい順番ね
子ども：(8 を 7 の横につける), (8, 7 を 9 の
　　　　横から手前に引き寄せる), (10 を手に
　　　　持ち迷う)

母親：うん, そうして？ (B)

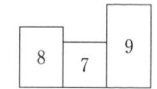

（上から）

子ども：こうやって (10 を 9 の横におく)
母親：うーん, そうやって？ (C)

（上から）

子ども：こうやって (7 を 9 の横におく)
母親：うん (D)

（上から）

子ども：あっこう (7 を取り除き 8 を 9 の横に
　　　　おく) (A)

母親：うん, あっそうだそうだ (E)

子ども：こっち（7を8の横におく）

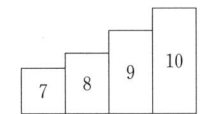

　2．この最終エピソードにおいても，母親はサブゴール2（〈小積木群を小さい順に載せ平らにする〉）は提示する。子どもは，すぐに正しく実行可能で，自己評価もできる。

母親：じゃあ，今度こっちを小さな順番に並べてくんだよ（と言って小積木群を指さす）

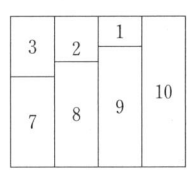

子ども：（2を8の上におく），（1を9の上におく），（3を7の上におく）あった（と嬉しそうに言う）

母親：うんできた

子ども：自分でできた

ポストテスト

　最後に，母子共同解決過程の成果を判断するために母子相互行為が終了したあとすぐに行われた，子ども独力での課題解決過程（ポストテスト）の分析結果を見てみる（図20参照）。

　プリテスト段階ですでに自己プラン1〈階段を構成すること〉は持っていたが，サブゴール1〈大積木群を高さの順に並べる〉は実行できなかった。これに対し，母子相互行為を通して"一番大きな積木（10）を基準にして，一番最初に端に持ってくる""それ以降，階段を構成するには「でこぼこ」のないように並べる"という情報

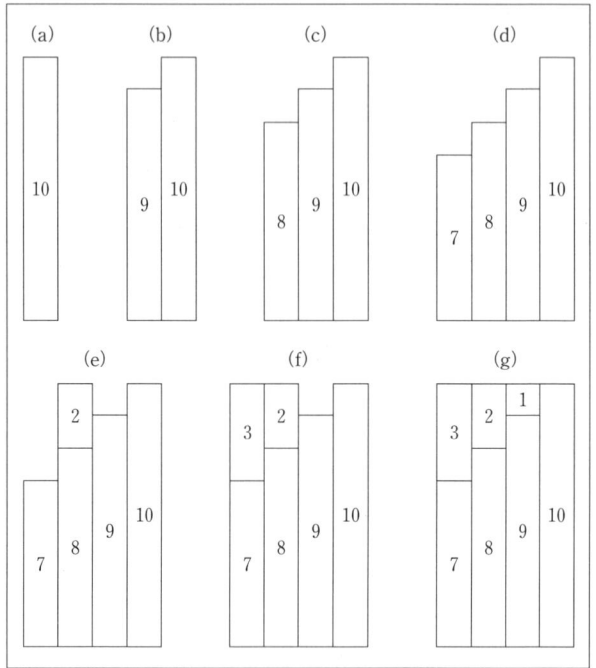

図 20 ポストテストにおける積木構成の推移

を獲得，このポストテスト時にも自己の新しいプランとして使われていることがわかる。サブゴール 2 〈小積木群を小さい順に並べて平らにする〉は，プリテスト時の自己プラン 2 〈大積木群の上に小積木群を載せて平らにする〉で代替されたまま，母子相互行為時およびポストテスト時にも一貫して堅持されて，課題を成功裡に導いてきたことがわかる。

プロセス・モデルの作成

まず，これまでのプロトコル分析の結果から，課題解決に必要な"知識"の獲得を，子どもは母子相互行為を通じてどのように達成

したのかについて整理してみる。

　1．まず子どもは，プリテストで見られたように，課題に対し，自己の持っている既有知識を動員して課題刺激や実験者の教示といった外的情報を解釈し，それに基づき，どのように課題解決するか子どもなりのプランを立てて実行していく。そのプランが必ずしも本課題の遂行に適切でないために正しい課題達成とは別の方向に行ってしまうが，課題達成の評価を（「でき上がりかな？」と実験者が）問うと，自己評価し，再び自己のプランに基づき修正をしていくことができた。このように，子どもには基本的な情報処理能力は備わっていることがわかるが，既有知識と外的情報の照合に基づくプランの立て方の不十分さ，そのため実行結果を自分自身で評価し，修正していくという点で，課題の要求を満たすという観点からは不十分さが見られるため，課題解決はうまくいっていない。

　2．こうした状況の子どもは，母親との相互行為の中でも同様の過程を進んでいく。つまり，母の教示・援助に対し，既有知識ないし自己プランと照合，調整して（情報の解釈），それに基づいて新たなプランを立て実行してみる。当初は自己プランの影響が強く，自己プラン優先の状況が見られており，そのためその実行結果は母親により評価・修正が施されるが，その母親の評価・修正そのものが子どもの既有知識や自己プランに基づいており，かつ，子どもの反応により，そのやり方も変化していく側面が見られ，しだいにその母親の修正情報をもとに情報の再解釈が行われて，課題解決により適切なプランが形成されていく。このように相互行為の文脈で与えられる情報は，ただ単に子どもの中に取り込まれるのではなく，自己の知識・プランとの照合をもとに，情報が子ども自身によって意味づけされていくのだが，そのためには実行結果に対する母親の評価・修正作業が効果を示していることがわかる。さらにこれは，

課題遂行が子ども独力で可能となるには，実行結果を自分自身で評価し，修正していけるようになることが必要であることを示している。

一方，母親は，教示・援助として，まず課題の目標（ゴール）を子どもが対処できるようにサブゴールに分解して提示するが，サブゴールに到達するにはどうしたらいいかは明示せず，まず子どもに実行させている。そしてその結果を見て評価し，先述したように，子どもの既有知識と関連づけながら，修正を施すという形で到達方法の情報を提供する。本ケースの場合は，とくに，その情報が間接的な形で与えられ，子ども自身に発見させるというストラテジー（方略）が多くとられており，子どもが壁にぶつかったときにのみ，直接的な修正情報が出されていた。その意味で本ケースは子どもにとって"learning by guided discovery"（D'Andrade, 1981）の一つの典型を示していると思われる。つまり，社会的文脈において「子どもは"自分流"に学習をするのだが（"self-initiated learning"），同時に，学習していることについての情報や，起こりうるエラーの種類についての情報などが与えられることにより，導かれる側面"other-dependent learning"があってはじめて学習が完成する」というのである。とくに，guided discovery のもとでは「何を学習すべきかを発見することが容易になる」という点で，自分流での学習をする場合にくらべて有利であるという彼の主張は，本ケースにおける，母親の子どもに対する「繰り返しサブゴールを提示すること」および，ゴール達成のために直接的に達成方法を細かく示すのではなく，「間接的な評価・修正を繰り返し，子どもに自ら発見させる形をとる」という状況と対応していると考えられる。

しかしながら，母親がなぜ間接的な方法をとるのか，という点については，次項に述べるように，母親の配慮的側面というより，母

親自身が子どもにとってより適切な情報を，子ども自身から学習しているととらえるべきであろう。この観点からいっても，こうした共同行為過程は，一方向的な教授・学習過程ではなく，役割は異なるが，対等な相互行為過程であるととらえる必要があると思われる。

　3．こうして子どもは母親のサブゴール提示に従い，自己の知識・プランとの調整（情報の解釈・意味づけ）を行って実行プランを立て，実行したその結果を母親により評価・修正されて再び自己知識（プラン）との調整を行い，新たな実行プランを立て，再び母親に評価・修正を受けるという循環的な過程を経ていく。そして，しだいに課題に適切なプランが立ち，同時に，子ども自身で実行結果の評価・修正ができるようになり，独力で課題が達成されるようになったと考えられる。その意味では，当初，ヘイズ＝ロスら（1981）の"advice-taking model"を仮説的モデルとしたが，これは有能な情報処理主体としての子どもの立場を説明するには，本ケースの結果から見ても妥当なものと考えられる。

　しかしながら，このモデルは子どもの立場のみをモデル化しており，母親の情報提供のあり方が組み込まれておらず，共同行為過程を説明するものとしては不十分なモデルとなっている。なぜなら，この共同行為における共同的な課題解決過程では，子どもに適切な知識が提供されたために成功裡に終わったわけだが，この適切さは，母親が子どもの自己プランや既有知識から学習しなければならなかったのである。しかも，母親の学習は，まさに子どもの学習と同様，母親の課題理解に対する自己プランをぶつけ，子どもの反応を見て評価・修正しながら，子どもの課題理解との一致点を見つけ，その上で，その立場から子ども自身に適切な評価・修正の方法を見つけて伝えているのである。その意味では，ちょうど子どもが自己プランを実行し，母親の評価・修正を得て自己プランを改変していくの

とまったく同様の過程が，母親にも必要だったのである。だからこそ，子どもが納得のいく評価・修正法を伝えられたのであるが，すると，この最終的な評価・修正法は母親の当初からの自己プランに基づくものではなく，子どもとの共同行為の中で，共同で見つけた創造的産物といわねばならないであろう。

このように考えると，共同行為過程では，母親，子どもそれぞれが，当初は異なる課題理解と課題解決へのアプローチを持っていたのが，相互に自己プランをぶつけあい，差異を確認して，そこから一致点を見つけるという形で，お互いにとってそれぞれ新しい意味を共有することで，課題解決の方法を創造したという側面が浮かび上がってくる。つまり，お互いが学習しあってはじめて，共同的な課題解決が達成されたのであって，決して，母親が一方向的に適切な情報を伝達し，それを子どもが巧みに情報処理したのではないということである。その意味では，共同行為過程における学習（情報処理過程）とは，お互いの自己プランのぶつけあいの結果，お互いが自己の持つ意味と相手の持つ意味との一致点を見いだす形で，新たに共有的な知識を獲得するという課題状況の全体的変化であることを示していると思われる。

以上のように，共同行為過程では，子どもだけでなく母親も含めたすべての参加者が，お互いの当初の立場からはそれぞれ変化してくるということを考えると，学習者のほうだけを説明するのは不十分というだけでなく，個人内の情報処理ということで説明すること自体に無理があるのではないかと考えられる。その意味では，1章で述べたバフチン理論の対話性原理に基づく，意味の共有過程と考える必要があると思われる。ただ，彼の理論はプロセス・モデルで表されるほど明確な定式化はなされているわけではないので，ここで新たに仮説的なモデルを考えてみる必要がある。

社会的文脈

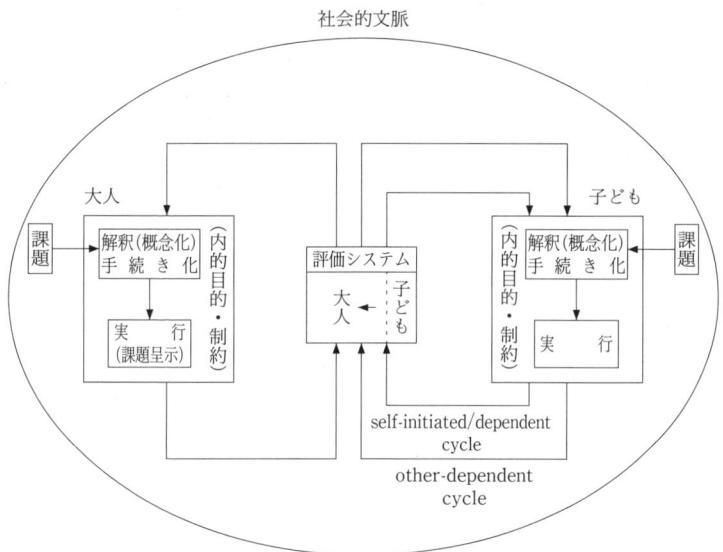

図21　共同行為過程における情報獲得モデル

　そこで田島（1988）は，ヘイズ゠ロスら（1981）の学習者個人内に焦点化した情報処理論的な"advice-taking model"やダンドレイド（D'Andrade, 1981）の"learning by guided discovery"を基礎にしつつも，それに代えて，以下のような，相互行為的な対話モデルを「共同行為過程における情報獲得モデル」として提案している（図21）。

（1）　大人も子どもも同じ社会的文脈（本研究では実験室場面）の中で，それぞれが同じ課題に直面している。課題が導入された当初は，大人は課題を子どもに教示するという内的な目的や制約を持っており，情報を伝達するために，興味や注意を喚起するといった働きかけを行う。それに対して，子どももやはり（自己の内的目的や制約に基づき）自分の持っている既有知識

に照らしあわせて，積極的に課題内容を解釈し実行しようとする（self-initiated cycle）。つまり，子どもなりの課題の受けとめ方をしているのである。当然，大人は自分自身が解釈した課題を呈示することとなり，子どもの行動の制止（評価・修正）などが起こってくる。

(2) 子どもは，大人が呈示する課題について新たに興味を持ち，ひとりで課題解決が困難であることがわかると，大人の教示・援助をもとに改めて課題情報と自己プランとを照合し（情報を再解釈し），プランを立て直して「新プラン」として実行する。この段階での大人の教示は，子どもの実行結果の評価・修正という形で与えられるため，その内容は，子どものその時点における行動，理解のあり方に対応して変容する。つまり，大人も実行（課題呈示）の結果を評価・修正してプランの立て直しをするわけである。この評価システムのあり方が，相互行為過程のまさに核の部分と考えられ，相互行為過程の初期には，大部分が大人によって専有される（other-dependent cycle）。

(3) しかし，子どもが自立し，独力で課題解決可能となるためには，大人に依存していた評価システムの部分を，自分自身で担うことができるようになる必要がある。そのため，相互行為過程が展開するにつれ，大人の援助および評価を受け，何度も再解釈し意味づけ（概念化）をしながら，しだいに，この場で要請されている，母親と一致した（共有された）課題の明確化と，それに基づいた実行結果の評価・修正が自分自身でできるようになっていく（self-dependent cycle）。こうして評価システムの部分が子ども自身によるものに移行していって，はじめて，自立した課題解決に至るのである。

本研究で明らかになったことは，共同行為過程で母親の情報（教

示・援助）を一見そのまま実行するような過程（いわゆる内化過程）も，子ども自身の既有知識・自己プランと課題情報との調整を行う情報の解釈過程や，それに基づくプラン設定過程，そして実行およびその結果の評価・修正過程があり，母親に依存するのは課題あるいは母親の要請（目標）の明確化と，それに基づく実行結果の評価・修正を中心としたその一部のみであるということである。逆にいうと，相互行為過程で獲得するのは，課題が求めているのは何かということと，実行結果の評価・修正の方法ということになろう。こうしてみると，ヴィゴツキー（1978）により内化ととらえられていた現象は，決して大人の情報の単なる受け身的取り込み過程としてではなく，まさに他者（大人）との対等で共同的な相互作用の中で，他者そのものも変化に巻き込みながら，他者との間に上記のような内容の共有の新しい知識を成立させていくという，相互作用的で，かつ，積極的な理解・獲得の過程としてとらえ直していくことが必要であると考えられる。

残された課題

しかし，ここで提出されたものは，あくまでも1事例の分析から出された一つのモデルであり，したがって，これを他のデータの分析によって改善し，さらに検証的な実験や調査によって確かめていくことが必要である。

また，ここでの社会的文脈とは，親が課題を子どもひとりで完成させるよう導かねばならないという教授・学習過程の文脈であって，広義の社会的文脈についてはまださまざまな要因を考慮しなくてはならないということである。したがって，ここで吟味した特定の課題解決場面だけでなく，もっと背景的（文化的）要因が基盤となるような，日常生活の中で起こる一般的な共同行為に視点を向け，さ

らに対象も幼児のみならず，乳児，児童，中・高生や障害児などを
含み，さらに，それらの国際比較や大人－子どもと子ども同士との
比較というように範囲を広げて，それぞれの相互行為過程を分析し
ていくことが課題となるであろう。

3節　共同行為の発達と文脈による影響
——プロセス・モデルの妥当性の検討

　2節の田島（1986，1988）の研究では，母子相互行為過程そのも
のを短期的な発達過程（マイクロジェネシス）としてとらえ，その
過程が出現しやすい場面を選定し，プロトコル分析に基づいて相互
行為過程で何が起こっているかを解釈的に描写し，過程そのものを
説明するモデルを提示した。しかし，それは1ケースの資料のみに
基づくものであり，結果の妥当性の吟味が要請された。そこで本節
では，ケース比較を行うことにより，モデルの妥当性の吟味を目指
した研究を展望しておく。それと同時に，短期的な発達過程が，個
体発生的な，長期にわたる発達過程とどのように関連しているかと
いう問題も考察してみたい。

　2節の研究と異なる本研究の特徴は，ケース比較を行うために先
の研究結果に基づいた分析カテゴリーを創出し，符号化された行動
の変容パターンによって比較をするという方法論を採用したことで
ある。

共同行為過程の個体発生的変容と一貫性

　この研究（田島，1990）では，田島（1986）と同様に，対象（学
習者）として，まず，幼児（4歳児）に焦点があてられた。これは，
幼児期が子ども自身の思考過程がことばや行動となって外に現れや

すい時期（Vygotsky, 1978）であり，そのため分析基準を定めやすいという理由からである。そこで，最初に幼児を分析した上で，その後に，比較対照ケースとして乳児（2歳児）を選択し，それらの共通性および特殊性を母子相互行為の変容過程から抽出することで，個体発生的変化のあり方を推測している。

　幼児ケースは，都内幼稚園年中組に在園中の子どもとその母親16組（男児7名，女児9名）に，以下の手続き（4歳用）に従って課題を与え，子どもが成功裡に課題を遂行し，プランの変容・新知識の獲得が見られた母子対の中から任意に抽出した女児（月齢55カ月）およびその母親であった。

　乳児ケースは，**1章**で述べられた長期縦断研究に参加した34組の母子対に，子どもが生後24カ月時に以下の手続き（2歳児用）に従って課題を与え，上記の幼児と同じ基準で任意に選ばれた女児（月齢24カ月）およびその母親であった。

　観察場面としては，やはり，母子が子どもひとりでは解決困難なパズル課題に共同で取り組み，最終的に子どもが独力で解決可能になるよう導く場面を設定した。

　課題としては，4歳児には，側面ごとに色の異なる6個の直方体と2個の立方体の積木を積木箱の側面の色に合わせながら箱の中に納め，最後にフタの色とも合わせるモンテッソーリの2項式という課題が与えられた。一方2歳児には，色と大きさの異なるプラスティック・コップを大きい順に下から積み重ねてピラミッドを形成し，頂上に人形を置くという系列化課題が与えられた。

　対象の母子は，大学研究室の実験室に到着後，若干の説明を受け，観察者とともに実験室に入室し，横に並ぶようにテーブルに着いた。観察者は母親に課題内容を説明し，それぞれの課題を母子の前に置き，そこからVTR記録を開始した。それぞれの母子対の観察時間

は約 15 分間であった。

　資料の分析は，まず 4 歳児，2 歳児それぞれの母子相互行為場面のVTR による観察記録から，相互行為の進展過程（発話，非言語行動のやりとり）がプロトコル化された。次に，情報の流れと知識獲得過程のケース比較を可能にするため，田島（1986）において得られた知見から，発話や非言語行動の持つ意味・機能を表す分析カテゴリーが抽出された（表 1 参照）。そして，プロトコル上での時間の流れに従って，各行為単位ごとにカテゴリーの付与（コーディング）が行われた。各行為の単位は一つのカテゴリーで説明できる最小範囲であるが，連続した繰り返しは一つの単位としてまとめられた。以上のコーディングは，はじめに二人の分析者によって行われ，二人の結果の一致率が .90 以上になるまで訓練したあと，残りをそのうちの一人が行った。

　分析は，相互行為の変容過程を明らかにするために，母親と子どものそれぞれの活動に対して付与されたカテゴリーの頻度が，相互行為の進展に伴ってどのように変化するかを中心に行われた。その結果，2 歳児と 4 歳児における比較分析から，以下のような共通の結果が得られた。

　(1)　子どもは相互行為の最初の時点から，求められた課題に対して，自己の持つ既有知識を動員して，課題の自分なりの理解や解決法といった自己プランを立てて実行し，そのプランに基づく評価もできる。

　(2)　しかし，そのプランが課題の要求という点からは適切でなく，母親のほうから修正されると，当初の自己プラン優先の状況からしだいにその修正情報をもとに，結果の再評価と課題情報の再解釈が行われ，より適切なプランが形成されていく。

　(3)　このように，母親のかかわりは，子どもの自己プランに基づ

表1　母子相互行為過程分析カテゴリー

〈母子共通カテゴリー〉

①相手の既有知識の利用：相手の既有知識を賦活させ，相手に課題と既有知識との関連づけをさせたり，課題に関する質問や実行の確認をしたりする。

②正の評価：相手のプラン表明，およびそれに基づく実行結果に対して肯定的な評価をする。

③負の評価：相手のプラン，実行結果に対して否定的な評価をする。

④修正：相手のプラン，実行結果を訂正する。

⑤新知識の獲得：相手の反応に基づき課題の遂行や相手の状況に関する新しい知識を獲得する。

⑥新プラン実行：課題の遂行に関する新しいプラン（知識）を実行に移す。

⑦自己効果感（正・負）：課題に対する自信や不安を表明する。

⑧正の自己評価：自分自身のプラン，実行に対して肯定的な評価をする。

⑨負の自己評価：自分自身のプラン，実行に対して否定的な評価をする。

⑩自己修正：自分自身のプラン，実行を訂正する。

⑪無反応／拒否：相手の反応，評価を無視，または拒否する。

⑫自己内対話：相手を意識しない発言で，自分の思考過程を外言化したもの，いわゆる私的言語。

〈子ども専用カテゴリー〉

①自己プランの表明：子どもがもともと持っていた知識やプランを表明する（必ずしも親の教示に沿うものとは限らない）。

②自己プラン実行：子どもがもともと持っていたプランに基づいて実行する。

③従順：親の教示，評価に沿った行動を行う。

〈母親専用カテゴリー〉

①課題呈示（全体・部分）：課題を導入提案する。

②解決法呈示：課題の遂行を容易にする手がかりを与える。

③促進：子どものプラン，実行，自己評価を促す。

④注意喚起：情報を送る際に，子どもの注意が向くように促す。

⑤一時的譲歩：子どもの自己プランを一時的に受容して，課題に対する興味の復活を待つ。

いた実行結果に対する評価・修正という形の情報を与え，それを通して子どもの課題理解を明確化し共有することが有効であった。つまり，かかわりの内容は子どもの行動により，評価・修正されて成立するのである。そうしたときに，子どもは自己プランとの調整を行い，新たなプランを立てて実行し，積極的

に母親に評価・修正を求めるといったプロセスを進む。そして，最終的に子ども自身で（共有課題に適合するような）評価・修正ができるようになったとき，独力での解決が可能になる。

一方，2歳児と4歳児の間には，以下のような差異点も見られた。

(1)　2歳児の自己プラン実行は，年長児にくらべると初期段階での頻度は低く，逆に，中期段階でもある程度見られるという状況を示している。これは年少児が自発反応を示す一方で，初期段階から積極的に母親の援助を求めている状況（相手の既有知識の利用）と関連しており，年少児の特殊性といえよう。年少児の母親のほうも，子どもの要請に対して初期段階から課題呈示だけでなく，解決法の呈示や，そうしたアドバイスを子どもの既有知識や行動に結びつけて理解を容易にさせる（相手の既有知識の利用）という働きかけで応えている。また，多少の頻度の変化はあるが，これらのアドバイスが全段階を通じて行われているというのも年長児の母親には見られない特徴であろう。要するに，年少児の特殊性に応じた母親の対応的行動と見ることができる。

(2)　また，年少児の負の自己評価・修正は年長児の場合にくらべるとかなり低い頻度を示していたが，これは前述の年少児の特殊性（積極的に母親の援助を求める）に関連したものであり，自分でうまくやれないと思うと容易に母親に依存し，母親の援助でうまくいくとそれで満足するというように，母親と課題を共有すること自体を楽しんでいることが示唆される。

以上のような共同行為過程における子どもの学習（自立化）過程に関しては，2歳児と4歳児の共通点から，田島（1988）で提案さ

れたモデルが当てはまることがわかる。

　モデルが示す学習過程は次のとおりであった。まず①子どもなり
の積極的な情報処理過程"self-initiated learning（自己始発学習）
cycle"から出発し、次に②母親（大人）による子どもの実行結果
の評価・修正（介入）が入って"other-dependent/shared learn-
ing（他者依存／共有学習）cycle"、最後に③評価システムが母親
の専有から子どもへ移行する"self dependent learning（自己依存
学習）cycle"ことによって、自立化し、解決可能となるのである。
また、このような循環的な変容過程が生じるためには、母親と子ど
もとの間で課題理解の一致・共有が必須条件であること、さらに、
母親にも子どもと同様の過程が生じていることが、有効な評価シス
テムの移行を進めるもととなるのである。

　以上のような子どもが成功裡に課題達成に至る道筋は、基本的に
は2歳児においても、4歳児においても同様のものが示されたわけ
である。ただ、相互行為パターンそのものにはいくつかの違いが見
られたのだが、これは主として、子どもが母親を自己行動を制御す
るための指針（道具）としてどう使うか、という点の違いとして現
れることが示唆された。すなわち、4歳児ができるだけ自分自身で
課題解決にあたろうとし、必要なときのみ母親を情報源として利用
するといったパターンをとるのに対して、2歳児は母親と課題を共
有すること自体に重点をおいている状況が見られるのである。しか
し年少・年長児とも、母親と課題を共有するときにはじめて母親の
情報が子どもに受け入れられることは共通しているといえよう。

　さらに母親のほうから見ると年少・年長児の母親とも、子どもの
要請に応じてアドバイスを与えること、しかもそれは子どもの行動
の評価・修正を通して行われることなど、共通性の高い働きかけが
認められているのである。

　以上のような結果は，短期の母子相互行為過程における子どもの課題達成に至る道筋の分析，いわばマイクロジェネティック・アプローチによって得られたものであるが，ここで見られた2歳児と4歳児のマイクロジェネシス（短期的変容過程：microgenesis）の共通点と相違点から，少なくとも2歳から4歳に至る比較的長期の変容過程（ontogenesis）のパターンがあぶり出されるのではないかと思われる。すなわち，短期に見られた①self-initiated learningから，②other-dependent（shared）learningへと移行し，最後に③self-dependent learningに至るという母子相互行為時の子どもの学習過程の変容をもとに考えると，年少段階でもすべてこのプロセスは見られるのだが，しかし②の shared learning が優勢な時期であり，年長段階では同様に③の self-dependent learning が優勢な時期ととらえられうるのである。①は子どもも母親も自ら，基本的な情報処理能力を働かす出発点の段階であると考えると，比較的長期にわたる期間においては②から③に至る変容過程が想定されるのではないかということである。

　上記の結果から，まず，基本的な発達のメカニズムは各発達段階に見られるマイクロジェネシスの共通パターンに現れていること，そして各発達段階のマイクロジェネシスの特徴点は，共通パターンのどの部分に重点がおかれているのかの違いに依存することが示唆されるのである。

　この研究では，子どもを有能な情報処理主体ととらえ，母子相互行為場面において同じく有能な情報処理主体である母親との間で，どのような情報がやりとりされ獲得されることによって，子どもが当初ひとりではできなかった課題解決が可能になっていくのか，という短期における対話を通しての意味共有過程（微視発生過程）を明らかにし，そのことを通して長期の発達のあり方（個体発生過

程）をも予測しようとした。

　その結果，基本的には，子ども自身が積極的に自分なりの課題理解で情報処理していく self-initiated learning から始まり，次に，子ども自身が母親のアドバイスを受け入れ，課題場面の再解釈（課題自体が求めていることの理解への努力）を行って新しい情報処理の試みを行い，それに基づく実行結果の評価・修正を母親とともに共有する other-dependent（shared）learning に移行し，最後に子ども自身が新しい課題理解のもとに実行した結果の評価・修正法を獲得して自立化する self-dependent learning に至る過程が浮き彫りにされた。また，年少児と年長児の比較により，発達段階によって三つのプロセスのどこに重点をおくかが異なり，年少児は shared learning を楽しみ，年長児は必要最小限の共有プロセスを経て，できるだけ self-dependent learning に重点をおいている状況が見られた。つまり長期の発達過程においては，shared learning が優勢な時期から self-dependent learning が優勢な時期へと変容していくことが予測されうると考えられた。

　しかしながら，いずれの発達時点でも三つのプロセスは存在し，そのプロセスの中で共同行為の相手と共有的なやりとりを行うとき，主体には新しい知識獲得のチャンスが生まれ発達していく，ということがここで最も重要なことであろう。まさに発達とは，共時的に活動している独立した情報処理システム（母親と子ども）が，その独自的活動の過程で，相互に同期する共有部分の生起確率の高まったところにお互いの情報が流れあい，理解されて，一致・平衡状態（新しい段階）に至り，次の独自的活動の準備をする，というようなサイクルの繰り返しで進んでいくと考えられる。

教師－生徒，教師－障害児，母親－障害児，留学生間相互行為における学習成立過程の比較

　前項の研究では，母子相互行為場面を情報処理主体間の情報のやりとりのプロセスととらえ，二時点の個体発生的段階（2歳と4歳）のケース比較を行いながら，田島（1988）で提案した社会的対話モデルの妥当性を吟味するとともに，個体発生的な特殊性を抽出したが，ここでは，さらに社会的制約条件および発達的・成熟的条件の異なるケース間の比較を行い，モデルの妥当性を吟味してみた研究（田島・上村，1988）を概観してみる。具体的には，教師－生徒（幼児集団），教師／母親－障害幼児および学習者として大人（大学在学の留学生）を採用した大人同士の相互行為パターンについて比較することにより，これらの条件の違いを超えた共通性および各ペア（集団）の特殊性の抽出を試みるものである。

　比較された対象者は以下のような4ペア（集団）であった。

　(1)　教師－生徒（集団）——G県K町の私立幼稚園に在園中の年中児（4歳児）・年長児（5歳児）の合同クラス36名（男女比はほぼ半々）と担任教諭（女性）。

　(2)　教師－障害児——幼稚園の統合保育クラスに通う言語発達遅滞児（4歳11カ月男児）と担任の幼稚園教諭（女性）。本児は，3歳児健診で「自閉的傾向がある」と診断され，その後二度の精神発育相談に通い，最終的に「自発的なことばが少ない」という理由から「言語発達遅滞」と判定され，知能テスト（WPPSI）ではIQ 85（VIQ 70，PIQ 106）というスコアを示した。その後の相談過程でことばの増加が見られ，友達遊びもある程度できるようになった。本研究のデータ収集が行われた時期は，言語的なコミュニケーションをはじめとした行動の発達的変化が示された時期であった。

(3) 母親−障害児——上記遅滞児（4歳11カ月男児）とその母親。

(4) 大人−大人——都内の大学に留学中の韓国出身留学生（21歳女性）と台湾出身留学生（22歳女性）で，友人同士である。いずれも在日4年半で，日本語を十分流暢に話すことが可能であった。

　各対象ペアに与えられた課題および観察場面，また分析方法は以下のとおりであった。すべての場面は，第2，3項で述べられた研究と同様に，単独では解決困難な課題を学習者に与え，指導者の援助のもとで学習者が単独で解決可能になっていく過程であるという点で共通していた。なお，以下に記すのは教師−生徒（集団）場面を除き，各ペアについての複数回の観察のうち，成功裡に課題解決が遂行され，分析の対象となった場面に関するものである。

　(1) 教師−生徒（集団）相互行為場面——課題は，教師があらかじめ設定していたもので，描画活動の準備作業として，生徒たちに一つの刺激からさまざまなイメージを喚起させ，生徒たち独自の身体表現をさせるもの（「イメージ遊び」）であった。観察場面は，イメージ遊びにおける教師と生徒たちとの相互行為場面であり，導入場面，「花のじゅうたん」遊び場面，「動物探し」遊び場面という構成であった。観察は通常の保育時間内に園の保育室で3名の観察者により行われ，筆記記録および3台のVTRカメラ（固定カメラ1，移動カメラ2）により，それぞれのカメラで，教師，子ども集団，教師と子ども集団を含む全体場面が録画された。観察時間は28分間であった。

　(2) 教師−障害児相互行為場面——課題は，色のついた小さなチップでモデルどおりの図柄を構成するものであった。観察場面は，2節の研究と同様に，子どもに独力で課題解決させ，課題に対する理解度・既有知識の判定をするプリテスト，大人の指導に対する子

どもの理解の変容過程を見る相互行為場面，子どもに独力で課題解決させ，課題に対する新しい理解や獲得知識の判定をするポストテストという構成であった。観察場所およびその他の手続きについても2節の研究と同様で，全場面がVTRに記録された。観察時間は相互行為場面のみで5分間であった。

(3) 母親－障害児相互行為場面——課題は，モデルに基づいてレゴブロックで簡単な鹿を製作するものであった。他の手続きについては上記の「教師－障害児相互行為場面」と同様であった。観察時間は相互行為場面のみで5分15秒であった。

(4) 留学生間相互行為場面——大人同士の相互行為場面として設けられたもので，課題は，韓国の留学生が台湾の留学生に対し，韓国語の特殊概念の一つ「オギ（"失敗の経験や他者からの中傷などを乗り越えて何かを成し遂げようとする気持ち"と解釈できるが，日本語にはない概念)」を彼らの共通語である日本語で説明し，その概念に関する台湾の留学生の理解を深めてもらうものであった。対象者は，大学の心理学研究室に到着後，観察者とともに実験室に入室し，相対するようにテーブルに着いた。観察者は，韓国の留学生には「オギ」の意味を台湾の留学生に日本語で説明してほしいことを，また，台湾の留学生には説明を聞いて意味が理解できるようさまざまな試みをしてほしいこと，そして，最後には自分のことばで「オギ」の意味を説明してもらうポストテストを行うことを告げた。8分間にわたる全場面がVTRに記録された。

以上の各場面について，VTR記録から相互行為の進展過程（発話行為，非言語行動のやりとり）を言語資料（プロトコル）化した上で，情報の流れと知識獲得過程を明らかにすべく，前項の研究で作成したカテゴリーを一部改変・追加した発話行為や行動の持つ意味・機能を表すカテゴリーを作成し（表2），それに基づいて時間

表2　分析カテゴリー（改訂版）

〈共通カテゴリー〉

①相手の既有知識の利用：相手の既有知識を賦活させ，相手に課題と既有知識との関連づけをさせたり，課題に関する質問や実行の確認をしたりする。

②正の評価：相手のプラン表明，およびそれに基づく実行結果に対して肯定的な評価をする。

③負の評価：相手のプラン，実行結果に対して否定的な評価をする。

④修正：相手のプラン，実行結果を訂正する。

⑤新知識の獲得：相手の反応に基づき，課題の遂行や相手の状況に関する新しい知識を獲得する。

⑥新プラン実行：課題の遂行に関する新しいプラン（知識）を実行に移す。

⑦自己効果感（正・負）：課題に対する自信や不安を表明する。

⑧正の自己評価：自分自身のプラン，実行に対して肯定的な評価をする。

⑨負の自己評価：自分自身のプラン，実行に対して否定的な評価をする。

⑩自己修正：自分自身のプラン，実行を訂正する。

⑪無反応／拒否：相手の反応，評価を無視，または拒否する。

⑫自己内対話：相手を意識しない発言で，自分の思考過程を外言化したもの。いわゆる私的言語。

〈子ども・学習者専用カテゴリー〉

①自己プランの表明：子どもがもともと持っていた知識やプランを表明する（必ずしも親の教示に沿うものとは限らない）。

②自己プラン実行：子どもがもともと持っていたプランに基づいて実行する。

③従順：親の教示，評価に沿った行動を行う。

④子ども間相互自己プラン／相互評価，修正：子ども同士で自己プランを表明したり，相互に評価，修正しあう（子ども集団の場合）。

〈大人・教示者専用カテゴリー〉

①課題呈示：課題を導入，提案する。

②解決法呈示：課題の遂行を容易にする手がかりを与える。

③促進：子どものプラン，実行，自己評価を促す。

④注意喚起：情報を送る際に，子どもの注意が向くように促す。

⑤一時的譲歩：子どもの自己プランを一時的に受容して，課題に対する興味の復活を待つ。

の流れに従い各行為単位ごとにカテゴリーの付与（コーディング）を行った。各行為の単位は一つのカテゴリーで説明できる最小範囲であるが，連続した繰り返しは一つの単位としてまとめられた。以上のコーディングは，2名の評定者の結果の一致率が.90以上にな

るまで訓練を重ねたあと，そのうちの一人によって行われた。

　分析は，やはり相互行為の変容過程を明らかにするために，教示者と学習者のおのおのの活動に対して付与されたカテゴリーの頻度が相互行為の進展に伴ってどのように変化するかを，以下のように各場面ごとに検討するという形で行われた。以下に結果の概要を述べてみる。

　まず，各場面の分析結果から，異なる人（母親・教師・留学生），異なる場面（課題の種類，実験室か教室か）においても，教示者が学習者（健常児・障害児・留学生）に情報を提供し，共同的に課題解決する場面においては，以下のようなはっきりとした共通する点のあることが明らかとなった。

(1)　まず，学習者は相互行為の最初の時点から，求められた課題に対し，自己の持つ既有知識を動員して，課題の自分なりの理解・解決法といった自己プランを立てて実行し，かつ，そのプランに基づく評価もできる。

(2)　しかし，そのプランが適切でなく，教示者のほうから修正を受けると，当初の自己プラン優先の状況から，しだいにその修正情報をもとに，結果の再評価と課題情報の再解釈が行われ，より適切なプランが形成されていく。

(3)　このように，教示者の情報は，学習者の自己プランに基づいた実行結果に対する評価・修正という形の情報と，それにかかわる課題理解の明確化と共有がとくに有効である。それらを得たとき，学習者は自己プランとの調整を行い，新たなプランを立て，今度は自ら積極的に教示者に評価・修正を受けていくといった，自己（新）プラン→実行→教示者による評価・修正というプロセスを踏んでいく。そして，最終的に学習者自身で（共有課題に適合する形の）評価・修正ができるようになった

とき，独自の解決が可能となる。

　以上のような学習（自立化）過程を要約すると，以下のようになる。まず，①学習者自身の積極的な情報処理過程（self-initiated learning）から出発し，次に，②教示者による学習者の実行結果の評価・修正（介入）が入り（other-dependent learning），最後に，③評価システムの教示者による専有から学習者による専有に移行していく（self-dependent learning）ことによって，自立化，すなわち独力解決可能となる。また，このような循環的な変容過程が生じるためには，教示者と学習者の間で課題理解の一致・共有が必須条件であること，さらに，教示者にも，学習者と同じように①〜③の過程が生じていることが有効な評価システムの教示者から学習者への移行を進めるもとになることを読みとる必要がある。これは，基本的には2節の研究および前項の研究で見られたものと同じ過程であり，その点で，相互行為場面を情報処理主体間の情報のやりとりとしてとらえた上で，対話過程を通した共有意味獲得過程として田島（1988）によって提案されたプロセス・モデルの妥当性がさらに支持されたといえる。

　ただし，全体的な相互行為過程には共通性が見られたものの，その表れ方は4組の対象ペア間で必ずしも一様ではなかった。この点を明確にしておくことは，とくに教示者にとって共同的課題解決場面を構成する上で有用な情報となると思われるので，以下に列記しておく。

(1)　母子，教師−生徒のペアは，ともに上述のプロセス・モデルに最も近い状況を示しており，とりわけ相互行為の最初期の教示者による課題理解のための情報が self-initiated learning から other-dependent learning へのスムーズな移行を促し，かつ，評価・修正の情報の取り込みも速かった。また，これらの情報

は、"相手の既有知識の利用"に基づいているとき，最も効果
的であった。

(2) 教師－障害児，母親－障害児のペアは学習者自身の情報処理
（self-initiated learning）の枠組みが強く，課題理解が一致し
ていた教師場面では急速に学習が進むが，一致していなかった
母親場面では教示者の情報がなかなか受け入れられにくいとい
う状況を呈した。課題理解の共有への努力が最も必要なケース
であろう。

(3) 留学生ペアは，相互行為の最初期から，学習者のほうで積極
的に教示者に評価・修正を求めるといった other-dependent
learning が見られていたが，これは課題理解の共有が成立し
やすいため self-initiated learning が表面に表れにくいからで
あると考えられた。同様に，評価システムの移行（self-
dependent learning）も見られないままであったが，前者の場
合も含めてこれらの活動が内的過程で急速に実行され，表面に
出てくるのは他者との関係部分（other-dependent learning）
だけになる傾向があることによると考えられる。このように成
人同士の場合は，表面に出にくい活動が多いため，教示者とし
ても課題理解の共有性のチェックや，評価・修正の適切な出し
方に手がかりが少なくなり，細心の注意を払って学習者の反応
を引き出し，吟味していく必要があると思われる。

以上の諸点から，相互行為の最初期の状況の違いが一番大きく，
かつ，教育上のポイントを多く含んでいることが示唆されよう。

4節　まとめ

本章では，短期の相互行為過程そのものに焦点化した上で，そこ

でどんなことが起こっているか知るということと，短期の発達過程を詳細に描写することにより，相互行為過程を通しての子どもの発達のメカニズムについてのプロセス・モデルを作成するという目的から，ケース研究に基づくプロトコル分析を採用したマイクロジェネティック・アプローチを試みた。

1．まず，幼児を対象とした母子共同の課題解決過程の描写をもとにして，ヘイズ＝ロスら（1981）の情報処理モデルを土台として吟味したが，学習者である子どものみならず，母子ともに積極的な情報処理主体として，はじめは独自の対等なやりとりを行って（第一段階：self-initiated cycle），トラブルや視点の変化などを通しての課題理解の一致と課題遂行の評価／修正システムの共有に至り（第二段階：other-dependent cycle），そのシステムが母子の共有から子による専有へと移行すること（第三段階：self-dependent cycle）によって，子どもが独自で解決可能になるといった相互行為的なモデルが提案された。つまり，共同的課題解決場面において子どもが課題解決可能になっていく過程のポイントは，課題の要請に対して母子が一致した理解に達したとき，かつ，それに基づき課題遂行するときの遂行結果を評価・修正する方法を共有したときにはじめて，子どももひとりで課題解決可能になることが示唆された。その意味では，子どもが単に課題そのもの，あるいは，母親が提供した必要な情報を摑み取ってくるといった，ヘイズ＝ロスら（1981）の内的認知モデルないし情報処理モデルではなく，情報の共有的創造過程を主眼においた社会的対話過程モデルともいうべきプロセス・モデルが提案された。

2．さらに，マイクロジェネティック・データを，乳児と幼児で比較，また，健常幼児と発達遅滞幼児との比較，母子関係と教師－生徒関係，大人同士の関係との比較を行って，個体発生差および場

面差を吟味することにより，社会的対話過程モデルの妥当性の検討と個体発生的，場面的特殊性の検討を行った。そこでは，さまざまな場面の違いや，発達年齢の違いによって現れ方の特殊性はあるものの，基本的にはそれらの条件の違いを超えた形の，普遍的な「共同行為過程における発達（学習）の生起パターン」の姿として，このモデルが機能することが示唆された。

　以上のような「共同行為過程における発達（学習）の生起パターン」についてのモデルから考えると，子どもが有能な情報処理主体であることは認めても，やはり有能な情報処理主体の母親とのかみ合わせ，すなわち情報そのものが相手との関係で，主体の当初の意図からは発展的に変容していく，といった対話を通しての新しい意味の創造過程を示唆しているのである。その意味では，子どもが単に課題そのものないし母親が提供した必要な情報を摑み取ってくるといった，内的認知モデルとしての情報処理モデルで解釈するのではなく，情報の共有的創造を主眼においた間主観的な対話モデルで解釈し直すことの必要性が強く示唆されるであろう。すなわち，子どもと母親は共同行為過程という（個のシステムではなく）相手を含む関係性のシステムの中に位置づき，その中で渾然一体となり知識を共有していく全体システムとして機能し，全体システムそのものが，こうした共同行為を通して常に変容していくとともに，子どもも母親も発達していく，ととらえられるべきであろう。つまり，ここで，"発達する"というのは，お互いの関係性のシステムが変化したということを示すと考えられるのである。

3章
共同行為過程の社会文化的特質をとらえる
社会文化的アプローチ

　2章で明らかにされた社会的対話場面における情報の共有過程は創造過程でもあり，その過程を通して子ども，あるいは母親は課題理解を深め，課題解決の方法を編み出し，最終的に子どもひとりで解決可能になっていくプロセスを辿っていった。ここに共同行為過程が子どもの発達に影響をおよぼすメカニズムの一側面を見るのである。

　しかしながら，以上の知見は実験室で一方向的に提示された，特定の課題についての理解・獲得過程であり，そのため共同行為もその場に制約された状況で進展したものと考えられる。ところが日常の生態学的場面における課題は，子どもにとっても，母親にとっても社会文化的な生活に適応するために必須のものであり，義務的に与えられた課題だけでなく，積極的に課題を創出するといった側面も考えられなければならない。そして，こうした課題の性質に伴って，共同行為過程のあり方も実験室場面では見られなかった社会文化的に特有のものが見られる可能性がある。まさに，課題解決場面はその場面がおかれた社会文化的文脈に依存して，課題の性質ならびにその解決の質，学習のあり方が変わってくることが予測されるのである。そこで本章では，実験室的場面の制約を離れた共同行為過程の社会文化的な性質を明らかにすべく，まず，そのアプローチの手段としての社会文化的アプローチについて考察するとともに，生態学的な場面で現実に子どもが活動し，生活する中で，具体的にどのような共同行為が生起し，どのような課題解決が行われている

かという点を吟味してみる。このことを通して，子どもの発達にお
よぼす生態学的，社会文化的な共同行為過程のあり方とその成立過
程を明らかにしてみたい。

1節　社会文化的アプローチの特質と基礎理論
——記号的媒介による社会的構成論

社会文化的アプローチの理論的特質

　生態学的な共同行為過程を明らかにしてきたのは，発達心理学の
分野では，社会文化的アプローチに基づく研究領域であることは疑
いない。この社会文化的アプローチは，その提唱者の一人であるワ
ーチ（1991）によれば，ヴィゴツキーとバフチンの理論にその基盤
があるという（**序章**参照）。まずは，その理論の主たる主張点を確
認しておく。

　精神発達にかかわって母子関係などの大人−子ども相互行為や学
校教育の学習・発達に果たす役割を検討したヴィゴツキー（1978）
は，その前提として高次精神機能の発達には，大人による子どもの
対象的活動の媒介，とりわけそこで使用される心理的道具である言
語・記号による媒介が必須であると考えていた。それゆえ人間活動
は常に「主体−媒体（道具）−対象」という三者（項）関係でとら
えられなければならないことを主張するとともに，心理的道具とし
ての言語・記号の媒介により，子どもが大人とともに，彼らの活動
の場となる社会に参加，適応，創造していくプロセスを強調するの
である。

　バフチン（1981，1986）はヴィゴツキーと同様，社会過程におけ
る媒介手段としてコミュニケーションの道具である言語を採用した

上で，社会過程に広くかかわる彼独自の精巧な，対話的に構成される発話（声）という概念を提案し，それがいかに社会文化的な力を持ち，個人内精神機能へかかわっていくかという具体的メカニズムのモデルを提供している（Wertsch, 1991）。ある発話（声）は決して話す主体によって任意に決定されるのではなく，最初は相手・他者の声を借りる（他者の声を通して話す：腹話する）ことから始まり，そこで自己の声と他者の声が出会い，衝突しあうような内的な対話過程を通して，主体の声が成立するのである（対話性原理：dialogicality）。こうして発話主体は，常に他者や文脈に依存し，かつ，それらの認識と不可分・一体の認識主体となるというわけである。ここで他者の声とは，目の前の相手の声も含むが，より重要な声は，"社会的言語"（social language：社会階層・サークル・学校，役所など特定の集団・制度・権威者などに特有のことばや流行語など）ないし"ことばのジャンル"（speech genre：あいさつことばやテーブル会話など特定の活動に特有のことば）と呼ばれる，より広い文脈で使われるものであり，これらのいわば社会的方言の声と自己の声との内的対話過程を通して，発話の主体は現実に彼が所属する社会の社会・文化・歴史的要因や認識と不可分な関係を結ぶことになるというのである（Bakhtin, 1981, 1986）。

　このように，発達や学習を考えるとき，個人内の機能にのみ焦点をあてるのではなく，具体的な社会文化的状況下で見られる行為（とくにその記号的媒介過程）を分析し，個人内機能への影響を明らかにするという視点が近年，社会文化的アプローチとして注目を集めているのである。

社会文化的アプローチの方法論的特質

　ヴィゴツキーやバフチンが提起した学習・発達への社会・文化・

歴史的アプローチの主たる主張は，「人間の精神機能をあたかも文化的・制度的・歴史的には真空の状態の中に存在しているように扱う心理学研究」(Wertsch, 1991, p. 2；邦訳, p. 17) への反論であった。もちろんこれまでも，学習・発達の個人差のとらえ方を生まれながらの生物学的個人差のみに収束させてきた歴史を反省し，それを克服すべく環境要因との相互作用をパラダイムとして持って (Piaget & Inhelder, 1966)，解明の努力を重ねてきたのは事実である。しかし，扱ってきた環境要因はあまりにも狭く，より広いパースペクティブが提起されても (Bronfenbrenner, 1977)，それを具体的に個人の学習・発達に結びつけうるほどの明確なメカニズムは明らかにされてこなかったといえよう。

　社会文化的アプローチに依拠するとすれば，少なくとも次のような分析方針の確認と，それに基づいた分析作業をする必要があると考える (田島, 1993)。

　まず第一に，発達には社会・文化・歴史的要因を外してはとらえられないという意識を強く持つ必要性を強調しておかねばならない。ヴィゴツキーやバフチンが示したアプローチの第一の意義は，単に環境要因の幅を広げよ，というのではなく，個人の認識・行動の発達を真に理解するには社会・文化・歴史的文脈を外しては不可能であり，最小分析単位にそれらが含まれていなければならない，という知見である。

　そして，アプローチの第二の意義にその知能観がある。伝統的な認知心理学が追求してきた中央演算装置メタファーに基づく一般知能概念とは異なり，人間の精神機能を文脈的に状況づけられたスキルの集合体と見ることである。いわば，「頭の中のカプセル化した知性ではなく，状況の中に広がり，状況とともに動く，行為としての認識」(茂呂, 1991) であり，個人の精神機能のパターンを内化

された社会的相互行為のルーティーンとして理解しようとするのである。

　これらの発想のもとに，人間の行為の単位を主体・対象・媒体の不可分な三者関係としての状況的行為と規定するのであるが，この状況的行為とは，"状況に制約されながら，同時に，状況を作り替えながら進む，主体と他者との共同行為，すなわち，対話の過程，また，共同行為を媒介する道具の使用過程"とされる。その結果，学習・発達は社会的な関係システムの全体的変化であると考えるのである。

　以上のような観点は，発達心理学をこれまでのように"精神機能の発達的側面を見る"という領域ではなく，"精神機能はその起源と発生的変化を通してのみ理解できる"という点に焦点化する基礎学問領域としてとらえ直し，同時に，普遍的実在が強調されがちな精神機能の生物学的特性も，制度的・文化的・歴史的特殊性に彩られた人間的行為としてとらえ直されていくことの必要性を示唆しているのである。

　第二には，具体的な社会文化的状況の描写を行うことの必要性についてである。ヴィゴツキー・バフチン的アプローチは，従来の発達心理学という枠内では解決不可能な問題にかかわらざるをえなくなってくる。しかしながら，社会文化的アプローチの必要性はわかるが発達心理学としてはこのあたりで抑制しておこう，といった態度は，研究領域の細分化による本質の理解の欠如を指摘したヴィゴツキーのヴント（Wundt, 1916）批判の意味を理解していないことになる（Vygotsky, 1934/1962）。必要となれば，発達心理学の通常の活動領域を飛び出し，積極的に哲学・歴史学・言語学・社会学などの隣接諸領域や，より広く一般社会との対話をとっていくべきであろう。

　しかし，なにも今までの研究成果を否定する必要はないし，すぐに大がかりな研究計画に移る必要もない。まずは，旧資料を社会文化的アプローチの視点で再解釈したり，もし可能であれば再分析してみたりというだけでも十分であると思う。

　そして，当然ながら，隣接諸領域の採用する構成概念の理解とともに，多様な方法論にも注目し，我々の求める構成概念が抽出できうる接点を見つけることが必要であろう。具体的には，文化人類学・民族学領域のエスノグラフィや社会学の一分野であるエスノメソドロジーに基づく分析法，言語社会学の談話研究の伝統に改良を加えた会話分析法やプロトコル分析法などが利用されつつある。こうした方法論は，とりわけ認識を対話として，状況的行為として見るとき，そのために多様な人々の多様な振る舞いについて，バフチンの示唆するように，それぞれを必然としているジャンルの構造や状況の構造を見つけ，状況を社会制度・文化システムのほうへと拡大していく，といったアプローチを具現化するには利用可能性は高いと思われる。

　その際，バフチン的アプローチを例にとると，まず具体的な社会文化的状況を特徴づける“声”と“社会的言語”の類型を明らかにし，その上で，他者のことばとの対話的な出会いを描写し，ジャンルの変化，発話同士の相互関係の変化を短期の発達過程としてとらえる。これがまさに，記号に媒介された内化の過程の描写となるのである。このような相互行為の中での意味形成過程を描写することが，そしてそれらを解釈的に分析することを含めて，発達心理学の新しい伝統になっていくことが望まれる。さらに付け加えるならば，こうした生の発達過程そのものを扱うマイクロジェネティック（微視発生）データは，これまでの認知・発達心理学研究では，望まれてはいたものの，積極的に扱う意欲と努力に欠けていたことが指摘

され，ようやく再評価の動きが見られ始めてきたのである（Siegler, & Crowley, 1991；田島, 1988）。

こうして，これまでの認知的社会化研究や比較文化認知発達研究のパラダイムを抜け出し，社会文化的視点のもとに，主体の道具に媒介された相互行為の，しかも短期の変容過程そのものを生態学的に描写した談話資料を作成し，その中で主体が相互行為のもとに日常・実践過程においてどのように認知的変容を生んでいくのかを分析する（読み解いていく）ことが，眼前の発達心理学的諸問題を適切に解決していく不可欠な方法論の一つになると考えられる。

マイクロメゾジェネティック・アプローチに基づく検討

本章では，次節以降，これまで検討した社会文化的アプローチに基づき，人が社会文化的文脈の中で何をどのように獲得していくのかということについて，子どもの生態学的観察を通した筆者らの研究により明らかにしてみたい。ここでは，日本という社会文化的文脈の特殊条件に基づく社会化の独自性を考慮に入れ，特に共同行為過程でどのようなことが課題として，どのように解決されているのかを明らかにする。

社会文化的アプローチとしては，とくに分析の範囲としての家族関係の社会文化的文脈としての位置づけに考慮したマイクロメゾジェネティック・アプローチ（Cole, 1992）が採用された。その理由とアプローチの特質は以下のとおりである。

これまで主として述べてきた家族関係は，生態学的共同行為が生起する最小単位の一つとしてとらえられてきたことは間違いない。実際，家族関係はこれまで人間の学習・発達に影響をおよぼす最も身近な社会・文化・歴史的文脈として，その影響過程のあり方が究明されてきたが，家族関係という文脈の特殊性は家族関係そのもの

だけを検討していてはとうてい浮かび上がってこないのは事実であろう。その解決のためには，複数の事例を検討するというアプローチが要請されるものと考えられる。このアプローチにも複数のものが存在する。一つは異なる条件を持った複数の家族関係の比較，あるいは家族関係以外の諸々の文脈（近隣・学校・職場など）の持つ特殊性との比較を通じて家族関係というものの特殊性を吟味するというものである。しかしながら，家族関係という文脈は家族関係そのものだけで成り立っているわけではないことも事実である。そのためもう一つは，家族関係文脈とそれを取り巻くその他の文脈との相互的な関係のあり方そのものについて吟味されねばならない。とくに子どもの学習・発達への文脈の影響過程を考える場合は，少なくとも家庭，近隣，学校などを含むメゾシステム・レベル（Bronfenbrenner，1977）で，システム間の関係を吟味する必要があろう。

　以上のような文脈間比較または文脈間の関係性の吟味という問題のほかに，何を比較するか（どういう関係を見るか）という問題がある。この点については，これまでの章，とくに **2章** の知見から，文脈の人間的学習・発達への影響過程を明らかにするには，文脈内での活動（共同行為）場面において人が意味や資源を共有しつつ，利用する過程，すなわち，短期の変容（発達）過程（microgenesis）を詳細に記述する必要があると考えられる。

　以上のような観点をまとめると，家族関係の人間学習・発達に影響する文脈特殊性を明らかにするためには，マイクロメゾジェネティック・アプローチ（メゾシステム・レベルの文脈内活動の短期的変容過程の記述的研究）を適用することが一つの有効な方法ではないかと思われる。

2節　家庭，学校におけるコミュニケーション機能 の発達

　本節では，日本の子どもたちが社会化されていく過程で，実際，どのような媒介的道具を獲得し，利用し，変容させていくのかを検討目的としている。とりわけ，バフチン理論における「社会的言語」，「ことばのジャンル」といった文化的道具の具体的な事例を明らかにすることに焦点化している。学習や発達が社会的相互行為の過程で生起するとすれば，学習・発達はまず，子どもたちが周りの人々と緊密な人間関係形成という学習の場を形成することから始まるのであろう。言い換えるならば，1章で検討したように，相互行為としてのコミュニケーション機能の発達を追ってみることが必須となるのである。

コミュニケーション機能の基礎と発達

　人間のコミュニケーションは，言語だけでなく非言語行動，例えばジェスチャー，表情，視線，姿勢などさまざまな手段を用いて行われている。また，その手段はコミュニケーションの目的や場面，相手によって，自分の意図を伝える相手の気持ちを読みとって，社会的相互行為をうまく展開できるように使い分けられるのである。

　それではこのようなさまざまな手段の習得はいつ頃から，どのように開始されるのであろうか。少なくともコミュニケーションそのものは人間発達の最初期から開始されているのであり（Condon, & Sander, 1974），その意味ではまずは家族関係のなかにその萌芽が観察されるはずである。そこで以下において，コミュニケーション行動の発達，とくにその手段の獲得過程について考察することを目

的として，家族内のコミュニケーション過程における躾や意志疎通を通しての感情や経験の共有，道具（手段）の使い分けなどのあり方について見ていきたい。

家庭内コミュニケーションの基礎

前述のように，子どものコミュニケーション行動は，子どもの発話が始まるずっと前からスタートしている。コンドンとサンダー（1974）は，新生児が他者からの話しかけに対し，それに呼応して見事なほど応答的に体を動かすことを見いだしており，これをインターラクショナル・シンクロニー（相互同調性）と呼んで，子どもは生まれながらに社会的交渉（相互行為）能力を持っていると主張した。事実，周囲の大人は，子どもの同調的反応に触発されて，自身の行動をコントロールしながら，さらに子どもとの相互行為を展開していくのである。このように，子どもは生得的なコミュニケーションを成立させる仕組みを発揮して，他者の反応に応じて「活動−停止（して相手を見る）」のパターンの繰り返しを調整することを学習しており，これがコミュニケーション行動の発達の基盤となるのである。

さらに，子どもはこうしたコミュニケーション行動を基盤として，他者とのやりとりのリズムを作っていく。岡本（1982）によれば，最初は相手と向かい合って一体化していくような「情動の共有」とも呼べる関係が見られる。子どもは相手の顔を見て微笑するようになり，大人がそれに合わせてうなずいたり声をかけたりすると，さらに微笑がよく起こるようになる。生後4カ月を過ぎると，目と目が合ったところで大人が横にある花瓶などに視線を移すと，子どもはその視線の行方を追って自分もその対象に注意を向けるというような「視線の共有」が起こるようになる。これは人間の対話構造の

「話し手」-「テーマ」-「聞き手」という基本構造の原初的な「三項関係」であり，子どもがコミュニケーションのパートナーとしての役割を果たせるようになったことを示している。子どもはこのように，家庭内の主たる養育者とのやりとりの中で実際の対話状況に取り込まれ，また取り込むことにより，コミュニケーション行動の経験を積んでいくのである。

　0～1歳台までの基礎的なコミュニケーション・パターンが安定して，三項関係が確立すると，テーマを介した話し手と聞き手の役割交代を含む社会的な対話構造へと発展していく。このことによって，子どもはコミュニケーション行動の範囲を広げ，ひとりの人間としてやりとりに参加し，家庭外の世界でも情報収集することで自らを社会化していくことになる。

家族のコミュニケーションの成立過程と子どもの発達

　子どもは家庭をはじめとするさまざまな生活文脈の中で社会的相互行為を経験し，それぞれの場面に特有の課題解決の仕方を身につけていくと考えられる。そのため，家族内コミュニケーションの特殊性から子どもの精神機能の個人差を理解するためには，前述したように家族関係を取り巻くより広い社会的文脈との相互的な関係での吟味も同時にされなければならないと考えられる。

　そのような観点から筆者らは，1歳，4歳および9～11歳の子どもの生活を，朝起きてから夜寝るまでの丸一日の生活時間について，家庭，近隣さらに学校などの生活場面で生起するさまざまな活動の詳細な観察を行ってきた（田島，1993；田島・上村，1994；田島ほか，1996；上村・田島，1994，1995；Yamazaki, Tajima, & Uemura, 1997）。観察手段としては，対象児に携帯してもらった小型のオーディオテープレコーダで音声記録をとると同時に，観察

者がVTR記録および筆記記録をとった。観察場面は対象児が参加した社会的相互行為場面に焦点化し，どのような場面でどのような活動が展開されたかについて詳細な記述がなされた。ここでは，意思のズレや解決しなければならない問題が生じた場合に，子どもがどのように他者を説得し自分と他者の意思を調整しているかという点を横断的資料に基づき発達的に吟味してみることで，家庭内のコミュニケーションの特質が子どもの課題解決達成にどのように貢献しているかを見ている。

〈1歳児〉

　1歳半になる男児Hは，一日の生活の大半は家庭内で活動しており，そのほとんどは母親との共同行為である。Hは発話はほとんどないが，他者の発話はかなりよく理解している。次は，おやつのゼリーを食べた直後の母子のやりとりである。

　1対象児H：トンオーン（母親の肩をたたく）
　2母親：はあい？
　3対象児H：うー。（台所のほうに走っていく）
　4母親：（ゼリーをもう一つ要求していることを察してきっぱりと）やだぁ，もうないの！　食べすぎ！　Hちゃん，もうない。
　5対象児H：うー。（戻ってきて，片手をあげる）
　6母親：（低い声で）もうないの。
　7対象児H：（母親の側にきて）いぇー（ティッシュペーパーを引っ張り出して破く遊びを始め，そのうち1枚を口元に持っていく）
　8母親：（おかしそうにHの顔を見て）もうないよー。

　Hは自分でできることはさっさと始めるが，できないことは母親にはっきりと要求する。ここでは，母親にゼリーをもう一つ要求するが（発話1，3），これが子どもの直接的な発話表現でないに

もかかわらず，母親は要求内容を即時に理解して応答している（発話4）。母親に否定されたため，Hはもう一度主張をした（発話5）。あとは，それ以上主張を続けることなく，別の行為を始めながら，欲求を抑制する（発話7）。母親の子どもへの一体となった世話（共同行為）の中で，子どもは母親の発話のイントネーションや表情の変化から状況を読みとり，それに応じた自己主張や自己抑制のいずれかを二者選択的に使い分けているとみられる。

〈4歳児〉

　4歳の女児Cは保育園に通っているが，家庭では母親と共同行為をすることを好み，母親も可能な限りそうした欲求に応じている。次は母親が夕食の準備をしているときに，Cが希望して洗いものを手伝っている場面である。

　9対象児C：（ざるを洗っている）
10母親：もういいみたいよー，それは（Cを見る）。
11対象児C：もういーい？　まだ洗ってないの！（母のほうを見ない）
12母親：しょーお？
13対象児C：しょー。（鼻歌を歌いながらざるを洗う）
14対象児C：（洗い終わって）もういーい？
15母親：えー？　ちゃんとアワブクなくなった？（語気をやや強くする）
16対象児C：うーん。

　夕食の準備をしている中で，母親はCが洗いものをしている流しをあけてほしいが，直接的に「どきなさい」とは言わずに婉曲的な表現を使用して子どもの行動を統制しようとしている（発話10）。Cはそれを十分に察した上で，自己の行動の継続を主張している（発話11）。しかし，自分の行為遂行にある程度満足がいくと，

母親に評価を求める形で交代を告げている（発話14）。ここでの特徴は，母子ともに相手に対する主張に婉曲的表現が多く用いられていることである。1歳児の母子のやりとりが直接的であったことと比較すると，ここでは相互主観的に意思を読みあっていることがわかる。他の場面でも，要求が自己抑制的，間接的に提示される場面が示され，相手の立場に敏感になり，自己主張と自己抑制とのバランスをとり始めたことが示唆される。

〈9歳児〉

　対象児Mは小学校4年生女児。次のやりとりは，小学校の昼休みにMが男児2名と学級新聞の作成をしている場面である。

17 男児A：僕も何か書かせて。（マジックを取り出して椅子に座る）
18 対象児M：（しばらく無言で作業を続け，終わってからようやくA
　　　　　　　に顔を向ける）
19 男児A：僕，赤ね。
20 対象児M：じゃ，ここに絵描いていいよ。好きな絵，きみ。早く，
　　　　　　　ここ何か。
21 男児A：（後ろを向いていて，Mの言うことに気づかない）
22 対象児M：ねーねー，早く「Z」でもいいから何でも描いときな。
　　　　　　　（机をとんとん叩く）
23 男児A：うん。

　ここで，男児Aは自分の意向を示した（発話17）のに対して，対象児Mは意図的に沈黙して応答を返していない（発話18）。この沈黙によって，Mは直接的に「だめ」と言うことなくAの主張に対する否定的な意図を伝え，次のやりとりでAの行動を統制することに成功している（発話20，22，23）。

　ところが以上のやりとりと類似した反応が，家庭で宿題を行う母

子間での相互行為にも見られていたのである。

24 対象児 M：お母さんいなかったかもしれないけど，お父さんがいた
　　　　　　の。で，こうやって見てて，あ，そうだとか言って（身振りを
　　　　　　つけて）そのまま（地図帳を）おきっぱなしだったと思うんだ。
　　　　　　（母親の顔を見る）
25 母親：（M から目をそらして問題集のページをめくる）
26 対象児 M：（地図帳がどこにいったか）よくわかんない。
27 母親：よくわかんないじゃなくて，（M のほうに向き直る）自分がそ
　　　　ういうの，責任もたなくちゃ。
28 対象児 M：うん。（と言ってうなだれる）

　この母子相互行為の中で，母親は子どもの持ち物管理に関する無
責任さを叱るために，子どもの言い訳（発話24）に対して，何も
応答しないことによって自分の伝えたいことを理解させようとして
いる（発話25）。結果的に，子どもは地図帳を紛失したことを認め
（発話26），母親の叱責を受け入れることになる（発話27，28）。こ
の母親のとった無反応で返すことにより相手に自分の意図を読みと
らせ，やりとりの主導権を握る手法を，対象児 M は別の仲間関係
での相互行為の中で援用しているのである。このことは子どもによ
る母親の会話運びの腹話（母親の声の取り込み：序章のバフチン理
論の項参照）と考えられ，男児 A に自分の意図を読ませるという
意味では，有効に母親の手法を適用したものと考えられる。
　このように，子どもの一日の生活の中で，学校と家庭といった文
脈や対象の異なる場面におけるコミュニケーションを比較すること
で，共通点や対照性が見えてくることが多い。とくに家庭における
経験は子どもに大きく影響しており，知らず知らずのうちに家庭で
の社会的相互行為参加の態度や行動が子どものコミュニケーショ

ン・パターンとして使用され，子どもの認識の形成へとつながるものと考えられる。

そして9歳児になると，その場における相手の意思や立場を読むだけでなく，それを十分理解した上での自己主張が見られるなど，子どもの生活場面の拡大に伴う相互行為の対象および範囲の複雑化により，自己主張の仕方の複雑化が示された。そしてこれは，仲間同士のやりとりの例に見られるように，家庭での親の統制方略を取り込んで学校場面での自身の行動へ適用（腹話）するといったコミュニケーション行動の手段獲得によって可能となっていることがわかる。

以上のような子どもの他者との交渉発話を発達的に見ていくことで，行動場面の認識と自己および他者制御方略の習得過程のあり方が示唆されるわけだが，このような習得は，ことばが出ないうちからの場面への参加経験を通した，状況を読む敏感性とコミュニケーションの道具の獲得によって達成されると考えられる。とくに家庭における経験は子どもに大きく影響しており，知らず知らずのうちに家庭での社会的相互行為参加の態度や行動が子どものコミュニケーション・パターンとして利用され，生活世界認識の形成へとつながるものと考えられる。

共同行為過程における「あいさつ」機能の発達

前項では子どもたちの日常の相互行為過程におけるコミュニケーション・パターンの変容の一端を見たのであるが，相互行為，とりわけコミュニケーション行為の成立については，行為の文脈の変容に対応していくことが求められる。そのための道具が社会にはさまざまに用意されているのであるが，その典型的な道具の一つが「あいさつ」である（小泉，1999）。そこで本項では，あいさつ行動の

コミュニケーション行為における道具的機能とその獲得について検討してみる。

コミュニケーション行為における「あいさつ」の位置づけ

あいさつは，通常，コミュニケーションの開始，終了を示す徴表の役割を果たすと考えられている（小泉，1999）。それでは，具体的なあいさつの特性とはどんなものだろうか。例えば，手元にある外国語会話帳を見てみると，「人，交際，交流」の部に第一章として「あいさつ」があり，〈会ったときのあいさつ〉，〈別れるときのあいさつ〉，〈出迎えのあいさつ〉，〈見送りのあいさつ〉，〈希望をこめたあいさつ〉，〈お祝いのあいさつ〉，〈お見舞いとおくやみのあいさつ〉，〈乾杯のあいさつ〉の項が含まれており，その後に「初対面，紹介」の章が続いている（東一夫・多喜子著「標準ロシヤ語会話」白水社刊）。外国語会話という特殊性はあるものの，確かにあいさつは，人々が出会い，交流の開始，終了そして次の出会いを期待して別れるというコミュニケーションの開始・終了と，特定の交流ジャンル特有のコミュニケーション・スタイルを示すものととらえられているようである。

このようなあいさつ行動は，コミュニケーション行為においてどのような行動と心理的あるいは精神的な状況を生むのであろうか。ここでは，あいさつがその機能を果たしている場である社会的コミュニケーション自体のあり方がどのように人の心理的，精神的な状況やその発達に影響をおよぼすのかということについて検討してみたい。

あいさつの機能とその獲得

これまで述べてきたように，コミュニケーションの開始・終了と，

特定の交流ジャンル特有のコミュニケーション・スタイルを示すものととらえられているあいさつ行動は，基本的には社会的コミュニケーション自体の機能的特性を持つものと考えられる。その意味では，あいさつは単なるコミュニケーションの潤滑油といった補助的なものではなく，コミュニケーションそのものと考えるべきであろう。このことを確認した上で，次にあいさつ行動がコミュニケーションのどういう側面を担っているかについて考えてみたい。この点を考察するために実際にあいさつ行動がどのように行われているのか，その発達的変化も含めて筆者らが行ったいくつかの事例研究（前項の研究参照）の資料から見てみよう。

1. 親のあいさつことばの機能と子による獲得（1歳児ケース）

〈事例1〉

　朝起きたばかりの1歳半になる男児 H に対し，父親が行った最初のかかわりが朝のあいさつであった。

　父：おはよ。おはようさん。H クンおはよ。H クンおはよ。
　H：んーん。［と言いながら布団にうつぶせになる］
　父：また寝ちゃったよ。おはよ。おはよ。［と言って茶の間に出ていく］

　父親は「おはよう」のあいさつをすることで H とコミュニケーションをとろうとする意図が見てとれよう。H はまだ明瞭な発語のない子であるが，はっきりと応答していることがわかる。しかしその後のコミュニケーションは H が眠くて継続しなかった。

〈事例2〉

　小1の兄を母親と二人で玄関先のマンションの廊下で見送ったあと，廊下の向こうに知り合いのおじいさんが出かけるところを見て，

母親があいさつ行動をとるよう働きかけた。

　母：おじいちゃん。おじいちゃんだよ。おじいちゃーん。
　H：あ。
　母：うん。
　H：ふ。
　母：おじいちゃーん。うーん。何か言いなさい，ほら。
　H：うん。[と言いながら手を振る]
　母：行ってらっしゃいって。
　H：あ。い。だ。いー。[と言いながら手を振る]
　母：ばいばーい。
　H：だ。い。だ。だーいー。[と言いながら手を振る]

　母親とHとの間ではすでに十分なコミュニケーションのやりと
りパターンが成立していることがわかるが，母親はその基盤の上で，
Hに第三者へのコミュニケーションをとることを促している。そ
の発端があいさつ行動であった。Hは母親の「行ってらっしゃい
って」という促しに「ばいばーい」と言おうとしていることが最後
の3行でわかる。明瞭な発語のない段階でもあいさつことばはすで
に獲得されているということは，いかにあいさつ行動が早期のコミ
ュニケーション行動で主要な位置づけにあるかが示唆されよう。そ
して，その獲得には母親の促しに見られるモデル提示的行動を，単
なる模倣ではなく，ヴィゴツキーがいうように母親とのやりとりの
自己内での再構築，あるいはバフチンのいう腹話行動に基づいてい
ることが，やはり最後の3行に見られる母親のあとづけ的発話から
推測できるのである。さらに，この年代の子どもの発達課題が人間
関係形成であることを考えると，あいさつ行動はコミュニケーショ
ン終始の役割だけでなく，人間関係形成・維持機能に深いかかわり

を持っていることも示唆されよう。

2．コミュニケーション行動を媒介する文化的道具としてのあいさつ行動（9歳児ケース）

乳児期から家庭の親子のやりとりを通して獲得されて始めるあいさつ行動は，幼児期以降の生活圏の拡大，とくに保育園や幼稚園，学校といった社会的制度の場を経験することにより大きく変化してくると考えられる。やや完成期に近いが小学校中学年児の事例を見てみよう。

〈事例3〉

小学校4年生の教室にクラス内朝礼のために担任教師が入室する。生徒の一人が黒板を消そうと前に向かう（名前はすべて仮名）。

教師：ごあいさつしましょ，（黒板消しは）後回し。
当番：起立！［生徒たち立つ］
当番：気をつけ！
教師：［一限の水泳授業の準備のために水泳帽をかぶっていた生徒に］
　　　帽子かぶっている人取りましょう。［生徒たち帽子をとる］
当番：おはようございます。
生徒たち：おはようございます。
教師：おはようございます。
当番：着席！
教師：（着席）の前に？
当番：整頓！
教師：［机の並びを見ながら］えーとね。ちょっとここ，こっちに寄っているから……［と言ってるうちに当番が「みんな……」と合図をし，生徒たちは「ハーイ」と言って机を動かし始める］
教師：違うの。（ここは）いいの戻さないで。（ここのところについては）先生わざとやったの。ほらすぐ言われる前に戻しちゃうでし

　　　ょ。ね？　　聞いてからやって。田中君に合わせて，その列の人。
　　　はい，田中君に合わせる。きちっと合わせる。ここまで出てるん
　　　だよ，田中君。……そうだよ。そうだよ。はい，この列の人，平
　　　林君と川原君に合わせます。はい，佐藤君，もうちょっと右，右。
　　　……はい，オッケイ。はい，先頭の人に合わせます。ちゃーんと
　　　できた列から座る。［教師の指示に従い，生徒たち机を動かす］
当番：［教師の指示と同時に］はい，合わせてくださーい。
教師：高野さんもっと右ですねー。……その後ろの人たちももっと右だ
　　　けど，あとの人たちはいいです。はい，じゃ着席。どうぞ。［一
　　　同座る］
当番：出席調べお願いします。
教師：はい。［と言って出席簿を手にとる］

　「ごあいさつしましょ。」で始まるこの事例は，冒頭にあげたあいさつ行動の機能としては必ずしも典型的なものではないかもしれないが，幼児期以降，とくに児童期以降のさまざまな公的，社会的制度の枠内にある場面では大変ポピュラーな現象であることは言をまたない。コミュニケーション行動の始動（始発，終止）機能から始まったあいさつ行動の獲得が，特定の活動場面において特有のスタイルと機能を持ち始めてくるこうした現象は，まさにバフチンが「ことばのジャンル」として定式化したものに相当すると考えられよう。

　教室場面におけるこれらの広義のあいさつことばは，教師や生徒にとって，それぞれ自分自身や相手の教室行動をコントロールする機能を持っていることがよくわかるであろう。この公的なあいさつ行動は，まず粛々と決まり文句の系列で進んでいく。しかも教師と当番と生徒たちの受け持つパートが明確に規定されている。とりわけ当番のパートは，「着席！」→「（着席の）前に？」→「整頓！」というかけあいや，教師のことばを繰り返すような「はい，合わせ

てくださーい」など，まさに教師のことばを先取りしたような，教師の発する（過去に発した）ことばの腹話そのものといえよう。この当番の発話は，それに従った行為を示していることからわかるように，他の生徒たちの間でも，内言あるいは内的対話という形で共有されていると考えられるのである。

　さらに特徴的なことは，教師，当番，生徒たち，とりわけこの場面では教師のことば遣いにおいて，「です・ます」調の敬体表現と常体表現を使い分けていることである。もちろん公的なあいさつの系列であるため敬体表現が多いが，教師による机の並びの整頓についての言及では，生徒たちの自覚を促したり，生徒たち自身に自発的に考えることを要請する場合は友達ことば的な常体表現を使い，確定的なことを指示・命令する場合は敬体表現が多くなっているのである。つまりことばの使い分けが，相手への要請の強さや種類の違いに相当程度対応しており，そのため生徒たちは今自分が教師にどんなことを求められているのかが判断できやすい状況になっているのである。

　このようなことばの使い分けや公的なあいさつことばを含む学校ことばは，生徒たち自身が自己の行動を教室行動に適応させるために，生徒たち自身によって小学校入学後，かなり早い段階で習得してしまうこともわかっており（田島ほか，2001），バフチンのいう社会的言語・ことばのジャンルの典型的な事例であると考えられる。事実，ワーチ（1991，1998）はこれらのことばを，認識形成を媒介する「文化的道具」として定式化し，子どもの学習・発達に大きな影響をおよぼす重要な媒体として位置づけている。こうした観点から考えると，あいさつ行動は活動場面（コミュニケーション場面）での人間関係のスタンスのとり方を判断したり，コミュニケーション内容を方向づけたりする役割を担う，まさに子どもの学習・発達

にかかわる重要な文化的道具であるといえよう。

3節　言語を媒介とした相互行為に基づく自己制御行動の発達——文化的道具としての「ことばの使い分け」の分析を中心として

　2節におけるコミュニケーション機能の発達，とりわけコミュニケーション行為におけるあいさつ行動の道具的機能の獲得で示唆されたように，相互行為の成立と発展のあり方にはどのような文化的道具が用意され，また，獲得されていくのかということが必須の条件となると考えられる。しかもワーチ（1991, 1998）が指摘するように，こうした文化的道具は，子どもたちの認識形成を媒介するものとして，子どもの学習・発達に大きな影響をおよぼす存在なのである。

　とりわけ，学童期の教師と子どもたちが示した「敬体表現と常体表現の使い分け」という現象は日本社会において特徴的に見られるものでもあり，また，「ことばの使い分け」現象そのものはあらゆる社会で見られる普遍的な側面もあり，大変興味深い媒体であることが示唆される。

　そこで本節では，「ことばの使い分け」現象に焦点を絞り，現代日本における生態学的に妥当な現象として，しかも普遍的なメカニズムを持つ文化的道具として検討してみる。

小学校4年生の共同行為場面において採用された文化的道具としての「ことばの使い分け」の分析

　筆者ら（田島，1993；田島・上村，1994；田島ほか，1996；上村・田島，1994, 1995）は，現代日本の子どもたちの生態学的な社

会的相互行為過程の実態を解明する目的で二つの生態学的観察を計画した。一つは，2節でも述べたように，乳児（1歳児），幼児（4歳児）および小学生の子ども（9～11歳児）の一日の生活，すなわち，家庭，近隣，学校という文脈の中で繰り広げられるさまざまな活動（共同行為）を観察するもので，バーカーとライト（Barker, & Wright, 1951）の「子どもの一日」研究パラダイムにのっとっている。もう一つは，小学生が最も時間を割く学校生活に焦点化した観察で，やはり彼らのパラダイムにのっとった，「小学校の一日」という観察である。ここで小学生を最終の分析対象としたのは，その生活が複数の社会文化的文脈（家庭・近隣・学校）に強く依存している段階にあると考えられたからである。分析は，既述した分析の視点に従って，対象となる子どもたちが参加する共同行為における諸行動（活動内容，発話スタイルや構成，非言語行動など）と，これに対する相手の対応のあり方，およびそれらのやりとりの変容過程を詳細に吟味することにより子どもが社会・文化・歴史的文脈を通してどのように心的機能を形成し，その文化特有の課題解決の仕方を身につけていくのかについて推測するのである。そのとき，とくに社会文化的な文脈での相互行為を最も効率よく媒介する道具（Wertsch, 1991）といわれる自然言語や非言語的行動（視線・表情・身振りなど）の記号システムに焦点をあて，それらが個体の社会的，心的機能の形成にどのように寄与するかを検討する。

研究の対象

　ここで報告される「小学校の一日」と「子ども（小学生）の一日」という二つの観察のそれぞれの対象は以下のとおりである。

(1)　「小学校の一日」

都内公立 Y 小学校 4 年生の 1 学級 26 名全体が対象で，男児が 13 名，女児が 13 名である。

(2) 「子ども（小学生）の一日」

対象は，東京近郊に在住し，公立小学校に通う 9 歳 6 カ月になる 4 年生の女児である。家族構成は両親と中学校 1 年生の兄，小学校 2 年生の妹，5 歳の妹の 6 人家族である。なお本家族は，研究目的を理解し，研究協力に同意した小学生を持つ 9 家族の観察資料の中から任意に選ばれたケースである。

観察方法

それぞれの対象の観察および分析は以下の手続きに従って行われた。

(1) 「小学校の一日」

登校時から下校時までの学校生活において教室内外で起こるさまざまな共同行為が，月曜日から金曜日までの連続 5 日間にわたって観察された。観察は 1991 年 1 月 21 日から 25 日にわたって，2 名の観察者によって行われた。観察方法は，一人の男児小学生の一日を追ってその生態学的観察を行い，その生活場所や活動内容および時間，かかわる対象などの詳細な分析から子どもの発達をとらえようとしたバーカーとライト（1951）の方法論に準じるものである。筆記記録という手段で観察を行った彼らと比較すると，近年の録音機器や VTR カメラの小型化により，これらの機器を使用し，いくつかの角度から観察できるようになった。本観察では，筆記記録とともに，4 台の VTR カメラ（教師用固定カメラ 1 台，生徒用固定カメラ 2 台，場面が中心的に進行している相互行為を追う移動カメラ 1 台）を使用し，移動カメラを中心として録画記録をとった。筆記記録は中心的に進行する共同行為について，どこで誰が参加・介

入し，どのような活動がどのように行われているか，またその時間などについて場面ごとに記述された。なお，観察という性質上，観察者の場面への影響がありうるが，観察者は積極的に相互行為にかかわることはなく，それぞれの場面において背景的な存在となるように訓練された。

　観察日以前に行われた事前訪問において，教師，生徒および各関係者にはあらかじめ「小学生が学校の一日の生活の中でどのような活動を行っているのかを見る」という研究のおおよその目的が伝えられた。また，観察5日間のスケジュール，観察場所や方法についての依頼がなされ，承諾が得られた。なお，生徒の家庭には，教師を通して文書で承諾を得た。

　(2)　「子ども（小学生）の一日」

　対象児が朝起きてから夜寝るまでの一日の時間の中で生起した単独行為および共同行為すべてが観察された。観察は，非日常的な行事のない平日が選択され，1992年7月9日に行われた。観察は上記(1)の「小学校の一日」と同様の手続きを基本とし，対象児にカセットデッキを携帯させて音声記録をとると同時に，観察者が一日対象児を追い，VTR記録および筆記記録が取られた。

　上記(1)の「小学校の一日」同様，事前訪問において，対象児にはあらかじめ「子どもが一日の生活の中でどのような活動を行っているのかを見る」という研究のおおよその目的が伝えられた。また，観察日のスケジュール，観察場所や方法について家庭，学校，塾などへの依頼がなされ，対象児，家族，および各関係機関からの承諾が取られた。事後訪問においては，当日の行動の内容およびその理由，他の参加者との関係など，データ分析に必要となる情報が対象児や家族との面接を通して収集された。

分析方法

　まず全活動およびその内容の一覧表（表3，表4参照）を作成し，その表をもとに音声およびVTR記録を視聴しながら，分析方針に従って，二者以上が参加する共同行為の場面のうち言語を通してやりとりが進行しており，かつ，その交渉過程を通して参加者いずれかの行動もしくは意思に変化が見られることを基準として，分析の対象となる場面が選択された。

　そして，分析の対象となった場面の音声，VTR記録と観察者の筆記記録から，対象児がかかわった共同行為における発話および行動に関するトランスクリプトが作成された。その上で，トランスクリプトとVTR記録に基づきプロトコル分析が行われた。すなわち，各場面における参加者のやりとりの特徴が，それぞれの文脈から解釈的に分析された。

調査結果の概要

　以上のような観察，分析計画のもとに行われた調査の結果から，以下のような諸点が浮き彫りになった。

⑴　授業場面における言語媒介現象——ことばの使い分け

　まず，「小学校の一日」の観察の中で，授業中の教師と生徒，生徒同士の相互行為過程に焦点をあて，授業の中で見られる参加者の行動や意思の変化について検討した。そこでの視点としては，授業の進行を，誰がどのように担っているのかということであり，目標や解決法の提示や活動変化のきっかけの提示，活動方針にかかわる意思決定がどのように行われているか，またそのとき使われる方法のあり方やその変化などをプロトコル資料から分析した。

　5日間の学校生活の中で分析の対象としたのは，一週間にわたる

太陽の位置の観察についての一連の理科の授業での教師－生徒および生徒同士の相互行為場面の一部である。そこでは，太陽の実際の位置の観察と，それについての教室での議論を繰り返すことによって，太陽の動きの現象を明らかにしていくという一連の課題が展開された。継続的な観察の必要から，従来の時間割上の他の授業をつぶして観察のために屋上に上がったり，教室に集まって観察結果を全員で議論する時間にあてたりする措置がとられ，従来よりは理科の時間が多くなっている。観察対象となった5日間に実際に施行された時間割は表3のとおりである。

　分析は，教室内での測定の仕方の説明と測定後の結果についての教師と生徒，生徒同士の議論の場面に焦点があてられた。具体的には，教師と生徒の意思や行動の変化を，発話のあり方（内容，言語スタイル，発話構成）とそれらに対応する非言語行動を中心に，活動対象や活動の場の物理的条件，状況の変化なども指標として抽出し描写した。

　言語的媒介という視点からの分析の結果，特徴的であったのは，教師も生徒も，場面に応じてフォーマル・インフォーマルなことばの使い分けを行っていることであった（事例1参照）。まず，教師による測定の仕方の説明は，課題（下位課題）提示にあたるが，「～しなさい」「～を見てください」「貼りましょう」といった「です・ます」語尾のフォーマルな形式の言語スタイルが優勢であったが（事例1-1），「～は，わかった？」「ああそうか」など，生徒への発見法（解決法）提示や自己の意見・感想を述べるという方法を使って生徒の既有知識の確認・利用をする際は，インフォーマルな言語スタイルの使用が目立った（事例1-2，事例1-4）。

　一方，生徒のほうも，「先生，～していいですか」などのように教師に許可や確認を求めたり（事例1-3），教師の求めに応じて自

表3　「小学校の一日」研究：当該5日間の時間割

時間 ＼ 曜日／時限	月	火	水	木	金
8：30 〜 8：50	児童朝会（全校）	朝の会（組）	音楽朝会（全校）	朝の会（組）	児童朝会（全校）
8：50 〜 9：35　1時限	理　科	国　語	理　科	理　科	理　科
9：40 〜 10：25　2時限	算　数	体　育	理　科	理　科	体　育
10：25 〜 10：45	中休み	中休み	中休み	中休み	中休み
10：45 〜 11：30　3時限	国　語	図　書	音　楽	算　数	理　科
11：35 〜 12：20　4時限	社　会	社　会	理　科	体　育	行　事
12：20 〜 13：05	給　食	給　食	給　食	給　食	給　食
13：05 〜 13：25	昼休み	昼休み	帰りの会（理科観察の反省および復習）13：45下校	昼休み	昼休み
13：25 〜 13：45	掃　除	掃　除		掃　除	掃　除
13：50 〜 14：35　5時限	習　字	算　数		道　徳	理科・算数
14：35 〜 14：50	帰りの会	クラブ		帰りの会	理科観察
	下　校	下　校		下　校	下　校

己の意見を述べたり，生徒同士でも公的に議論をするときは「はい」，「賛成」，「それに付け足し」など決まりことば（学校ことば）を中心としたフォーマルな形式をとるが（**事例1-4**），結果についての討論時に教師ないし他の生徒の発言に触発されて自由に，自発的に自分の意見を述べるときは，「〜（ちょっと言いたいん）だけどね。」，「（理由）見つかった！」のようにインフォーマルな形式が多く見られている（**事例1-4**）。また，討論時は教師のほうもインフォーマルな「友達ことば」となり，そのときは議論も活発化して

きた（事例 1-4）。

〈事例 1：教師－生徒間のやりとりにおけることばの使い分けの諸

　事例〉（波線：フォーマルな使用，下線：インフォーマルな使用，

　s：同時発話，ia：聞き取り不可能）

〈事例 1-1：教師の生徒への全体への指示と，個人的語りかけ〉

教師：じゃあ，いる人は聞いてください

生徒たち：(s) はーい。

生徒A：先生，ia．．．．．？

教師：（生徒Aを見ながら）いたる君，次言うからね。（手をあげ生徒
　　　の注目を集めながら）次は紙がありませんが，今紙がありません
　　　が，（一番前の席の生徒の紙を手に取り，上にかざし）はいこれ
　　　見てください。あとで上に行きましたら，上に行きましたら，
　　　（3枚の紙を使って説明）いたる君じゃなくって，自分の分，自
　　　分の分を一番左側に糊をくっつけてこう（どのように貼るか先ほ
　　　どの紙で示す）（教師のやることを見ている生徒は少ない）その
　　　次，芹沢君のコピー（生徒が二人自分の紙を持って教師のところ
　　　へ来る）のやつも一番左側にだけ糊をくっつけてこういうふうに
　　　して，めくれるようにします，こういうふうに（すべて実演つ
　　　き）

〈事例 1-2：教師－生徒間の対等な意見交換とそれに続く教師の指示〉

生徒B：（生徒同士で）じゃあどっちがどっちなのー？

生徒C：じゃあ，こっちに名前書いちゃうの？（教師を見上げる）

教師：（質問した生徒Cを見て）ああそうか，じゃあ反対にしようか，
　　　こうやって（反対側をくっつけるまねをする）（生徒たちに向か
　　　って）ごめん，言い直すよー，糊さっきはこっちでしたが，こう
　　　いうふうにやりましょう（反対側にめくる動作をする）こうやっ
　　　て……わかった？

生徒：(s) はーい。

〈事例1-3：生徒が教師に許可を求める〉

生徒：先生，もう〈屋上に観察に〉行っていいんですかー？

教師：ちゃんとそろったらね，いいですよ。

〈事例1-4：教師が司会をしての生徒間の討論の展開〉

生徒たち：先生（手をあげる）。僕は今，M君に

教師：（生徒を指で指しながら）じゃあM君。

生徒M：はい，S君にちょっと言いたいんだけどね，S君のやり方だと
　　　　－1時間で，とー高さ，高さ関係なしにするとー，1時間にーう
　　　　んとその拳横に3個分ぐらい1時間で進んじゃってー1時間進む
　　　　からー1時間で3個も進むとは思わない。

教師：M君ずいぶん頭考えてるねー。／T君今の意味わかった？

生徒E：10時から1時までのあいだに2〜30度ぐらい［ia］

教師：M君は，／

生徒S：間違ってるかもしんないっていう理由見つかった！

教師：うーん，じゃ，ちょっと待って。Kさん（Kを手で指す）。

生徒K：S君の［ia］じゃないんだけど，うんと，あの，10時ごろに
　　　　調べたときー，まだ［ia］集まってから［ia］調べてなかったか
　　　　ら，

教師：うん。

生徒K：10時よりも1つ，拳1つ上に上がって，で，1時17分，1時
　　　　17分になったらまた下がった。（着席）

教師：なるほど。［ia］動いたのね。

生徒たち：［s］はーい。僕たちが［ia］［s］間違ってるかもしれない理
　　　　由見つかった。

教師：じゃあ待ってね，いろんな人に意見きこう。F君。

生徒F：うんとたぶん太陽がこーゆーふうに（手で太陽の軌跡を示す）
　　　　来てこーゆーふうに戻るときに，

教師：ここへ来てごらんなさい（手で黒板の前へ来るように招く）。
　　　　［ia］

生徒F：（前へ出て来て黒板の模造紙を指しながら）ここからこういう
　　　　ふうに来てそいで戻るときに［ia］（席に戻る）

教師：（模造紙を示しながら）ああ，この辺のほうがいいんじゃないか<u>ってわけね</u>。

生徒たち：<u>賛成</u>。（拍手）

教師：（模造紙を再びなぞって）こうなって戻るとしたらこっちのほうが角度が合うって<u>わけか</u>。（生徒Fを見る）

生徒たち：（手をあげる）<u>はーい。それに付け足し</u>。

教師：[ia]（生徒を指名）

生徒：そのーFちゃんが今言った[ia]

　以上のように，議論の形式や発話の内容によって，教師および生徒の言い回しが異なることが明らかとなった。とくに，教師の課題提示や授業のまとめ，生徒を叱ってもある方向に活動を向ける場合の「です・ます」という語尾の使用，他方，議論を活性化させるための「友達ことば」の使用，さらに生徒自身の場面によることばの使い分けなどが特徴的に見られたが，こうした場面に依存したスタイル・スイッチング（真田ほか，1992）のあり方は，「主体の発話は，主体自身の意思・指向だけでなく，発話する相手（対象）や場面（文脈，社会的環境）の意思・指向をも反映している」というバフチンの多声性の機能（Wertsch，1991）を示していることが示唆される。主体の発話は，発話する相手（対象）や場面（文脈，社会的環境）の意思・指向をも反映しているという，つまり，フォーマル・インフォーマルな言い回しを使い分けることばの使い分け状況と，指示・命令を下す教師−生徒間の「支配−服従」関係，逆に討論に示された教師−生徒，生徒同士の対等な関係といった現実場面における両者の関係性との間に一定の対応が見られ，多声化の機能が示唆されるのである。そして，インフォーマルなスタイルのときに，子ども自身の意見，そこでの自己修正過程，他の生徒の意見への付け足し（議論の発展）などの成果が見られており（**事例1-4**），

学習・発達に大きな影響を与えることも示唆された。

(2) 家庭におけることばの使い分け

次に，「子ども（小学生）の一日」の観察で家庭を中心として言語に媒介されたやりとりを分析した結果を見てみる。ちなみに，観察対象児が朝起きてから夜寝るまでの時間に，かかわった場所および対象と活動内容を示したものが表4である。約16時間のなかで対象児がかかわった物理的な場所は25カ所で，うち家庭内が7カ所であった。また，直接かかわった共同行為の対象者は49名で，うち家族が5名，家族以外の大人が9名，子どもが35名であった。これらの物理的な場所と対象者，そしてそこでの活動内容により，対象児の一日の生活を28の場面に分割した。

教室場面で特徴的であったことばの使い分け現象に対応する分析が行われた。この一日の生活の中で，言語媒介現象，とりわけ参加者のことばの使い分けと，その結果として相手の行動変化が見られたという場面は，家庭においても多数観察された。事例に示すように，発話の相手や目的によってことば遣いが異なることが示されたのである（**事例2参照**）。

母親が宿題を見ているという場面で，適当な地図帳が見つからずに対象児が自室に探しにいくが，それに対して母親が少し離れたリビングからことばかけをしている（**事例2-1**）。同じ場面での母親の対象児への働きかけでも，子どもの行動を統制しようという意思があるときには丁寧語が使われている。しかし，子どもを動機づけて活動に取り込もうと働きかけるその他の部分は，インフォーマルな「友達ことば」を使って対等に話をしている。

また，対象児（小学校4年生）とその妹（5歳児）のように相手が異なる場合，母親はことば（声）の使い分けを行うことで躾・教

表4 9歳児（女）の一日の各場面における場所，かかわりあった他者，および，そこでの活動内容

	場　面	時間(分)	物理的場所	他者（うち大人）	活動数	おもな内容
1	身支度	9	自分の部屋, 廊下, 洗面所, D.K	4 (母, 父)	4	着替え, 挨拶, 洗面
2	登校準備	14	廊下, 自分の部屋, D.K, 玄関	3 (母, 父)	5	音読練習, 登校準備, 父の見送り
3	朝食	18	D.K	2 (母)	4	食事, 新聞, 片づけ
4	登校準備	11	廊下, 自分の部屋, D.K, 洗面所, 玄関	2 (母)	5	準備, 爪切り, 洗面
5	登校	10	通学路	2 (交通安全員, 他組教師)	2	挨拶
6	始業前	21	昇降口, 廊下, 教室	10 (他組教師, 担任)	3	挨拶, 着替え
7	運動朝会	23	校庭, 昇降口, 廊下, 教室	8 (他組教師)	5	体操, 足じゃんけん
8	朝の会	23	教室	4 (担任)	8	挨拶, 出席確認, プリント
9	プール	86	教室, 廊下, 体育館, プール, 更衣室	12 (担任, 他組教師×2)	9	着替え, 体操, 水遊び
10	中休み	16	教室, 廊下	16	6	授業の用意, 学級新聞の仕事
11	算数	38	教室	2 (担任)	3	授業の聴取
12	学級新聞の打ち合わせ	4	教室	7	2	学級新聞のクイズの話
13	国語	41	教室, 洗面台	5 (担任)	8	授業の聴取, グループ練習
14	給食	43	教室, 廊下, 洗面台	14 (担任)	8	給食の準備, 食事, 談笑, 片づけ
15	昼休み	20	教室, 廊下	5 (担任)	1	学級新聞作り
16	社会（自習）	48	教室	9 (担任)	5	グループ作業, 雑談
17	帰りの会	24	教室, 廊下	11 (担任)	7	帰りの準備, プリント提出, 挨拶
18	下校	17	廊下, 昇降口, 通学路	12 (母)	7	遊びの約束, 挨拶, 郵便物
19	休息	16	玄関, 廊下, 自分の部屋, トイレ, D.K, 洗面所	3 (母)	6	洗面, おやつ, 談笑
20	遊び	101	徒歩道程, 児童館（玄関ホール, 廊下, 図書館, 体育室, 遊戯室1, 屋外遊戯所, 遊戯室2, 事務室）	15 (事務員×3)	24	読書, 一輪車, ブロックの家
21	宿題	57	玄関, 廊下, D.K, 洗面所, ベランダ, 自分の部屋	4 (母)	6	洗面, 植木を見る, 宿題
22	休息	27	廊下, D.K, 自分の部屋, トイレ	4 (母)	8	おやつ, 談笑
23	夕食	39	D.K	4 (母)	5	夕食の準備, 食事, 談笑
24	団欒	59	D.K, 廊下, 自分の部屋, トイレ	5 (母, 父)	9	祖父へ電話, お絵描き, 父の帰宅
25	宿題	114	廊下, 自分の部屋, D.K	5 (母, 父)	5	母・父に宿題を見てもらう
26	入浴	10	浴室	0	1	入浴
27	団欒	14	D.K, 廊下	3 (母, 父)	5	談笑, 紅茶
28	就寝	2	廊下, 洗面所, D.K, 自分の部屋	3 (母, 父)	2	洗面, 挨拶

育の効率化をはかっている。事例2-2は夕食時に母親が子どもに
「おかずを残さずに食べるよう」に促す働きかけであるが，対象児
に対する言い方と5歳児の妹への言い方とがまったく異なることが
よくわかる。このように，同じ場面の中でも相手の違いによること
ばの使い分けが行われており，参加者もそれを当たり前のものとし
て受けとめている様子が示された。

〈事例2：母子間のやりとりにおけることばの使い分けの事例〉

　　　（波線：母親のフォーマルな言語使用）

〈事例2-1：宿題遂行場面〉

（母親，適当な地図帳が見つからず，大きな地図帳を持ってきてめくっ
　　ている）

対象児：ちょっと待ってて，ママ，（立ち上がって，子ども部屋のほう
　　　　へ行く）

母親：（顔は上げず）

　　　そっちにはないはずですよ。

　　　これすごいねー，見て見て。

　　　（対象児に見るように地図帳を開く）

対象児：（戻ってきて）

　　　　あたし学校の地図帳持ってんじゃん。

母親：持ってる？（顔を上げて対象児を見る）

対象児：うん。あの地図帳でいいの？

母親：うん，ちょっと持ってきて。

　　　（再び地図帳を見始める）

（対象児，急いで自室に取りに戻る）

母親：すぐ出ますか？

対象児：うん，もう持ってきたよ。（戻ってくる）

〈事例2-2：夕食場面〉

母親：ちゃんと食べちゃって。（対象児の手を軽く叩く）／朝も残して

　　　昼，じゃなくて夜も残すってことは，ほんとにねー，物を大事に
　　　食べてないわよ！（目は対象児から離さず）
対象児：（視線そらし，箸を持って）お昼すぐお腹すいちゃう　[ia]
母親：夜！
（対象児，食べ始める）
母親：さ，Ｔちゃん（妹），お魚，それぐらいはちゃんと食べられるん
　　　じゃないかな？　お話が多いよ。
（妹，食べ物に箸をつける）
妹：（母親に向かって）[ia]（何か訴えている）
（母親，対象児を軽く叩く）
母親：違う違う，全部入りますよ。（妹に向かって）じゃ，それはいい。
妹：[ia]。
母親：（妹に）それはいいよ，じゃ，お魚だけにしよう。

(3)　仲間同士の言語媒介現象──腹話現象

　学校において掃除の時間内に起こった班同士（仲間同士）の口論
場面では，子どもたちが自分たちの正当性を主張するために，フォ
ーマル言語を使用した大人のことば遣いを取り込んだ現象，すなわ
ちバフチンによれば腹話といわれる現象（Wertsch, 1991）を含ん
だ発話が双方の班の子どもに見られた（**事例３**）。これは，校庭掃
除を窓から見ていた廊下掃除班の子どもたちが，砂場にいる校庭掃
除班のところまできて口論になる場面である。そこでは，「掃除を
さぼって砂場で遊んでいたのを目撃した」と指摘する廊下掃除側と，
「遊んでいたのではなく，砂を片づけていた」と反論する校庭掃除
側の主張がくい違ったのである。最初は「見ーちゃった，見ーちゃ
った」とちゃかす廊下班に対して，インフォーマルな「友達こと
ば」で言い返していた校庭班が，途中から「〜ですか」というフォ
ーマル言語を使ったことをきっかけに，双方の間でフォーマル言語
のやりとりが始まった。これは，学級会や掃除の反省会などの設定

された場面以外での子ども同士のやりとりには，あまり見られる形式ではないと考えられ，むしろ大人（教師）の発話を取り込んだものと考えられる。

　ここでは，双方の班の主張のくい違いが緊張を招き，自分たちの正当性を主張し，相手を説得して納得させようと，無意識的に教師のことばを取り込んで主張を権威づけようとしたと考えられる。これに対応するように相手側もまったく同様のことば遣いへと発話のスタイル・スイッチングを行い，双方が権威性を取り込んだスタイルでの相互行為に変わったわけである。これは子どもたちが相手の意思や行動を制御するために権威性のあることばを腹話し，さらに共同行為を通してそれが共有され道具化することを表している。そして，それは単なることばの取り込みではなく，そのことばを応用して，自己をも含んだ参加者の活動を調整し規定する新しい意味へとつながっていくものと考えられる。

〈事例3：仲間同士の口論場面に見られる腹話現象〉

　　　　　（波線：子どものフォーマルな言語使用）

廊下班男児：あー，見ーちゃった，見ーちゃった，見ーちゃった，見ーちゃった。

校庭班男児：何でそんないっぺんに来てんだよ。

校庭班数人：そうだよ，そうだよ。

廊下班女児：終わったもん。

校庭班男児：（廊下側の男児に体当たりして）何なんだよ，おめえは。

廊下班女児：だからって何でこんなところに埃が……［ia］

校庭班女児：そんなこと言えるんだったら，廊下だってきれいになってるんですかー。

廊下班女児：あ？　そうです。

校庭班女児：きれいになってるんですかー。

廊下班女児：そうです。先生が言ってきてくれましたー。きれいになっ
　　　　　　てるって。

(4)　家庭場面－友人場面にまたがる腹話現象

　仲間同士に見られた，他者のことばを借用するという腹話現象は，
2節のコミュニケーション機能の発達の項で9歳児が示したように，
家庭場面と仲間場面にまたがる形でも見られており，まさに単一シ
ステムを越えたメゾシステム・レベルでの創造過程が示されたとい
えよう（事例4として改めて載せたが，母子場面と友人場面間での，
対象児の対応行動（腹話行動）の例である）。

　対象児は友人との学校での課外活動において，仲間に対する統制
的な発話や態度を示した。このような対象児の行動は家庭では見ら
れないが，逆に母親はこうした態度で子どもに接する場面がいくつ
か見られ，これは親の声を取り込んだ（「腹話」した）発話と考え
られる。

　学校でのグループ作業の場面では，相手への応答を遅らせること
によって自分に注目させて相手の行動を統制するという方略をとっ
ている。母親は対象児が地図帳を探している場面で，子どもの発話
への応答を遅らせることによって，相手にこちらの意図を察しさせ
て次の発話を強調している。権威性を示すことによって相手を統制
するという母親のとったこの方略を対象児が取り込んで，別の場面
で友人の行動を統制するために無意識に使っているものと考えられ
る。このように，最初は受け手として接したことばの使い分けが異
なる場面で発話者に現れており，場面間に現れるというメゾシステ
ム・レベルでの適用が示されたといえよう。

〈事例4：母子場面と友人場面に見られる子どもの腹話現象〉

　　　　　（波線：直接対応部分，下線：全般的な母の態度との対応部
　　　　　分）

〈母親場面：捜しもの場面〉

対象児：お母さんいなかったかもしれないけど，お父さんがいたの。で，
　　　　こうやって見てて，あ，そうだとか言って（身振りをつけて）そ
　　　　のまま（地図帳を）おきっぱなしだったと思うんだ。（母親の顔
　　　　を見る）

（母親，対象児から目をそらして問題集のページをめくる）

対象児：（地図帳がどこにいったか）よくわかんない。

母親：よくわかんないじゃなくて，（対象児に向き直る）自分がそうい
　　　　うの，責任もたなくちゃ。

対象児：うん。（と言ってうなだれる）

〈友人場面：休み時間の教室でのグループ作業場面〉

友人A：僕も何か書かせて。（対象児に向かって）（マジックを取り出
　　　　して椅子に座る）

（対象児，しばらく無言で自分の作業を続け，終わってからようやく友
　人Aに顔を向ける）

友人A：僕，赤ね。

対象児：じゃ，ここに絵描いていいよ。好きな絵，きみ。早く，ここ何
　　　　か。

（友人A，後ろを向いていて，対象児の言うことに気づかない）

対象児：ねーねー，早く「Z」でもいいから何でも描いときな。
　　　　（机をとんとん叩く）

友人A：うん。

(5)　生態学的な制約に基づく共同行為の特性

　「小学校の一日」および「子ども（小学生）の一日」の結果から，
①小学生がさまざまな活動場面において，自己制御的に活動を行う
ための指針となるように，場面に参加している成員間で共有的な知

識の獲得をするためにかなりの注意を払っていることが示唆された。例えば，彼らの活動文脈の中で，指示・命令に従うことが期待されている場面ではフォーマル言語（敬体表現中心の改まったことば遣い）が使われ，共同行為の参加者と対等に自己主張することが期待される場面ではインフォーマル言語（常体表現中心の友達ことば的なことば遣い）が使われる。彼らは，親や教師のこのようなことばの使い分けに非常に敏感に注意を払い，それに応じた行動をとるといったことが観察された。このように子どもたちは，家庭や学校のそれぞれの場面において，どのような行動が期待されているかを知るために，大人のことば遣いを指標として使用しており，また大人もそのことを十分に意識した上で，ことばという記号（道具）を通して間接的に指示を与えていた。さらに，②学校における掃除の反省や仲間同士のいざこざ場面では，相手の意思や行動を変化させようと自己主張をするときに，親や教師のことば遣いを取り込んで効果的に協議することも見られた。これらのことは，子どもたちにとって，「ことばの使い分け（スタイル・スイッチング）」という文化的道具（Wertsch, 1991）の獲得と駆使（創造的使用）による他者との共同的活動の達成が，適応のための中心的で，かつ，主体的な課題であるということが示唆されるのである。

　以上のような，子どもたちの生活場面（家庭・学校・仲間関係）の中で見られたフォーマル・インフォーマル言語としてのことばの使い分け（スタイル・スイッチング）は，対象の意思や場面の要請を反映したものと考えられる。また，いくつかの異なる場面間，対象間においても，同じようなことばの使い分けや意味の流用などが観察されている。このような形で現れる他者の発話や社会的言語の取り込み（腹話）は，ことばの選択や語調，それに付随する非言語行動などを含め，単なる大人のことばや慣用句の再生ではなく，む

ろん直接的な取り込みでもない。むしろ，自己と他者の意思を調整するための自己主張の手段として，子ども自身によって無意識的に特定のことばや行動様式が取り込まれて自分たちなりに使用されたものである。そして，これは「一体感を保持した関係の中で，大人の期待を読みとらせて統制する」という日本の特徴的な親子関係のあり方（東，1994）が基盤となっているものと考えられる。

　こうしたことばの使い分けとその腹話は，子ども自身が共同行為に参加することによって獲得したやりとり方略を，さらに別の新たなやりとりに積極的に参加し，その場面に適応するために，状況に合わせて適用しているものなのである。すなわち，それぞれの共同行為の中で，場面や対象に合わせてコミュニケーションのあり方を使い分けることによって，意味の再構成が行われているという点に注目すべきであろう。さらに，共同行為の中でこのような文化的道具を獲得し，駆使することによって，他者との共同的活動の達成や意味の共有が可能となるものと考えられる。こうした子ども自身の共同行為への積極的な参加の姿勢があってはじめて，真に社会文化的な文脈特性が子どもたちの中に根づくものと考えられる。また，文化的道具の共有やルール化は，共同行為の参加者間での意味の再生産と共有であり，それらの応用や変容も含めて，参加者の活動指針となっていくものと考えられる。

　これまでさまざまな共同行為場面から精神機能の形成を推測する試みが行われてきたが，この研究が明らかにしたように，それらの共同行為過程は決して単純なものではない。子どもが日常生活の中でかかわる複数の状況や集団があり，それぞれが歴史性と時間的変化を持っており，また，社会システム全体の中で互いに深く影響しあっている。このような複雑な状況の中で，どのように精神機能を形成し，認識の発達を遂げているのかを推測するためには，子ども

が実際にかかわる複数の状況をさらに深く検討する必要がある。さらにこのような社会文化的研究では，それぞれの状況や文化特有の認識の形成や共同行為のあり方の特徴を記述した上で，改めて認識形成の異なる社会・文化間にまたがる普遍性を同定していくことが必要と考えられる。

小学校4年生における「ことばの使い分け」に関する実験的検討

前項の研究は生態学的観察に基づいた分析を試みたものであったが，このような個性記述的資料の妥当性の検討の一環として，実験的観察に基づく分析も試みられた（Tajima, 1997）。そこでは，同じ小学校4年生のクラスにおいて，担任教師の司会による日常の班活動のグループ構成に基づく5～6人のグループでの学級会形式の討論場面の観察が行われた。討論課題は"クラスの清掃をきちんと行うにはどうしたらよいか"という，生徒たちにとっては日常的に問題の多い切実な課題であり，担任教師から提案されたものであった。実験計画は二つの実験条件グループと，一つの統制条件グループで構成された。実験条件1は課題を出し，司会をする教師（男性）に対しすべてのことばを「です・ます」調のフォーマル言語を使用することが要求された（フォーマル群）。実験条件2では，同様にすべてのことばをインフォーマル言語を使用することが要求された（インフォーマル群）。統制条件は，以上のような要求はいっさいなされず，普段どおりにしゃべってほしい旨依頼された（統制群）。一方，生徒に対してはいずれの条件も何の要求もなされず，教師の提案する課題について討論により，よりよい解決を見つけてほしいということのみ，教師より伝えられた。なお，3群とも教師は担任をしている同一人物であった。その結果，まず統制群では，これまでの生態学的観察で見られたように，教師は課題の提案，複

数意見の多数決による採決，まとめなどはフォーマル言語を用いており，児童に対する意見表明の依頼や意見の受容などはインフォーマル言語が使われていた。児童の発話も，教師の発話にほぼ対応する形で使い分けられていた。ところが実験群においては，明らかに教師のことば遣いのスタイルにより，生徒のことば遣いのみならず，討論の過程や内容に大きな影響があることがわかった。フォーマル群では，教師自身の発話が堅苦しく，発話量も減るのであるが，生徒の発話においても，インフォーマル群にくらべて，明らかに教師が使用する「です・ます」調の敬体表現が多出していた。そして，教師の提案した課題に関する意見数と成果については，インフォーマル群が多彩な意見が多出して少しまとまりが悪かったのにくらべると，少ない代わりにまとまりはよかった。討論終了後の面接によって得られた生徒の満足度調査では，討論過程の充実度についてはインフォーマル群が最も高かったが，討論結果の評価においてはインフォーマル群とフォーマル群の間には差異はなかった。

　実験が終了して1週間後に，実験中に出てきたことば遣いを参照して，教室における教師や友人のさまざまな場面におけることば遣いについて，フォーマルとインフォーマル言語表現を対として提示し，どちらがよく使われるか（"自然"だと感じるか）の判断を尋ねたり，フォーマルかインフォーマル言語表現のサンプルを示し，それに対する対象児自身の反応としてのことば遣いのあり方を尋ねるという質問紙調査を実施した（田島ほか，1997）。その結果，フォーマル言語が自然であるととらえられたのは，授業中の教師による課題提示とまとめ，授業中の教師による質問に対する応答，学級会における議長，班ごとの反省会における班長の課題提示および指示，注意に対する応答であった。一方，インフォーマル言語が自然であるととらえられたのは，教師の授業の終わりの告げ方，授業中

の友人によるインフォーマル言語での私的依頼に対する応答，班ごとの話し合いにおける意見提示，班単位の作業中の班長の注意，休み時間の他児のインフォーマル言語での質問に対する応答，清掃中の他児への私的注意であった。

　以上のような実験的観察と生徒自身の意識調査の結果は，生態学的観察で見られた現象がかなり普遍的な現象であることを示唆する。しかも，小学校4年生の児童が，ことばの使い分けに関して，単に相手（教師や友人）のことば遣いに応じてことばを使い分けるというだけではなく，同じ相手でも場面や発話内容・意図によっても使い分けるのが当然（自然）であるといった意識を持っていることが示されたのである。しかも，単にことばの使い分けをするだけでなく，それに応じた反応が生起するわけで，この「ことばの使い分け」という現象が，学校での教師と生徒，生徒同士の相互行為場面において，それぞれの参加者自身の行動を統制する文化的道具として機能していることを強く示唆していると考えられる。

「ことばの使い分け」の形成過程に関する横断的検討

　これまでの研究において，小学校高学年の小学校の一日と子どもの一日の観察から，子どもが参加する複数の社会文化的文脈のあり方を対照的に吟味することの必要性が示唆された。またその中で，各場面や相手に対応した「ことばの使い分け（スタイル・スイッチング）」が文化的道具として採用されており，それを通した自己および他者の行動調整が生態学的，および実験的な観察によって明らかとなった。しかし，このような適応様式をより詳しく検討するためには，それがどのように形成されてきたかを検討することが有効であろう。まさにものごとの本質を知るには発生的なアプローチが必要なのである（Vygotsky, 1978）。しかも，以上のような子ども

の他者との意味の共有とその再構成，創造的活動を中心とした，子どもの社会化の過程を明らかにするためには，メゾシステム・レベルの文化的文脈の検討を，個体発生的な発達過程で行うことが求められる。

そこで田島ら（田島・上村，1995；Uemura，1997；Yamazaki, Tajima, & Uemura，1997）は，この小学校高学年に見られる適応様式に至る発達過程を，「子どもの一日の生活」研究と同様の分析レベルで吟味している。つまり，異なる年齢にある子ども（1歳児，4歳児）のそれぞれの一日の生活の中で繰り広げられるさまざまな活動の生態学的観察を行い，小学生（9歳児）の一日で見られる活動と対照的に検討してみたのである。具体的には，対象となる子どもたちが参加する共同行為の中に見られる言語的・記号的媒介現象に焦点をあて，子どもたちがいかにことばの使い分けを身につけていくのかを明らかにすべく，詳細に比較してみた。そこから，子どもが社会文化（歴史）的文脈を通してどのように心的機能を形成し，そしてその文化特有の課題解決の仕方を身につけていくのかという発達過程についての推測を試みたのである。

ここで観察の対象となった一人は，家庭の中で母親をはじめとする家族との相互行為が中心となる1歳児で，発話はほとんど見られないが，周囲の発話の大部分は理解していると考えられる状況にあった。もう一人は4歳児で，家庭での共同行為のほか，保育園での保母や友達とのかかわりも生活の重要な位置を占めるようになった時期の子どもである。これらの子どもたちの資料を，生活圏をさらに広げた9歳児の資料と改めて比較してみる。

比較された対象の概要を改めて示しておくと，1歳6カ月の男児，4歳5カ月の女児は本章の最初に報告された対象児と同じであり，また9歳6カ月の女児は「子ども（小学生）の一日」研究で報告さ

れた対象児と同じで，いずれも東京近郊在住である。1歳児の家族
構成は，両親と小学校1年生の兄，本児の4人である。4歳児は，
両親と小学校3年生の姉，6歳の兄の5人家族，9歳児は両親と中
学校1年生の兄，小学校2年生の妹，4歳の妹，本児の6人家族で
ある。

　「子ども（小学生）の一日」研究と同様に，対象児が朝起きてか
ら夜寝るまでの一日の時間の中で生起した共同行為すべてが観察さ
れた。いずれも対象児にとって非日常的な行事のない平日が選択さ
れた。データの収集の方法も同様で，子どもにカセットデッキを携
帯させて（1歳児の場合はそばに設置して）音声記録をとると同時
に，2名の観察者が一日中対象児を追い，VTR記録および筆記記
録がとられた。分析にあたっては，1歳児の場合は，本人の明確な
発話がほとんどないため，発声の調子や行動の変化などにとくに注
目した。観察の事前，事後訪問時の情報収集の方法なども，「子ど
も（小学生）の一日」研究と同様である。

結果の概要

(1)　対象児の一日の生活場面

　観察対象である1歳児，4歳児が朝起きてから夜寝るまでの時間
に，かかわった場所および対象と活動内容を示したものが表5・表
6である。1歳児の一日13時間を見ると，かかわった物理的な場
所は14カ所で，うち家庭内が4カ所であった。また，1歳児が直
接かかわった共同行為の対象者は19名で，うち家族が3名，家族
以外の大人が10名，子どもが6名であった。これらの物理的な場
所と対象者，そしてそこでの活動内容より1歳児の一日の生活を
26の場面に分割した。一方，4歳児の一日15時間の中でかかわっ
た物理的な場所は19カ所で，うち家庭内が8カ所であった。また，

表5　1歳児（男）の一日の生活場面

	場　　面	時間(分)	物理的場所	他　　者	活動内容
1	朝食	23	居間，寝室	母，父，兄	挨拶，食事
2	見送り	12	玄関前	母，兄，隣人	兄，隣人の見送り
3	身支度	9	居間，玄関	母，父	着替え，父の見送り
4	カメの世話	9	寝室	母	カメの餌やり
5	ひとり遊び	37	居間	母	ミニカー遊び，本よみ
6	テレビ	76	居間	母	テレビ，CD
7	公園行き	19	戸外，雑貨店	母，店員	ベビーカー，買い物
8	公園	23	公園	母，親子2組，通行人	ブランコ，シーソー，砂場，滑り台
9	公園帰り	27	駅前，スーパー	母，店員	電車，買い物
10	昼寝	134	戸外，寝室		睡眠
11	昼食	20	居間	母，兄，兄の友人2人	食事
12	ひとり遊び	29	居間，玄関	母，兄，販売員，兄の友人3人	ブロック，模型，売り込み
13	ボール投げ	19	居間，寝室	母，兄，兄の友人3人	ボール投げ
14	ひとり遊び	48	居間，寝室	母，兄	兄の見送り，テレビ，ミニカー
15	ミニカー遊び	7	居間	母，兄	兄の帰宅，ミニカー
16	医者行き	43	戸外，病院，薬屋，魚屋	母，兄，医者，魚屋，兄の友人	ベビーカー，本よみ，兄の診察，買い物
17	ひとり遊び	20	居間	母，兄	ジュース，ミニカー，模型
18	テレビ	101	居間，台所	母，兄	テレビ，ブロック，ピアノ
19	夕食	36	居間，寝室	母，兄	準備，食事，テレビ
20	ひとり遊び	14	居間	母，兄	走り回り，ピアノ
21	父の帰宅	9	居間，台所	母，父，兄，祖父	おみやげ，祖父とやりとり
22	父の食事	18	居間	母，父，兄	食事，アルバム
23	食後の団欒	28	居間，寝室	母，父，兄	計量器，書き物，片づけ
24	シャワー	13	浴室，居間	母，父，兄	シャワー，着替え，歯磨
25	団欒	6	居間	母，父，兄	テレビ，体重計
26	就寝	2	居間，寝室	母，父，兄	挨拶

表6　4歳児（女）の一日の生活場面

	場面	時間(分)	物理的場所	他者（うち大人）	活動数	おもな内容
1	ひとり遊び	30	居間, D. K	2 (母)	3	着せ替え人形, 兄との言い合い
2	朝食	20	D. K	4 (母, 父)	2	食事, 談笑
3	ひとり遊び	26	居間, D. K, トイレ	3 (母)	8	CD, 兄とのふざけ, 薬
4	登園	7	居間, D. K, 玄関, 通園路	2 (母)	5	カレンダーを介して母とやりとり
5	衣服整理等	5	廊下, 教室, 兄の教室	3 (母, 保母)	5	ブロック, いたずら
6	遊び (特例保育)	47	ホール	12 (担任保母, 副担保母, 他組保母)	8	電車, 絵本, クイズ, いざこざ
7	遊び	38	廊下, 教室	9 (担任保母, 副担保母)	9	絵本, 折り紙, いざこざ
8	紙芝居	8	教室	3 (担任保母, 副担保母)	3	保母が全体に紙芝居を読む
9	朝の会	12	教室, 廊下, たたき	5 (担任保母, 副担保母)	7	出席確認, 出し物の準備
10	予行演習	31	廊下, たたき, ホール	11 (担任保母, 副担保母)	11	けんか, 出し物の稽古
11	ひとり遊び	43	教室, 園庭, たたき, トイレ, 水飲み場	15 (担任保母, 副担保母, 他組保母)	8	泥遊び, 遊びへの勧誘, 片づけ
12	着替え	3	教室	3 (担任保母, 副担保母)	2	着替え, 保母との会話
13	昼食	56	教室	9 (担任保母, 副担保母)	10	紙芝居を見る, 食事, 談笑
14	昼寝準備	10	教室, たたき, 廊下	4 (担任保母)	8	着替え, 移動
15	昼寝	150	ホール, 廊下	2 (担任保母)	4	他児との会話, 昼寝
16	着替え	19	ホール, 廊下, たたき, 教室	3 (他組保母, 担任保母, 副担保母)	6	布団たたみ, 着替え, 移動
17	遊び	10	教室	6 (担任保母, 副担保母)	6	折り紙, いざこざ
18	健康診断	2	教室, 廊下, 保健室	3 (他組保母, 医師)	3	移動, 医師との会話
19	遊び	22	教室, たたき, 廊下, トイレ	12 (担任保母, 副担保母)	12	折り紙, ちゃんばら, けんか
20	おやつ	39	教室	6 (担任保母, 副担保母)	10	紙芝居を見る, おやつ, 談笑
21	ひとり遊び	36	教室, たたき, 園庭	5 (担任保母, 他組保母)	9	いざこざ, 泥遊び, 片づけ
22	遊び (特例保育)	47	ホール	10 (副担保母, 他組保母×3, 母)	14	紙芝居, 折り紙, 兄, 母とふざける
23	帰宅	17	廊下, 教室, トイレ, 兄の教室, 通園路, 家の玄関, 廊下	3 (母, 他児の母)	7	折り紙, 母に叱られる, 挨拶
24	おやつ	7	D. K, 洗面所	3 (母)	7	姉との言い合い, 洗面, おやつ
25	テレビ	23	廊下, 階段, 居間, テレビのある二階の部屋	2	4	テレビ, 姉・兄にちょっかい
26	ひとり遊び	40	テレビのある二階の部屋, 階段, 廊下, 居間, D. K, トイレ, 洗面所	2 (母)	14	お絵描き, 母に叱られる, 片づけ, 折り紙
27	母の手伝い	54	洗面所, D. K, 居間	4 (母, 父)	9	皿洗い, 父の帰宅, 食卓の準備
28	夕食	36	D. K	4 (母, 父)	2	食事, 談笑
29	就寝	49	トイレ, D. K, 居間, 洗面所, 廊下, 階段, 二階の部屋	4 (母, 父)	8	着替え, 洗面, 談笑, 挨拶

直接かかわった共同行為の対象者は34名で，うち家族が4名，家族以外の大人が11名，子どもが19名であった。そしてこれらと活動内容より4歳児の一日の生活を29の場面に分割した。9歳児については，前項の生態学的研究の結果の(1)および表4に示したとおりである。

(2)　ことばの使い分けと共同行為の変化

対象児の一日の中で，「参加者のことばの使い分けが見られ，かつそれを通して参加者の行動変化が見られる」という基準をみたす共同行為が示されるのは，以下の場面であった（事例の場面の数字は表5，表6の場面番号に対応する）。

1歳児の共同行為で見られた母親のことばの使い分け
〈昼食時の母親のサポート（場面11）〉

昼寝から起きた1歳児が遅い昼食を食べている間，母親がそばに座って食事のサポートをしながらおいしいかどうかを何度も尋ねている（事例下線部分）。1歳児はそれを模倣する形で「おいしい」と答えている。この場面では同じ一つのことばでのやりとりが母子間で何度も繰り返されているが，母親はイントネーションを変えたり，子どもをくすぐるなどの非言語行動を加えるなどしながら働きかけを変化させて子どもの応答を促していた。1歳児も能動的にやりとりに参加しながら，このような直接的なことばの模倣を表出している（事例波線部分）。

〈場面11：昼食時の母親のサポート——1歳児ケース〉
（本児，母の横に寝そべってしまう。母は本児の口へおにぎりを一かけら持っていく。本児，一度起き上がるが，また寝そべる）

母親：おいしい？（本児の背中をくすぐりながら）おいしいですか？
本児：（寝返りを打ちながら）おーいーしーいー。
母親：そう，おいしいの。
（本児，仰向きの姿勢で両手を一杯に広げて嬉しそうにしている。）
母親：（本児のお腹をくすぐりながら）おいちいの？　おいちいの？
　　　こちょこちょ，こちょこちょ。
（本児，嬉しそうにしている。）

〈おやつの要求への母親の拒否（場面５）〉

　１歳児はおやつに食べたゼリーをもう一つ要求するが，母親に拒否される。この要求は子どもの現在の言語能力からも，直接的に言及されたものではないが，母親は子どもの行動からその内容を要求として十分に理解している。１歳児はさらに抗議の形で要求を続けるが，母親は「もうない」という応答を４回繰り返した（事例下線部分）。子どもの抗議が徐々に間接的，かつ，遊びの方向に向かっていくにしたがって，母親の応答の繰り返しも柔らかい調子へと変化していった。このような調子の変化を伴う繰り返しと，「ティッシュ破き」という他行動の出現を利用して子どもの気持ちを切り換えることで，母親は子どもとの直接的なぶつかりあいを回避している。

〈場面５：おやつの要求への母親の拒否——１歳児ケース〉
本児：トンオーン（母親の肩をたたく）
母親：はあい？
本児：うー。（台所のほうに走っていく）
母親：（ゼリーをもう一つ要求していることを察してきっぱりと）やだぁ，もうないの！　食べすぎ！　Ｈちゃん，もうない。
本児：うー。（戻ってきて，片手をあげる）
母親：（低い声で）もうないの。

本児：（母親の側にきて）いぇー。（ティッシュペーパーを引っ張り出して破く遊びを始め，そのうち1枚を口元へ持っていく）

母親：（おかしそうに子どもの顔を見て）<u>もうないよー</u>。

本児：（ティッシュを破って）やだー。（ティッシュを破って床に落とし，またティッシュを取って床に落とす）ああー。（居間を離れる）

〈遊び場面の中の緊急時の母親の指示（場面12）〉

　兄の友達が家を訪れての遊び場面の中で，1歳児がテーブルの上に載って立ち上がるという危険を伴う状況で，母親は「降りなさい」という指示を何度も出した。まず明確で直接的な指示を大人レベルの命令文と，次に幼児ことばを使って繰り返した。1歳児はそれにすぐに応答してテーブルを降りようとかがんだが，母親はそれ以上にあわてることはなく，しばらくしてからそばに行って子どもを抱いて降ろした。このような緊急時には，母親のことばかけは非常に即時的，直接的に行われる。子どもの行動を抑制する目的で発せられることばかけは比較的多く聞かれるが，この場合は行動の抑止を子どもに任せるというよりは，「すぐに制止させたい」という意思が母親にあり，二通りのことば遣いをしている。1歳児も母親のそのときの意思をよく理解しており，母親の表情を注視してから，すぐにことばに従った（事例波線部分）。

〈場面12：遊び場面の中の緊急時の母親の指示──1歳児ケース〉

（本児，何かうなる。兄と友人3は，小声で何か話してときおり笑っている。本児，いままで寄り掛かっていた低い折り畳みテーブルによじ登り，その上に立っている。）

兄の友人1：あっ，ちょうむかつくー。またここからだ。

母親：（この部屋にやって来て）<u>Hちゃん（対象児）降りなさい</u>，危ない。／<u>おんり。Hちゃんおんり</u>。

（本児，テーブルの上に座って母の顔を注視する。）
兄の友人２：赤ちゃんってさー，赤ちゃん語使わないと無理なの？
母親：そんなことないよ。でもね，まだ難しいことばはわからないの。

〈就寝準備の中での母親の指示（場面23）〉

　同じ母親の指示でも，それが緊急時かまだ余裕があるかによって，母親の働きかけも１歳児の反応のあり方もかなり異なってくる。このことは次の遊び場面と比較することでより明確となる。母親は布団を敷くという仕事を早く終わらせるために，布団の上に載っている１歳児を降ろそうとしてことばかけをした。この働きかけは，内容的には直接的であり，かつ敬語を使用しているが，母親の笑いを含んだ声の調子や表情などからは緊急性，切実性はまったく感じられなかった。１歳児もそれをよく理解し，母親の指示がまだ遊びの範囲内にあるという認識を持ったようで，活動を一時停止して母親の態度に注意を払うという活動の変化を示しはしたが，結果的にはさらに自分の遊びを優先させた（事例波線部分）。

〈場面23：就寝準備の中での母親の指示──１歳児ケース〉
母親：（本児に）ちょ，ちょっと手やめて。ちょっと手やめて。（布団を運んでいる）
（本児，布団の反対側にくっついて一緒に移動する）
母親：（移動しながら）あっちに行かせてくれる？　悪いけど。（部屋を出て玄関のほうへ）Ｈくん（対象児），ちょっとどいてくださいます？（布団を置いてその場を離れる）…… [ia]。
本児：（壁に立てかけて置いてある布団に座って母を見る／体を前後に揺する）じゃあ。た，ら。じゃ，あー。
母親：（布団のところに戻って来て）Ｈちゃん，おしまい。ほら，よっこいしょ。
父親：Ｈ。

母親：よっこいしょ。
（本児，立ち上がる）
母親：お父さん呼んでる。（布団を持ち上げる）お父さん呼んでる。
　　　"H"，だって。
（本児，走って父の所へ行く）

〈1歳児のまとめ〉

　まず注目されるのは，子どもの発話および行動には模倣が多く観察されたことである。模倣では，他者のことばや行動様式がそのまま直接的に取り込まれているが，これはすでに乳児でも腹話を行っていることを示唆している。一方，母親の働きかけにも，子どもの行動の取り込みや繰り返しが数多く見られたが，これは子どもの次の反応を想定したものと考えられる。同時に，語調やことば遣い，繰り返しのあり方や直接的な行動とその表出のあり方には，母親の意思が明確に現れていた。子どもの側も母親の強い語調や表情などに敏感に反応し，母親の顔を注視する行動が観察された。これは，社会的参照（social referencing）（Sorce *et al.*, 1985）といわれる現象であるが，その中で乳児は自己の行動を制御するために，母親の顔を記号的な指針として使っていると考えられるのである。以上のように，1歳台の母子関係は，母親のことばの使い分けや繰り返しのやりとり，子ども行動の取り込み（腹話）に触れることを通して，子ども自身が結果としてやりとりに参加し，他者の行動やことばに敏感になっていく過程が示唆された。

　さらに，母親は子どもの応答や注意喚起を期待するときに，意識的に子どもの興味や周囲の状況の変化に合わせて働きかけを行っていた。このような働きかけに応じることで，子どもが自然に母子のぶつかりあいを回避することができるように母親は導いている。こ

のように母子関係を良好に保つことで，母親は子どもにとっての自己制御のための指針の有用性を確保しているものと考えられる。

4歳児の共同行為で見られたことばの使い分け
〈家庭における朝の仕度（場面１）〉

　　4歳児と兄とのやりとりの中で，「観察用のウエストポーチを誰がはずしたのか」という4歳児の発問に対して，兄が「（4歳児が）自分ではずしたんだろう」と指摘した。それを否定するのに，4歳児は丁寧語を使用して反論している（事例波線部分）。兄は4歳児のことば遣いの影響を受けて丁寧語を使って柔らかく反論している（事例下線部分）が，内容的には4歳児の主張を受け入れた形でこのやりとりは終わっている。兄妹間では普段は丁寧語はあまり使われないため，この敬語を取り込んだ4歳児の表現は相手の注意を引き，強い主張として機能し，兄の反論を抑えている。

〈場面１：家庭における朝の仕度―― 4歳児ケース〉
　　　　（s：同起，／：ポーズ）
本児：あれ。誰これはずしたの？
母親：えー？
兄：自分で［s］自分ではずしたんでしょ。
本児：［s］これー。はずしたのだーれー？
兄：自分ではずしたんでしょ。自分ではずした……。
本児：違います。
兄：なんか違いますよ，それは。
母親：しょうへいちゃん，パジャマ［s］たたんどいてよー。
本児：［s］いいの。
兄：はい。／それでやるんだよ。／はずすんじゃねえよ。

〈夕食前の母親の手伝い（場面27）〉

　4歳児は夕食準備に使う鍋を洗うのを手伝っているが，それが半分遊びになっているため，母親は彼女をどかせて料理を進めようとするが，彼女は作業を止めたくない意志を表明している。母親は「水道をあけなさい」というメッセージを彼女に伝えるのに，非常に間接的な表現を使用している（事例下線部分）。また，4歳児も母親の要請に直接的には応答せず，鍋の蓋がきれいになったことを伝えており，ここでやはり丁寧語を使って表現している（事例波線部分）。ここで両者は間接的，婉曲的な表現を取り込みながら，相手との意思のズレを確認している。しばらくの間，間接的なやりとりが続くが（事例破線部分），最終的にはお互いの表情を読みあって4歳児が主張を止めることで意思のズレを解消した。

〈場面27：夕食前の母親の手伝い—— 4歳児ケース〉
母親：ねえ。洗ってくれてるのと，お水で遊んでんのと，どっち？
本児：洗ってるの。
母親：はい。[s]　Cちゃん（対象児）それ，
本児：[s]　はい，きれいになりました。なりました。
母親：きれいになりません！
本児：ふふ，
母親：そろそろその辺どいていただけると助かるんですけれども？
本児：いやだ。どけさしてあげるよ。
母親：どけさしてあげる？
本児：ふふふー。（鍋の蓋を流しの横にあげて示す）
母親：（蓋をつまんでみて）洗ったの？　はい，はーい，ご苦労さまでした。
（本児，椅子を下りるが，椅子を母のすぐ隣に置く）
母親：あら？　ちょっと，それって，どいてないじゃないのー！（何かを洗い始める）

本児：（椅子に上り皿を取る）だってー。
母親：だってじゃない。
（母，本児，顔を見合わせる）
母親：出さない！　今使ってるの！
本児：じぇったい，じぇったーーい？
母親：絶対絶対。

〈朝の園での仲間との遊び（場面６）〉
　保育園のホールでの電車遊びの中では，４歳児と友達の間で「です・ます」，「ください」という丁寧語を使った表現が両者に頻繁に見られた。これは電車に乗るという場面を想定した遊びの中で，「次の電車にお乗りください」という車内放送で使われる社会的言語が４歳児の発話の中に取り込まれたものである（事例波線部分）。また，このような言い回しが４歳児と友人間で繰り返されており，その後の時間の問い合わせ－応答のやりとりにも般化し，やりとり全体が丁寧語を使ったものになっていると考えられる（事例下線部分）。

〈場面６：朝の園での仲間との遊び── ４歳児ケース〉
本児：[s] はーい，はじま。／ぶぶぶぶ，今何時？
友人：11 時 11 時。5 時でーす。8 時です。
本児：8 時？
友人：8 時。8 時 10 分でーす。
本児：はいはい，8 時 10 分です。はい。次ので行けまちゅね。お父さんとこの子は，次ので行けまちゅ。次のでしょ，早く行ってください。しーちゃん：じゅーいちじ，じゅーいちじ，じゅーいちじ。／今何時？
友人：11 時です，11 時でーす。
本児：うーうー。

友人：なに時間きかないとわかんないのー？

本児：だってしゃあ，ひーくんにばれちゃうでしょう。また次の列車に，の，お乗りください。おとーさん，とことことこー，ふー，うーここもももー，発車，びー，がたんごとんがたんごとん。今何時ですかー？

友人：ちょっとね，時計動かすから。

本児：はーい。

友人：1時です，1時。3時です，3時。いち，に，1時です。

〈園での外遊び時の仲間とのやりとり（場面11）〉

　4歳児がひとり遊びをしている際に，それにあとから参加するのに友人との間で「入れて」「いいよ」という決まり文句のやりとりが観察された（事例波線部分）。これは子どもの遊びへの参加時の社会的言語であり，このような決まりあいさつの表現は，これを踏むことによって新しい人間の参入をスムーズにする機能を持つと考えられる。さらに，ここでは逆に4歳児のほうからの勧誘の働きかけ（事例下線部分）とそれへの応答もあり，参加がうまく進行し，その後は遊びの役振りへとやりとりが展開している。このような展開過程を見ると，この4歳という時期においても，社会的言語の単なる儀式的な側面だけでなく，新たなやりとりの糸口として積極的に取り込まれ，意味の再構成の基礎としての役割を果たしていることがわかる。

〈場面11：園での外遊び時の仲間とのやりとり──4歳児ケース〉

友人：Cちゃん。

本児：（友人のほうを振り向く。そして座る）柿植えたんだけど。きみも一緒にやらないかなあ。

（本児，また泥をスコップでタイヤの中に入れる）

友人：仲間に入れて。

本児：<u>いいよー。</u>（古タイヤ内側に泥を入れかき混ぜながら）その代わ
　　　り新しい［ia］までできたよー。

（友人も本児の所に近づき）

本児：<u>一緒に仲間になってくんないかなー。</u>蟹のおっかさんはいないん
　　　だよー。

友人：なってあげる。

本児：いいよ。（友人に向かって）蟹のおっかさんね，死んじゃったの。

友人：私がなってあげるから。

〈きょうだいに夕食の準備ができたことを伝える（場面 27）〉

　母親の要請で 4 歳児が 2 階の姉兄たちを夕食に呼ぶ場面では，彼
女の代わりとして母親の立場から，テレビを観ている姉と兄を階下
から呼んでいる。彼らにテレビを観るのを打ち切って夕食に降りて
くるように何度も呼びかけたが，このとき 4 歳児は母親が普段彼ら
に語りかける口調，とくに，彼らを食事に呼ぶときの口調を取り込
んでいる（事例波線部分）。それに対する姉の応答も，妹へという
よりはむしろ母親への応答を想定したような丁寧語を使っている
（事例破線部分）。母親の要請という背景もあるが，年上の姉兄たち
の活動の変化を即座に促すために，「権威性」を持った母親の習慣
的な言い回しを無意識に使用したものと考えられる。それに対する
姉兄の応答もその影響を受けたことば遣いになっているだけでなく，
このやりとりを通して活動の変化が生じている。

〈場面 27：姉兄に夕食の準備ができたことを伝える―― 4 歳児ケース〉

母親：下りといでーって。おしまいにしてって。

（本児，階段に通じるドアを開ける）

本児：<u>S（兄）と M（姉）―――！！！</u>

姉：（二階から）はーい，<u>待ってくださいよ。</u>

本児：み，あのしゃあ，

姉：<u>はい？</u>

本児：<u>お話があるんだけど。あのしゃあ，テレビおしまいにして食べる</u>
　　　<u>時間にし，よー。</u>

姉：<u>してる。</u>

本児：<u>じゃあ早く降りなよー。</u>

姉：<u>わかってます。</u>

本児：<u>MちゃんとSー，降りなー。またあとで見ればいいじゃんよ。</u>

（兄，二階から降りてくる）

本児：<u>あとで。Mも降りなー！！</u>

（姉，降りてくる）

〈4歳児のまとめ〉

　子どもの一日の活動を見ると，母親や保育園の保母などの身近な大人のお手伝いといったかかわりを通して，日常的な活動への分業が見られるようになった。また，子ども同士の遊びの活動の中でも場面を共有していく過程が観察された。他者の行動や意思を変化させる働きかけが必要となる場面もあり，とくに，母子間では意思を間接的，婉曲的表現を通して伝え，相手の意思を相互主観的に読みあう過程が示された。また，仲間同士のやりとりや姉兄への働きかけでは，自分の意思を伝えるのに社会的言語や母親の言い回しを取り込むなど，共同行為の対象や目的に応じてことばを使い分けている過程が見られた。それに対して，やりとりの相手もことば遣いに敏感に対応して行動や意思を変化させることが多く観察された。

9歳児の共同行為で見られたことばの使い分け

〈朝の父親の出勤（場面2）〉

　9歳児は登校準備をしている中，父親の出勤を見送るために母親に玄関に呼ばれた。9歳児は捜しものをしていたため，母親が何度

か呼んでもなかなか自室から出てこない。ところが，母親が声の調子を変えて丁寧語で行った呼びかけ（事例波線部分）に対してはすぐに応答して玄関に向かっている。これは，父親の出勤には揃って送り出したい母親と，今は捜しものをしていたい9歳児との間で意思のズレが生じた場面であった。子どもの活動を一時中断して自分のほうに方向づけるために，母親は最初は何度か妹たちに対するのと同じように呼びかけたが（事例下線部分），効果が見られなかったため，ことば遣いと語調を変えて働きかけている。それまでの過程の中で文脈と母親の意思を十分に理解している上，母親の使った丁寧語と強い語調によって9歳児はこれが最後の要請であることを知って，「はい」というややフォーマルな応答のあと，活動を中断して父親を見送りに出てきた。

〈場面2：朝の父親の出勤──9歳児ケース〉
母親：M（対象児）ちゃん。
本児：（自室から）はい？　いってらっしゃい。
父親：はーい。
（父と母が玄関へ向かう。）
本児：あれー？
母親：S，Tちゃん（妹たち）。お父さん行くよ。こっち，ほら。
（父は玄関から廊下をのぞいて手を振る。母が手招きする。T（下の妹）が駆け寄って父の手を握る。）
母親：ほら，Mちゃん。
本児：はい？
父親：あーくーしゅ。（Tと握手をする。）
妹：くぁー。（息をはく音）
母親：（少し強い調子で）お母さん呼んでますよ。
本児：はい。（部屋から出てくる。）
母親：お父さん出かけますよ。

本児：行ってらっしゃい。

父親：はーい，行ってきまーす。

〈授業中の発言（場面11）〉

　前項の生態学的研究で観察された「小学校の一日」では，授業の中で先生も生徒も発話の内容や目的に応じてフォーマル言語，インフォーマル言語の言い回しを使い分けていることが示された。ここではさらに，9歳児の授業中の社会的言語に焦点をあてて共同行為を抽出した。先生のフォーマル言語の発問に対して，生徒たちは挙手をして立ち上がって意見を述べ，他の生徒たちへの確認を通して次の質問に移るという，フォーマル言語を含む教室ルーティーン的な社会的言語を通してやりとりが行われている（事例下線部分）。このような慣用的表現を使うことによって，教室全体が無駄なく次々と教師の質問－個人の応答－学級全体への確認を繰り返していくことができるのである。

〈場面11：授業中の発言―― 9歳児ケース〉

先生：さて，二つの数字……が，それぞれだいたいここら辺だよーと言ってくれたんですが。じゃあこれは，136718は，13万に近いですか，14万に近いですか？

（生徒たち，手をあげる）

先生：Tさん（対象児の名字），一番だったね。じゃあ，Tさん。

本児：はい。（立ち上がる）14万に近いです。

生徒たち：はい。

先生：14万に近い。じゃあもう一つ質問します。14万に近いね。じゃあこれ，概数で言うと，なんて言うの？

（生徒たち，手をあげる）

先生：14万に近いんだね。だから……［ia］君，はい，［ia］君。

男子：はい。（立ち上がる）約14万です。

生徒たち：はい。

先生：[ia] 約14万。または……

生徒たち：およそ。

先生：およそ14万だね。じゃあ同じことをききます。133656は，13万
　　　に近いですか，14万に近いですか？ [s]

生徒たち：[s] はい！（手をあげる）

先生：はい，N君。

生徒N：はい。（立ち上がる）13万に近いです。

生徒たち：はい。

先生：13万に近い。

〈学校での給食準備中のトラブル（場面14）〉

　給食の準備中に一人の男児が9歳児のナプキンにスープをこぼし
て，それを9歳児が教師に報告する場面では，教師の側が「です・
ます」を用いたフォーマル形式の発話をしている一方で（事例波線
部分），9歳児はインフォーマル形式の友達ことばを使っており
（事例下線部分），教師－生徒の立場を考えると通常の使用とは逆に
なっている。ここでは，それまでの経緯を教師に聞いてほしいとい
う9歳児の意思と，おおよその状況は了解したのでやりとりは打ち
切りたいという教師の意思が拮抗している。友達ことばで語りかけ
てくる9歳児に対して，教師が丁寧語を使って状況確認のみの対応
をすることによって，やりとりがそれ以上に展開せずに終息し，9
歳児は確認に対するフォーマル形式による応答（事例二重波線部
分）のみを発して自分の席に向かった。

〈場面14：学校での給食準備中のトラブル―― 9歳児ケース〉

本児：（箸を見て）やー！　きみが洗いなさいよー。

生徒K：なんで俺が洗わなきゃ。

本児：君がつけたんでしょー，Kー。（Kを追いかける）何がかてーこ

とよ。自分で洗ってきなさいよー。

（本児が教師のところに来る）

本児：K君がねー，お味噌汁で濡らしたの。

先生：なんでー，なんでKが6班にいるの？

本児：<u>そうじゃなくて，持ってきたときにお盆についてたの。</u>

先生：<u>すでに濡れていたということですか？</u>

本児：<u>そう。</u>

先生：<u>ご苦労様でした。大丈夫ですか？</u>

本児：<u>はい。</u>ひゃーあああ。しゅわっち。（走りながら自分の席に戻る）

〈自習時間におけるグループ活動（場面16）〉

　社会科の自習時間における6人のグループ作業の中で，9歳児がリーダーシップをとって作業過程が展開されている。作業とは関係のないおしゃべりをして作業の遅れている二人（WとU）に対しては活動の続行を促すことばかけをし，丁寧語と間接的表現を使って統制しようとしている（事例波線部分）。また，ひとりで作業をどんどん進めていく女児（T）に対しては，インフォーマル形式で，同等か，むしろリーダーとしての立場から語りかけ，作業の進め方やペースについて批判している（事例下線部分）。ここでは，9歳児が異なる立場にいる他者をそれぞれ異なることば遣いによって統制して，メンバー全体の作業の足並みを揃えようとしている過程がうかがえる。

〈場面16：自習時間におけるグループ活動〉

生徒T：ねえねえねえ，ここ，

本児：<u>どこ，3番？　3番って言った？　ちょっと待ちなさい，あった3番。</u>

生徒W：汗？　汗全部流れないよ。

生徒U：あ，わかった！　どうして曇るか。汗がこっちへたれて，眼

鏡が，それが蒸発して雲……

本児：W君！　私たちもうここまで貼ったんですが！

生徒W：よし，ピー！　あ，もしかして，12番貼ると，デパートの半
　　　　分がなくなっちゃうじゃん。

本児：いいんだよ。

生徒W：あ，そういえば，ここも，貼ればなくなっちゃう，車2台。

本児：電車もそうだよ。電車もそうだよ。3番。

生徒W：あ，3番貼ろ。（歌う）あいつらはグルメじゃない何でも……

本児：ねえ，T，早いよきみ。

生徒W：だって，しゃべんないんだもん，T。4番わかる？

本児：T，雑。先生きれいに作業しなさいって言ったよ。

生徒W：じゃあ2番わかった？

本児：2番，わかってない。まだやってないもん。

〈9歳児のまとめ〉

　1歳児や4歳児と比較すると，生活圏が格段に拡大した9歳児は，
あまり親しくない他者や異なる意思を持つ相手との交渉や公的な場
面など，共同行為を行わなければならない場面が多くなっている。
学校の授業中の状況や相手に応じては，教室での慣用表現などの社
会的言語を使用して対応しなければならない場面が見られた。また，
権威性を持つ母親などの他者のことばを取り込んで（腹話して），
まったく異なる場面や他者において効果的に使うことによって，異
なる立場や意見を持つ相手に対して自分の主張を効果的にしたり，
相手の行動を統制しようとする過程も観察された。逆に，相手のこ
とば遣いに対しても非常に敏感で，発話の変化からその場の状況や
相手の意思，また相手と自分の立場の違いを読んで，態度や行動を
適切に対応させることに役立てていることがうかがえる。

ことばの使い分けの形成過程

　本研究では，小学校高学年の段階においてことばの使い分けという形で現れた記号的媒介活動が，幼少期の状況と比較することにより，それがどのように形成されてきたのかということを検討してきた。その結果，以下のように各発達年齢に特有な形態をとりながらも，基本的な対話性のメカニズムは各年齢段階に共通して見られることが示唆されたのである。

(1)　発達的特徴

　まず，各年齢段階の特徴を見てみる。

　1歳児（18カ月児）の場合は，母子がともにいる場面が一日の大部分を占め，活動内容を見ても，母子一体となった共同行為や分業的な活動が多く観察された。このようなやりとりの中では，行動結果の評価を母親の表情や発話に求め，自己の行動制御の手がかりとしていることが示された。これは乳児期に見られる社会的参照（Sorce *et al.*, 1985）と同様の現象であるが，表情だけでなく発話行動全体（語調，ことば遣いなど）が指針となっているものと考えられる。母親の側も働きかけを繰り返したり，変化を強調するなど，子どもに対する指針の明確化をはかっていた。子どもはこのような母親のことばや行動様式を比較的直接的に取り込み（模倣し），母親の働きかけの手がかりを通して相手の意思や行動の意味を理解していた。こうした共同行為に実際に参加することによって，子どもは他者の意思やコミュニケーションのルールに触れる機会を持ち，自分自身および相手の行動の調整や変化を学習していくものと考えられる。このように生後1歳6カ月時において，母親の行動やことばに敏感に注目し，これを自己行動の制御のためのナビゲーター（指針）として取り込んでいるということは，この段階ですでに記

号的・言語的媒介が十全に機能していることを示唆しているのである。

　一方，4歳児の場合，子どもの日常的世界が家庭から園での生活へと広がって，母親や園の保母，友人関係へとやりとりの対象が広範になってきた。母親との関係の影響も強いが，1歳6カ月時と異なるのは母親が一方向的に手がかりを出すだけでなく，母子双方がことばや行動様式を通して場面における新しい意味の形成という共同作業を行っていることである。具体的には，母子の間で一体感が感じられる中で，直接的なぶつかりあいを避け，間接的，婉曲的表現を通してお互いの意思（sense）を探りあい調整しながら，共同でその場における意味を再構成していく過程が見られたのである。また，このようなやりとりの経験が，公的な意味（meaning）や慣習的行動，ルール作りの基盤として重要な役割を果たしているものと考えられる。また，年上の姉兄の行動を変化させたり，仲間の遊びにあとから参加するなど，立場の異なる他者と交渉するときには社会的言語や特権性（Wertsch, 1991）を持つ他者のことばを腹話するなど，単純ではあるが状況や目的に応じた効果的なことば遣いが見られた。

　9歳児になると，子どもの一日の活動は大きく分けて家庭，学校，近隣という場面に区分されるようになり，そこでかかわりを持つ他者の数も拡大した。その中で，彼らはかかわりの深い親しい他者だけでなく，見知らぬ人や自分とは異なる意思を持つ相手ともコミュニケーションを行っていかなければならない。また，共同行為の場面も家庭や親しい仲間同士だけでなく，学校の教室内や慣れない場面など，公的な場面へと広がっていく。このような中で，子どもは親しい他者や仲間に対しては，意思を確認しながらも対等の働きかけを行っていた。しかし，あまり親しくない他者や自分と異なる意

思を持つ人間とのやりとりにおいては，他者のことばや習慣的な言い回し，その場面のルールなどを使って相手を説得，交渉していた。このように，子どもは常に自分の所属する集団や状況における自己－他者の立場を確認し，それに対応した行動・発話様式を使い分けている様子が，家庭，学校，近隣などにおけるやりとりの中で観察された。ここには，共同行為の対象やその意思の変化だけでなく，場面や状況にも合わせた配慮が見られた。さらに，やりとりを行う上では，すでに公的に固定化，確立した習慣や，参加者間で共有されている特権性などを取り込みながら他者を説得するという，腹話の方略化が必要となることが示された。逆に，既成の行動様式やルールにとどまらず，共同行為の参加者同士がお互いに腹話をしあうことを通して，その場での意味（sense）が変化し，参加者同士が同意するための方略を探るという過程も見られた。

(2) 共通に見られる対話性メカニズム——3年齢における共通性

　それぞれの年齢の子どもは，共同行為の中で，相手のことばや行動様式，その場面における社会的言語や習慣，ルールなどを媒介として対象（参加者）と意思を読みあい，調整しあうことによって，それぞれの目的，視点，感情を共有しているという共通点が見られた。もちろん，その調整過程の方略や内容は年齢によって異なり，(1)に示された各年齢の特徴にその発達過程がうかがえるのだが，全体的には，共同行為の中で子どもは指針の取り込みと他者との意味の共有，相手との意思の調整過程を経て，意味が再構成されるという過程が示された。

　さらに，こうした共同行為を媒介しているのが，心理的道具である記号システムである（Vygotsky, 1978）。我々人間は，記号システムを通してやりとりを行い，意思や感情，行動の調整や共有をし

ているのである。また，相手に対して向けられた発話には，少なくとも自分と相手との声が反映されており（原初的対話性），その発話にある社会的言語が取り込まれることによって，結果的に背景にある社会文化の影響が精神機能の発達に反映されるのである（Bakhtin, 1981）。

やりとりの中でのことばの使い分けに焦点をあてた本研究の事例は，とりわけフォーマル言語とインフォーマル言語の使い分けといった現象が特徴的に見られた。しかし，これが日本社会に独特のものであることを明確に同定することは今後の研究に期待するにしても，そのメカニズムとしては，人間の共同行為への参加は，媒介となる記号を通して参加者の精神機能を変化させ，逆に他者との間で達成された意味の共有を介して，ときには媒介をも変化させるといった普遍的な現象と考えるべきかもしれない。

4節　学級内コミュニケーションにおける共同行為と学習の性質

前節では，文化的道具としての「ことばの使い分け」に焦点化して，相互行為過程における媒体としての役割のあり方や，その獲得，利用（消費）といった媒体の学習過程について考えてきた。ワーチ（1998）が示唆するように，文化的道具に媒介された行為の中核は，まさに文化的道具の学習（獲得・利用）にあると考えられる。その意味では，前節までの研究において示されたように，そうした学習はコミュニケーション過程の中で，共同行為として生起するのであるが，同時に，学習には習得的側面と専有的側面があることに注目しなければならない（Wertsch, 1998）。つまり，文化的道具の使用者の意図や精神状態を理解して模倣していく（Tomasello,

1999）消費＝模倣過程としての習得的学習と，消費しながらも，自分なりの利用ないし適用を通して，新たな道具の生産へと向かう可能性を秘めた専有的学習が，ほぼ同時に生起している状況が示唆されているのである。

そこで本節では，共同行為における学習の習得的側面と専有的側面に焦点化し，生態学的観察のもとに両者の関係性について吟味してみたい。

ここで報告される研究（田島ほか，2001）の背景には，上記の目的を達成するために，新しい文化的道具が導入され，その獲得が厳しく要請される学校文化に直面する小学校1年生に注目した。そして，入学当初から2年生に進級する直前までの教室における縦断的観察を通して，彼らが学校文化，教室行動文化を構成するさまざまな慣習や規則を，どのように文化的道具として理解，獲得し，利用していくのか，という点に焦点をあてたのである。

以上のような問題意識のもとに，ここでは小学校1年生の中期において導入される「学級活動（学活）」の時間における「話し合い」活動場面を分析対象として，学童の学校文化，学級行動文化への適応過程に対する討論活動の持つ意味と貢献について吟味するとともに，文化獲得における学習の特質について考察してみる。

討論活動に注目したのは，「話し合い」という活動が，教科学習活動とともに学校文化の中で重要な位置づけがなされていることによる。教室内での学習，とりわけ教師－生徒間の教科学習活動は，しばしばI-R-E構造として特徴化される（Mehan, 1985）。これは，答えを知っている教師が生徒に質問をし（Initiation），それに生徒が返答し（Response），教師がその返答を評価する（Evaluation），というシークエンスを示したものである。教師が「これは何ですか」と発問し，生徒がそれに「それは～です」と返答する。そして

この返答を教師が「そうです，それは〜です」と評価する。この，返答を誘発するようなシークエンスは，家庭や職場でも見られるが，教師−生徒間におけるこのシークエンスは，ほとんどが教師の発問から始まるという特徴を持っている。このような，あらかじめ評価するための返答が設定されているシークエンスは，「テクストの機能的二重性」（Lotman，1988）における第一の機能，「意味の適切な伝達」を担う「単声機能」としてとらえられる一方向的伝達モデルであり，教師から生徒への一方向的・単声的な知識伝達，すなわち，生徒に「習得」を強要するクローズド・システムと考えられる。この「習得」的シークエンスは，教師一人と複数の生徒からなる教室において生徒を評価しなければならないという必要性から，評価方式に合う教育方法が模索され，学校の歴史という文脈の中で教室活動の制度として形成されてきたフォーマットであるといえるであろう。しかし，このフォーマットは，学習効果が薄いとして批判されている（Nystrand，1993）。そこで，「テクストの機能的二重性」における第二の機能，「新しい意味の生成」を担う「思考装置」としてのテクストの機能に基づいた，多方向的・対話的な，生徒自身の声をかぶせた多声的・創造的な知識獲得，すなわち，専有的学習を促すオープン・システムというべきものの必要性が強調されることとなる（Wertsch，1998）。

　しかしながら，教室での実際の教科授業場面を観察してみると，I-R-E構造的シークエンスが大勢を占める教室活動においても，複数の声がぶつかりあう多声的な場面は見られる。その典型は，討論場面，すなわち「話し合い」である。生徒は，「話し合い」において，自由な発言が許され，要請もされる。そして，共同的に解決策を模索するという点で，多声的なオープン・システムとしての共同行為の様相が見られるのである。ただ，現実的には教師側の意図

として，教科的知識の「習得」を効果的に進めるための道具として導入されている側面がある。事実，話し合いは，多数の声のぶつかりあいの中から合意を模索する活動となってはいるものの，最終的にはやはり教師を中心にして単声的なもの，すなわち，教科カリキュラムに沿って用意された一致した意志へと収束されてしまう（Tajima，1997）。しかし，最終的に単声的なものに収束されてしまうように，授業の中に「話し合い」が設けられている目的は「習得」を効果的に進めるためだけなのだろうか。

　教科授業とは別に，「話し合い」を中心とする「学級活動（学活）」がある。そこでは，生徒たち自身が学級としての決まりごとや活動内容を決めたり，学級の中で起こっているトラブルを解決したり，日常の朝の会や学級会活動，あるいは学校全体で行う行事に関してどのようにかかわっていくかを決めたりと，必ずしも設定された正答のない課題，あるいは，課題さえ当初は設定されていない状況で討論が行われているのである。このような学級活動は，学校生活の早期，小学校1年より導入されている。

　ここでは，小学校1年の1クラスの「学級活動」における「話し合い」の分析を通して，答えが決められていないオープン・システムとしての「話し合い」という共同行為がどのような状況であるのか，どのような文化的道具が見られるのか，を中心に吟味し，「話し合い」導入の目的，生徒たちの知識獲得へ与える影響について，さらに教科学習場面に見られる「話し合い」場面導入の意味について考察してみたい。

研究の対象

　東京都区内の公立小学校1年の1クラスが，1999年9月16日の第5時限に行った「学級活動」場面である。クラスは，女性担任教

師と 29 名の生徒（男児 15 名，女児 14 名）からなる。

調査方法

　本データは，筆者らが 1999 年から 2000 年にかけての 1 年間にわたって同クラスを対象に行った縦断的観察調査から得られた資料の一部である。縦断調査は，1 学期および 3 学期を前・後の 2 節，2 学期を前・中・後の 3 節に分け，それぞれの節の同一週に少なくとも 1 日の間をあけて 2 日間，計 14 日間行われた。観察時間は，登校時から下校時までの，学校における一日の全時間であった。

　観察およびデータ収集は 2 名の観察者で行われた。1 名が外部マイクを装着したビデオカメラにより映像ならびに音声記録を，もう 1 名が筆記記録を取った。また，教師にワイヤーレスのピンマイクを装着してもらい，音声をミニディスクに録音した。観察者は，教室活動の進行にできるだけ影響を与えないよう，教室内の，生徒から左右斜め後方にそれぞれ位置した。

分析方法

　ビデオカメラによる映像・音声データ，ミニディスクによる音声データ，および筆記記録をもとに，教師，生徒の発話を中心に文字化記録を作成した。この文字化記録と映像，音声データをもとに，「学級活動」の状況について，「話し合い」という共同行為の中に見られる文化的道具と学習の関係に焦点化し，吟味を試みた。

　分析の結果，以下のようなことが明らかとなった。

「学級活動」の全体の流れ

　「学級活動」における場面，時間，および教師・生徒の発言・活動の内容を表 7 に示す。全体で約 39 分間，大きく分けて三つの課

表7　学級活動における教師・生徒の活動

	場　面	時間（分）	発言・活動の内容
1	課題提示	} 1	9月と10月の「朝の会」の予定を決めることを提案
2	前回決まったことの確認		壁に張られている決定内容を全員で音読する
3	課題提示	1	ゲームの日に何をするか
4	意見表明	2	意見を出す
5	多数決	2	まず上位二つを選出し，その後決選投票
6	課題提示	1	歌の日に何を歌うか
7	他生徒との相談	2	近くの生徒と相談する
8	意見表明	4	意見を出す
9	多数決	5	まず三つを選出し，二つに絞り，その後決選投票
10	課題提示	1	次のゲームの日に何をするか
11	意見表明	2	意見を出す
12	多数決	3	まず三つを選出し，二つに絞り，その後決選投票
13	課題提示	1	授業の始めの号令をどのようにしたらいいか
14	他生徒との相談	1	近くの生徒と相談する
15	意見表明	3	意見を出す
16	多数決	5	四つの中から投票
17	課題提示	} 1	（時間が余ったので）歌を歌うことを提案する
18	意見表明		何の歌を歌うか意見を出す
19	意見のまとめ		教師が曲を決める
20	一斉活動	2	歌を歌う
21	学級活動のまとめ	2	学級活動全体を評価・号令を実際に用いる

題について「話し合い」が持たれ，場面にして 21 場面が抽出された。課題はそれぞれ，「9月と10月の朝の会の予定を決める」（場面 1〜12），「授業の始めの号令をどのようにしたらいいか」（場面 13〜16），「（時間が余ったので歌を歌うが）何の歌を歌うか」（場面 17〜19）であった。

　対象クラスでは，火曜・木曜・土曜の「朝の会」の活動をそれぞれ「ゲーム」，「歌」，「勉強」と定めており，「朝の会の予定を決める」（場面 1 〜12）では，「当面のゲームの日に何をするか」（場面 3 〜 5 ，10〜12），同じく「歌の日に何を歌うか」（6 〜 9 ）が話し合われた。なお，「勉強の日」の内容に関しては，決定権が教師にあった。

　場面 13〜16 においては，それまで教師が行っていた授業開始時の号令を生徒がやるようになるため，「どのようにしたらいいか（どのような号令をかけたらいいか）」が話し合われた。

　最後の課題は，「学級活動」の時間が余ったので，歌を歌うが，「何を歌うか」というものであった（場面 17〜19)。ただし，歌を歌うこと自体は教師が決めた。

　そして「学級活動」の最後は，号令を実際に生徒にかけさせることで終わった。

　表 7 からわかるように，各課題に関しての「話し合い」は，「課題提示」から「意見表明」，そして，最後の「何を歌うか」という課題以外は，「多数決」によってまとめられるという流れであった。「意見表明」および「多数決」において，生徒の活発な挙手，自発的な発言，私的な「話し合い」や不平・不満などが見られ，生徒が活発に，積極的に参加していたことがうかがえる。

文化的道具の導入とそれに基づく学習のあり方の吟味

　「学級活動」における「話し合い」の状況の吟味から，以下のような三つの，文化的道具（Wertsch, 1991）ととらえられる，「話し合い」を媒介する道具の導入が見られた。これに基づく学習行動のあり方を検討してみる。

⑴　「多数決」の導入と生徒・教師の行動変化

　一つは、「多数決」である（〈事例１〉、〈事例２〉、〈事例３〉）。この制度は、自ら「手をあげる」ことにより最終的な決断への生徒の参加が認められていることから（32，91；各事例中の発話に付けられた番号。以下同じ）、意見を自由に表明することが前提とされており（83）、生徒らに共同行為への積極的な参加、すなわち教師や他の生徒との自由な意見交換が要請され、同時に多数決によって共有された所産に対して自ら納得し従うことを求める役割を持っていると考えられる。

　対象クラスの「学級活動」では、「朝の会」の活動内容を決めるにあたり、生徒たちに意見を求め、複数の候補の中から採用する活動を絞り込むために多数決が採用されていた。実際の生徒の積極的な参加は、「意見表明」（9〜29，69〜82）、「多数決」場面（40〜57，91〜98）の他生徒の意見への賛同や反対、多数決の結果への不平・不満からうかがえる。

　この共同行為において教師は、中心となって「多数決」を遂行しているが（32，39，83）、少数派の生徒たちの不平・不満に対して気遣いをも見せていた（39，58，60）。教室、あるいは学校文化、さらには社会一般への適応を考えるとき、「多数決」は広く用いられる意見統一の道具であることは否めないが、一方でそれが絶対的な方法であるわけではないことを伝えようとしているようであった。それは、「ほんとはね、多数決なんかとりたくないんだけどしょうがないよ」（88）という告白にも表れている。

　以上のように、「多数決」によって、学級活動での「話し合い」における生徒の活発な参加、多数決による所産の積極的な受容が促され、また教師も、生徒の活発な意見表明に応えるように自身の考えを表明していたことから、「多数決」が「話し合い」における中

心的な道具としての大きな意味を持っていることが示唆された。

〈事例１〉多数決の導入：場面６〜９「歌の日に何を歌うか」

1 教師：(手を叩いて) <u>歌の日</u>。

2 男子：はい歌の日。

3 教師：みんな<u>歌大好きだよね</u>。どんな歌<u>歌ってみたいかな</u>。

4 Ｔ：(手をあげて) はい。

5 教師：はいまず(口に指を当てて) 考える<u>時間</u>あげます。(両手をあ
　　　　げて) じゃね，ちょっとね，考える<u>時間</u>あげます。隣の人と
　　　　(口に指を当てて) こそこそーって……<u>話ししていいよ</u>。(指で
　　　　円を書く)

6 男子：ごそごそごそごそが一。(口に手を添えて，大きな声で隣の女
　　　　子に話しかけている。) あー。

7 女子：運動会の歌。

(中略：この間，男児１名が服を脱ぎ<u>生徒</u>たちの話題がそちらへ向いて
いる。教師は日付を板書している)

8 教師：さあ，(手をあげてみせる) 何がいいか<u>相談して</u>……

9 Ｔ：はい。

10 女子：フラワーだ。

11 男子：はい。

12 男子：デジモン。

13 男子：ポケモン。

14 教師：Ｇ君。

15 Ｇ：はい。

16 教師：はい。

17 Ｇ：みんなほとんど運動会の歌忘れてるから運動会の歌。

18 教師：(黒板のほうを振り返って) 運動会の歌。でもね，運動会(該
　　　　当する日付のあたりを指して) このときもう<u>終わっちゃってる</u>
　　　　<u>けど</u>。運動会の歌<u>歌うの</u>？

19 男子：やだやだ。絶対やだ。

20 教師：とりあえず<u>出しとこうか</u>。(板書する)

21 男子：やだ。

22 男子：問題。運動会の歌。

23 男子：ポケモンだよ。

24 生徒：違うよデジモンだよ。

25 教師：Y さん。

26 Y：(立ちながら) フラワー。

27 教師：フラワー。フラワーって<u>どういう曲</u>？

28 Y：(歌う) 僕らは愛の花咲かそうよ

29 他の生徒たち：(一緒に歌い出す) 咲かそうよ

(中略：この間上記と同様に出た曲を歌わせ，確認するやりとりが続く。
　確認するたび，「やだ」，「わからない」と言う声でうるさくなる)

30 教師：(手をあげて) 他に。

31 (生徒たち，誰も手をあげない)

32 教師：<u>他に歌うの</u>。(手をおろして) はい，じゃあこの中から<u>決めま
　　　ーす</u>。(指を 2 本立てて) ふたーつ手を<u>あげてよ</u>。

33 T：(手をあげる) はい。

34 教師：はい，今から<u>時間</u>あげます。(指を 2 本立てて) ふたーつ<u>決め
　　　てください</u>。(指を立てたまま手を横に移動させていく)

35 男子：あんぱんまん，あんぱんまん。

36 男子：もう決めたー。

〈事例 2〉多数決の導入：場面 9 「歌の日に何を歌うか」

37 教師：あのー，<u>すみません</u>。ちょっと<u>話していい？</u>　あのね，みー
　　　んなで (手をぐるっと回す) 決めたことだから，(大きな声
　　　で) できないよー，とか (だんだん声が小さくなる) 歌えない
　　　よー，とか今さら<u>言わないの</u>。

38 男子：やだ。

39 教師：(大きな声で) 覚えたら<u>歌えるから</u>。みんなは歌<u>上手</u>でしょ？
　　　覚えるのも<u>早い</u>。(声が小さくなる) 覚えたら<u>歌えるから</u>。(板
　　　書を指し示して) 過半数に満たなかったので，これ過半数<u>いっ
　　　たよね</u>。(「ポケモン言えるかな」を指す) 半分以上の人が賛成
　　　をしたので，これは，一応<u>丸にしました</u>。残りの三つまだ人数

　　　が……

40 男子：じゃ，おらは校歌だな。

41 教師：この三つの中から（指を1本立てて）1個。レッツゴーいい
　　　　　ことあるさ歌ってみたい人。

42 男子：はい。

43 男子：しーん。

44 教師：1，2，3，4。1・2・3・4・5。

45 男子：ああ，だめだ。

46 教師：5。（板書する）

47 男子：ああやばい。

48 男子：決まった。

49 男子：決まった。

50 男子：（ガッツポーズをとって）いえーい。

51 （歓声があがる）

（中略：この間，同様に）

52 教師：「レッツゴーいいことあるさ」歌ってみたい人。

53 （多くの男子が手をあげる。）

54 女子：だめじゃな。

55 教師：1，2，3，4，5，6，7，8，9。10, 11, 12, 13。

56 （男子，立ち上がって歓声をあげる）

57 男子：ざまみろ。

58 教師：ということで，あのね，（両手を振って）ざまみろとかじゃな
　　　　　いの。

59 男子：ざまみろ。

60 教師：ただ，今回はこう決まったけど，（板書を手で示す）まだまだ
　　　　　2学期続くからね。そのときにいい曲考えといてね。

〈事例3〉多数決の導入：場面13〜16「授業の始めの号令をどのように
したらいいか」

61 教師：今，今ね，先生「気をつけ，礼」って先生声かけてるでしょ。
　　　　　でもね，（声，小さくなる）みんなにね，[ia] さんの声がいい
　　　　　なと思ってるんだけど，どういうふうに声かけたらいい？

62（生徒たち，黙っている）

63 教師：授業の始めは，どういう声かけをしたほうがいいですか？

（中略）

64 教師：（両手で抑えるような仕草をして）ちょっと今ね，相談する時間あげよう。周りの友達と相談してごらん。

65（教師，机を回る）

66（教室，騒がしくなる）

（中略：この間，教師が例をあげる）

67 教師：勉強の始めはどんなごあいさつがいいでしょうか。じゃ行きまーす。

（中略：この間，話題がそれる）

68 教師：はい。じゃあ誰かいいアイデアを思いついた人。

69 男子：はあい。

70 教師：K君。

71 K：はい。

72 教師：じゃK君，5時間目の学活，の勉強の始めにはこう言ったほうがいいな，って思うの言ってくれる？

73 K：これから，5時間目の勉強を始めます。

74 教師：「これから5時間目の勉強を始めます。」だって。どうでしょうか。

75 女子：いいんじゃないの。

76 男子：あー？

77 生徒：なんで？

78 生徒：いいんじゃないの？

79 生徒：毎日言ってることだよ。

80 教師：（板書しながら）「これから5時間目の勉強を始める。」

（中略：同様に例を出させる。また，号令でお辞儀をするかを話し合う）

81 教師：じゃ，O君，思いついた？……（Oを手で指して）T君何か

82 生徒：やだやだやだ。

83 教師：多数決，っていうのでみんなに意見きいちゃうけど。

（中略：出された意見を実際に読ませる）

84 教師：さあ，今ねえ，四つ読んでもらったんだけど，どれがいいか

　　　　　なあ。
85 生徒：(高い声で) これから, …… [ia]。
86 教師：(指を1本立てて) 一つ決めてください。
87 男子：ほー。
88 教師：ほんとはね, 多数決なんかとりたくないんだけどしょうがな
　　　　　いよ。
89 生徒：知ってるー。
90 教師：どれが, あ, これが (指を1本立てて) ぴったりっていうの
　　　　　があったらねー, いいんだけどね。(手をあげる)
91 教師：いいかな。(該当する板書を指していく) 一つに手をあげてく
　　　　　ださい。「これから, (チョークを取りにいく) 学活の授業を始
　　　　　めます。」がいいな, と思った人。(手をあげる) 1, 2, 3,
　　　　　(教室を見回して) 3人。(板書する)「これから, 5時間目の
　　　　　勉強を始めます。」がいいなって思った人。1, 2, 3。3人。
92 男子：やめた。やっぱ。
93 教師：「これから勉強を始めます。」がいいな, って思う人。
94 男子：ちがびー。
95 教師：「これから学活を始めます。」がいい人。
96 (多くの生徒が手をあげる)
97 男子：[s] はい決まりー。
98 教師：[s] あー, はい, ありがとう。これが一番, わかりやすいと
　　　　　思ったのかな。じゃあこれに決定。

(2) 「決まり文句」の導入と生徒による所産の学習

　生徒が自分たちで決めたことが, 「決まり文句」として「学級活
動」の中に導入されていた。

　ここでは, 「学級活動」の始まりに, 前回の「学級活動」で決ま
った「朝の会」での「始まりのあいさつ」を復習している (〈事例
4〉の波線)。

　この「決まり文句」は, 生徒に「話し合い」の末に共有された所

産を容易に獲得させるための道具となっていると考えられる。壁に張られた紙に書かれてある「決まり文句」は，学級，ひいては学校でどのようなことばが用いられるのか，すなわち学校での「ことばのジャンル」（Bakhtin, 1986）を提示し，学級・学校での振る舞いに関する参照されるべきリソースとしての役割を持っていることが示唆された。

〈事例４〉決まり文句の導入：場面２「壁に張られていることばを読む」
教師：……さて，９月と10月の朝…の…会…の予定を決めたいと思います。そして朝の会を始めていただきたいと思います。こないだ，ここ決めたよね。ちょっとご覧くださーい。（廊下側に移動し，壁の張り紙を指す）この緑色のところが係の人の言うところです。（張り紙の字を指でなぞりながら読む）"みなさん，おはようございます。これから朝の会を始めます。今日はほにゃららの日です。（生徒たち笑う）みんなで楽しく過ごしましょう。"って言うのね。

(3) 教師による「ことばの使い分け」と生徒の行動変化

「話し合い」の形態や発話の内容によって，教師のことば遣いが，丁寧なことば遣い（敬体：事例１〜４内の一重下線）と，普通の，あるいは友達に話しかけるようなことば遣い（常体：同二重下線）とに使い分けられていた。具体的には，「課題提示」（例；63，67），「多数決」（例；32，34，86，91），においては敬体，生徒の自由な発言を促すときには常体（例；5，8，72）などのように，場面に呼応するように使い分けられていた。この使い分けに応じて，生徒の行為の性質が変化しており，常体使用時には"ふざけ"（行為のパロディ化）さえ見られた(6)。

教師による敬体と常体のことばの使い分けは，「話し合い」がどのような状況なのかを示すメタ・メッセージとなっており（岡本，

1997)，それによって生徒が自身の行動を調整するために参照するリソースとなっていると考えられる。この，ことばの使い分けの機能に関しては，先述したように田島（Tajima, 1997）は，司会者である教師のことば遣いのみを統制し，小学校4年の生徒の小グループに「話し合い」をさせる観察実験を行って検証している。そこでは教師のことば遣いのみを統制したにもかかわらず，「話し合い」の進行や結果に大きな違いが見られたのであった。教師が常体のみを用いるように指示されたグループでは，子どもも常体を多く用い，自由に意見を言い合う対等な話し合いが進行したが，散逸的な話し合いになっており，結果を一つにはまとめられなかった。一方，敬体のみを用いるように教師が指示されたグループでは，子どもの発話がほとんど敬体であり，意見数は相対的に少なく，活発な討論ではなかったが，収束的な話し合いになり，結果はまとまった。ことば遣いについて教師が何も指示されないグループでは，本データでも見られたように，課題の提示時には敬体，生徒に意見を積極的に表明させるときには常体と使い分けられていた。そして，活発な話し合いから多数決を経て結果が出されるという，本データと同様の進行が見られた。

　ここで重要なことは，ことばの使い分けの，「話し合い」の進行における展開を調整する文化的道具としての役割は，「話し合い」の導入を含め，それらが学校文化体験が始まる小学校1年生の当初期から導入され，利用されているほど基礎的な側面を持っているということであろう。

　以上のように，ここで吟味してきた三つの文化的道具は，「話し合い」を活性化し，かつ収束的に結果を出させる「多数決」を中核として，その展開を「ことばの使い分け」が担い，結果的な所産を共有するために「決まり文句」が設定されるといったように，「話

し合い」という教師と生徒による共同行為を媒介し，成立させていることが示されたと考えられる。

習得と専有の共時的，表裏一体的関係

　以上，「話し合い」という共同行為がどのような状況であるのか，ならびにどのような文化的道具が見られるのか，その導入と教師・生徒の行動変容について吟味してきた。以下に本報告における示唆について考察してみる。

　まず，本報告の対象クラスにおいて見られた生徒の積極的な参加，また，結果への率直な感情表出（歓声，不平・不満）などから，共同行為における対等なやりとりによって，生徒個々人が自身の目的を創り上げていく創造的行為の形成，いわば「専有的学習の場」として「話し合い」が導入されていると考えられる。対抗する意見への攻撃や賛同する意見への積極的な援護など，多くの声のぶつかりあいによってそのような構えや目的が作り上げられていく過程が示されたといえよう。

　しかしながら，その「専有的学習の場」としての「話し合い」において見られた，共同行為を成立させている三つの文化的道具に関しては，それぞれが単声的な知識伝達，すなわち習得的学習の側面を持っていることが示唆される。

　「多数決」は，生徒たちによる活発な意見の表明のあとに単声的な一致した意見への収束を強要する。そして共有された所産を，別の意見を選択した生徒にも受容させる。「決まり文句」は，学校におけることばのジャンルを一義的（単声的）に獲得させるために教室の壁に張られている。そして，「ことばの使い分け」は，共同行為における振る舞いを統制しているのである。生徒による自由な対話場面として見られる学級活動の「話し合い」が，実は，習得的学

習の方向性を持った文化的道具によって統制されているのである。

　しかし，このことは，専有的学習と習得的学習が常に共時的に存在していることを示唆しているものと考えられる。専有的学習はその多様性，多声性ゆえに，共同行為の中では大きな葛藤を生むことにもなる。その葛藤を処理する方法の一つに習得的学習の導入があるのであろう。その意味では，習得的学習が共同行為あるいは専有的学習の到達点を提供していることを示しているのではないだろうか。標語や形式的な対話，作法など，型自体が重視されるものは，なるべく単声的にその社会が要請するものを獲得する必要がある。また，そうすることが社会的参加における生徒の負担を軽減すると考えられる。

　しかし一方で，到達点としての習得的学習は，専有的学習の出発点でもあるのである（Wertsch, 1998）。それは，多数決の決着後に見られた不平・不満に現れている。まさに習得的学習は，生徒の中に葛藤を生成するのである。型にはめ込む，あるいは習得的学習を強要するという連鎖の中に葛藤が生まれる。そして，この葛藤こそが，さらに子ども自らの声をかぶせていく状況を作り出し，専有への闘争（専有的理解＝創造性）へ導いていくことになるのである。

　以上のような専有的学習と習得的学習の共時性は，それぞれが独自性を保持しながらも，お互いがお互いの帰結になるという意味で不分離なものであり，表裏一体的存在ということができよう。「話し合い」における多くの声のぶつかりあいは，まさに葛藤状況である。さまざまな意思が，合意を前提にぶつかりあう。また，既述のように「多数決」，「決まり文句」，「ことばの使い分け」には，学校文化への適応を強要する習得的学習の側面があり，その統制のための圧力によっても葛藤が生まれるのである。つまり，ここで重要なことは，葛藤は変化（発達）の原動力となる（Smolka, de Goes,

& Pino, 1995) ということである。この，出発点としての習得的学習があることによって，生徒自身が自身の声を「対抗のことば」（Bakhtin, 1986) としてぶつけて対話し，自分なりの知識を獲得，すなわち専有していく原動力となっている。また知識の専有は，その多様性のゆえに，習得的な新たな学習場面の出現に際して葛藤を生じさせる。そして，その葛藤がさらなる新たな「対抗のことば」との対話を活性化させ，知識の専有へとつながるのである。

　こうしたことはなにも生徒に限ったことではない。ここでは，生徒が教師の用いる「多数決」という文化的道具へ反抗し，そのことによって教師のほうも変化していく（多数決での教師の告白：88）という現象も見られた。すなわち，習得的学習において引き起こされる葛藤は，教師をも専有的学習へ向かわせている側面があるのである。

　以上のような，オープンな課題に基づく「学級活動」での「話し合い」の特徴として見られる習得的学習と専有的学習の共時的存在（coincidentality) あるいは表裏一体的存在は，子どもが状況的行為を通して知識を獲得していく過程において重要な役割を果たしていることが示唆される。またそれが小学校生活の早期に導入されることから，学校文化への適応においても重要なものと考えられているのであろう。そして，課題の決められた教科学習場面においても，現在のような習得的学習に向いている方向性を，習得的学習と専有的学習の相互作用ともいうべき，"共時的システム"へと向かわせていくことが必要になるのではないだろうか。現に，教科学習においても多くの場合，「話し合い」が挿入される状況が見られており（Tajima, 1997)，その基盤は現在でも十分にあると思われる。

5節 まとめ

本章では，実験室的場面の制約を離れた，生態学的場面における共同行為過程の性質を明らかにすべく，そこで子どもがどのような課題に対し，どのような資源を獲得し，利用する過程（マイクロジェネシス）を通して解決していくのかについて，生態学的に詳細に記述するマイクロメゾジェネティック・アプローチが試みられた。また，そのような生態学的な場面での共同行為がどのように成立してくるのかを吟味するために，乳児，幼児，児童期のそれを横断的に比較吟味してみた。さらに学校文化適応過程に直面した小学校1年生を対象に，さまざまな文化的道具に対する学習のあり方を，習得的側面と専有的側面から吟味してみた。

1．まず，小学校4年生においては，さまざまな活動を自己制御的に行えるための指針となるような，活動場面に参加する成員間に共有的な知識の獲得に，彼らの努力が集中していることが示唆された。とりわけ，指示・命令に従うことが期待されている場を示すフォーマル言語（敬体表現中心の改まったことば遣い）と，対等に自己主張することが期待されている場を示すインフォーマル言語（常体表現中心の友達ことば的なことば遣い）を敏感に識別し，それに応じた行動をとるといったことが観察された。例えば，家庭や教室における学習活動において，子どもが親や教師からどのような行動が期待されているかを知る手段として，彼らのことば遣いに非常に敏感に反応し，また，親や教師もそのことを意識し，期待の異なる場面に応じてことばを使い分けることで間接的に指示を与えていた。さらに，学校の掃除の反省会など友達同士の場面で自己の意志を相手に伝えるときに，親や教師のことば遣いや使い分けを取り込んで

効果的に協議するといった状況さえ観察され，まさに，「ことばの使い分け（スタイル・スイッチング）」という文化的道具の獲得と駆使による共同的活動の達成という行為が，子どもたちにとって中心的，かつ，主体的な課題であることが示唆された。

　2．以上のような小学校中学年段階での生態学的な共同行為過程の特徴について，その成立過程を推測すべく，小学生の資料を，それぞれ生態学的な世界が異なる乳児（1歳児），幼児（4歳児）の同様の資料と比較する横断的な吟味を試みた。その結果，乳児期においては子どもは自己の行動を制御するのに，母親の行動を自己の行動の指針として参照すること（social referencing）が中心的に見られた。また，幼児期の子どもは母親や保育園の保母などと交渉するときに，彼らのことばそのもの，あるいは間接的に指示する表現スタイルなどを取り込んだ上で，自己の主張的発話を構成するといった腹話現象がいたるところで観察され，同時に，友達やきょうだい同士とのやりとりにも適用されていた。そして児童期に至ると，親や教師のことば遣いだけでなく，さまざまな行動のあり方について指針化したルールなどを積極的に取り込んで利用する過程が観察されるとともに，それらの適用範囲がおのおのの場面によって適切に使い分けられていた。しかも，そのような場面適応的な行動の中に，既存のルールや暗黙の慣習を利用しながらも，自分たちで新しい行動規範を作り上げていくといった創造的な活動も見られたのである。

　3．学校文化適応に直面した小学校1年生は，「話し合い」活動の場における積極的参加と意見交換，率直な感情表出などから，多くの声が接触する専有的学習の経験がなされていることが示唆されたが，そこでの共同行為成立のために導入されている文化的道具（「多数決」「決まり文句」「（教師の）ことばの使い分け」）は，同時

に，単声的な知識伝達，すなわち習得的学習の側面も持っていることが示唆された。しかし，このことは学習の二側面が常に共時的，表裏一体的に働く，緊密な関係を持っていることを示すものであると考えられた。習得的学習は，子どもたちを一つの型にはめ込むという意味で，かつ，学習を強要するという意味で，子どもたちの中に葛藤を生む。しかしその葛藤が専有的学習を促進するのである。また専有的学習は，その多声性ゆえに子どもたちの間に葛藤を生む。このことがさらなる専有的学習を促進すると同時に，葛藤の解決の一つとしての習得的学習を促進していくことにもなるのである。このような学習の二側面は，両者の根底にある葛藤そのものが変化の原動力になるという側面を持つことからも，まさに相互に影響しあい，交代を通して補完しあいながら，共同行為としての学習を成立させていくと考えられるのである。

　以上のように，子どもは発達の当初より，共同行為過程の中で，大人の言語的，記号的な行為を自己の行為のナビゲーター（指針）として取り込み，活動場面の広がりと分化に従って，それらを使い分けていくといった形で巧みに利用することで，生活場面に適応を果たす（自己制御的な共同行為の達成）ことを目指すとともに，そうした共同行為の中で相手も自己も変化することに気づき，積極的に新しい活動の指針作りをも目指していく様子がうかがえるのである。

終章
文化的道具に媒介された共同行為としての
学習・発達

1節　知見の要約

　本書では，人間的な学習・発達の特性，およびそれに影響をおよぼす共同行為の特性の知見（**序章**）をもとに，社会的相互行為の学習・発達におよぼす影響のあり方の相関分析的検討（**1章**），また，その影響過程を明らかにするために，学習過程（短期の発達過程：マイクロジェネシス）における共同行為の特質，とりわけその変容過程についての実験観察的分析（**2章**），さらに，共同行為の目的，方法のあり方と，それを通した学習・発達を吟味するために，生態学的観察に基づく多様な活動（目的）場面における多様な文化的道具に媒介された共同行為過程の分析（**3章**）を行ってきた。こうした分析から得られた知見の概要は以下のようにまとめられよう。

母子相互行為の成立・変容要因と，それが子どもの発達におよぼす影響についての相関分析的吟味

　まず母子の相互行為に焦点をあて，さまざまな母子の要因が母子関係（母子相互行為パターン）の形成，変容過程に，またそうした母子関係が子どもの発達にどうかかわっていくかについて縦断的に吟味された。その結果，発達初期における検討では，母子関係の背景要因としての妊娠期までの母性感情の影響は出産直後までと限定的で，0歳台後期の母性は，子どもの誕生以降の直接的な母子相互

行為そのものに影響されること，また，母親がとらえた子どもの気質的行動特徴が母親行動を，そしてそれがまた子どもの気質像に影響していくことが示唆された。

このようなダイナミックな母子間の相互作用的変容は，次に検討された乳児期から幼児期にかけての母子関係と子どもの発達においても見られた。そこでは「子どもの抑制的傾向」→「母親の応答性の低さ」→「愛着の不安定さ」→「自己意識の高さ」という図式が示唆され，ある領域の発達の抑制は，別の領域の発達を進めるといった発達のダイナミズムと，同じレベルの発達点に達するにしても，そこに至る道筋は異なる（different path, same/similar end）ことを示唆するとともに，全体として，発達の道筋は母親要因と子ども要因の相乗的相互作用過程（transaction process）であることが示唆された．

子どもの発達にかかわる共同行為過程の構造的，機能的側面の吟味とプロセス・モデル化

発達における環境要因（例；母性）と子ども要因（例；気質）との相乗的相互作用の知見のもとに，それを短期の相互行為過程の中で，短期の発達過程（学習過程）として詳細に描写することにより，具体的な学習・発達のメカニズムのモデルを推定するというマイクロジェネティック・アプローチの観点から母子の共同課題解決過程の分析が行われた。その結果，母子ともに有能な情報処理主体として，はじめは独自の対等なやりとりを行って（第一段階：self-initiated cycle），トラブルや視点の変化などを通して課題理解と課題遂行の評価／修正システムの共有に至り（第二段階：other-dependent cycle），そのシステムが母子の共有から子どもの専有へと移行すること（第三段階：self-dependent cycle）によって，子

どもが独自で解決可能になるといった相互行為モデルが提案された。

　これは，単に子どもが母親の情報（発話）をそのまま一方向的に受け取るとか，逆に，子どもが一人で外界から情報を摑み取って処理するというのではなく，母親と子どもの間で，課題をめぐっての相互行為的なやりとりの中でお互いに共通の意味を探り，共有するようになる対話過程，あるいは母子間の関係性というシステムの変容過程といえるものであった。その意味では，当初「有能な情報処理主体」ととらえていた認知心理学的見解に対し，「積極的に相互行為（共同行為）に参加する主体」ととらえ直す必要性が示唆された。

　こうしたとらえ方の変化により学習・発達の状況的認知性，あるいは関係性という視点が明確になるとともに，例えば，発達のトラブルの原因として個人に原因を求め，ときには責めを負わせて，治療するといった治療モデル的発想から，関係性の中で，個人をとりまく環境側の調整を通して解決していくといった状況論的，関係論的発想への転換を促すことになると考えられる。

　このモデルは，さまざまな場面の違いや，発達年齢の違いによって現れ方の特殊性はあるものの，基本的にはそれらの条件の違いを超えた形の，普遍的な「共同行為過程における学習の生起パターン」の姿として浮き彫りにされた。

生態学的な共同行為過程の吟味とその成立・発展過程の検討

　これまでの研究の基盤となっていた実験室的制約を離れて，現実の生活世界の中では具体的にどのような学習＝課題解決が行われているのかを明らかにすべく，生態学的な共同行為過程のあり方が吟味された。その結果，家庭，近隣，学校と複数の異なる生活世界を持つ児童期の生徒においては，さまざまな活動を自己制御的に行え

るための指針となるような共有的な知識の獲得に彼らの努力が集中していることが示唆された。とりわけ，指示・命令に従うことが期待されている場を示すフォーマル言語（敬体中心の改まったことば遣い）と，対等に自己主張することが期待されている場を示すインフォーマル言語（常体表現中心の友達ことば的なことば遣い）を敏感に識別し，それに応じた行動をとるといったことが観察され，「ことばの使い分け（ことば遣いのスタイル・スイッチング）」という文化的道具の獲得と駆使による共同的活動の達成という行為がその中心的な課題であることが示唆された。

しかしそれらの道具は，異なる生活世界独自のものというより，一つの生活世界（生活ジャンル）で獲得したものを別のところで応用するといった腹話現象として観察された。それだけ「ことば遣い」というものが基礎的な文化的道具として機能していることを示唆するとともに，これを媒介として異なる生活世界独自の文化的道具を獲得していくことになると考えられる。学校文化での「話し合い」導入にあたって「多数決」，「決まり文句」という文化的道具の獲得，利用の過程においても「ことばの使い分け」が明確に見られていたのはその典型例といえよう。

以上のような児童期段階での生態学的な共同行為過程の特徴について，それがどのような過程を通して成立したかということを推測すべく，それぞれ生態学的世界が異なる乳児（1歳児），幼児（4歳児）の同様の資料と比較検討してみた。その結果，子どもは発達の当初より，共同行為過程の中で，大人の言語的，記号的な行為を自己の行為のナビゲーターとして取り込み，徐々に活動場面の広がりと分化に従って，それらを使い分けていくといった形で巧みに利用することで，自己制御的に生活場面に適応を果たすことを目指すとともに，そうした共同行為の中で相手も自己も変化することに気

づいて，積極的に新しい活動の指針（ルール）作りをも目指していくようになることが示唆された。これらのことは，より広く，あいさつの機能獲得をはじめとするさまざまなコミュニケーション機能の成立過程としてとらえることができるということも示唆され，まさに人間の学習・発達の社会文化的側面を浮き彫りにするものと考えられた。

　以上のように，人間の学習・発達は，まさに社会文化的文脈の中で，他者との共同行為を通しての文化的道具の獲得と媒介に基づく社会的相互行為過程としてとらえられることが示唆された。

　そこで，以下において，改めて，学習・発達と共同行為の関連について考察しておきたい。

2節　共同行為過程としての学習・発達

共同行為としての学習・発達の本質

　トマセロ（1999）が明確に指摘したように，人は文化的に生きるための生物学的な能力を備えて生まれてくる。もちろん人は生まれながらに，チンパンジーとも共通するような，物理的世界を理解する原初的な認知スキルを持ち合わせ，対象を知覚し，記憶し，そしてカテゴリー化することで，事象の因果的理解と原初的な量的論証を遂行する。しかし，チンパンジーと人との違いは，人がそれらの認知的行為を，文化的，言語的な文脈の中で発揮することを通して，人間に特有の資質を身につけていくことなのである。その最初の現れが「9カ月革命」とトマセロが呼んだ生後9カ月頃から見られる「共同注視」という親子の共同行為である。この共同注視の本質は，子どもが親の意図や精神状態を理解することで，親の行為それ自体

の模倣学習を行うことである。そして，その模倣学習が成立するの
は，相互行為の中で経験する言語を介して，言語自体が持つ因果的，
分類・関係的構造を操作することにより，他者の視点を取得する形
で，他者と物理的世界とその働きについて語りを共にするときなの
である。このことが，人間特有の学習・発達の形式，すなわち蓄積
された文化を継承し，それを基盤にさらに文化を発展させる「蓄積
的文化発展」（Tomasello, 1999）として機能するのであろう。

　このように人間の学習・発達は，個体発生の初期から共同行為の
中で，言語という文化的道具を介して，原初的認知スキルを精緻化
させながら進行すると考えられるのであるが，そのため，ロゴフ
（1998）が指摘するように，人間の認知過程そのものを共同行為過
程としてとらえ，子どもを個人的なものとしてとらえることを警戒
する社会文化的アプローチの発想が出てくることになる。そこでは，
認知，学習過程を社会的な対話過程としてとらえ，対話者間の視点
のズレの調整に注目するのであるが，そこにおいてこのズレこそが
新たな文化理解の根元であり，対話者それぞれが新たに自分なりの
ものを獲得するという専有過程を強調する。そして専有こそが共同
行為としての学習の本質だと主張するのである。しかしその場合，
トマセロが主張する他者の視点取りに基づく模倣学習を通した正統
な文化継承的学習，すなわち習得的側面との関係については十分な
考察ができていないのが現状である。

学習における専有と習得

　以上のような問題を解決するためには，ワーチ（1998）が提起す
る学習の専有的側面と習得的側面を区別した上で，両者の関係から
社会文化的アプローチに基づく再定式化の試みが役に立つと考えら
れる。

　彼の鍵概念は学習を「（文化的道具に）媒介された行為」として
とらえることであり，行為者と，文化的道具と定式化された媒介手
段とは非還元的な関係にあり，かつ，媒介手段の物質性ゆえに，学
習の結果としての人間的精神は社会，文化，制度と不可分，一体の
ものとなると主張するのである。それゆえ，新しい媒介手段は，媒
介された行為を変化に導くことになる。そのため媒介された行為は
行為者と媒介手段の変化により，複数の発達の道筋に状況づけられ
るのである。しかも，そうした媒介された行為は社会的文脈のもと
で多面的な目標を持ち，それらの間では，調和というより競合性，
不和性によって特徴づけられるので，媒介手段は権力，ないし権威
性という特権的性質を帯びてくる。このことから，学習（媒介され
た行為）は，特定の特権性を持った媒介手段との出会いに基づく習
得的側面と，その個人的使用（個人的再構築）に基づく媒介手段の
改変，すなわち専有的側面に特化されるというのである。

　以上の定式化から，個人の学習過程は，常に，社会が特権的に提
供する媒介手段の習得に基づきながらも，自分なりの使用を通じて，
媒介手段を修正したり，新たな媒介手段を構築したり，採用したり
することで，新たな学習，媒介的行為の道筋を進んでいくと考えら
れる。そしてこのことが，文化を継承しつつ，同時に，常に文化を
発展させていく，人間的な学習・発達といえるのであろう。

専有と習得の裏表一体性

　ワーチ（1998）が提起した専有と習得の関係は，両者を独立の過
程とした上で，その時差的な関係性を強調しているのであるが，事
実，学習の当初期は習得的側面が機能するものの，習得的使用すな
わち自己内での再構築の経験が重なるにつれて，自分なりのものに
改変していく専有的側面が立ち現れてくるといった状況は，我々の

小学校高学年の生態学的観察からも示唆されるものであった。

　ワーチ（1998）自身もパリンサーとブラウン（Palincsar, & Brown, 1984）の相互教授（reciprocal teaching）法に基づく読解能力形成の実践例をあげながら，習得的側面が専有的側面へと変化していく過程を詳述している。相互教授法とは学業不振の生徒の指導において共同行為の中での学習に導く方法で，読解課題内容に関してまず「質問」することから始めて議論を活発にし，続いて読んだ内容について「要約」することで理解の一致を促進し，また不明な概念や語句について「明確化」した上で，最後に，次のパートにおいてどんなことが出てくるか「予測立て」を行う，といった，通常，教師がとる役割や方略を生徒同士の中で，入れ替わりのあるリーダー役の生徒が他の生徒にとることを通して生徒自身に体験させるという教育法である。これは，共同行為という精神間機能でこうした方略を明確に使わせて，精神内機能での変化（精神間機能の内化）を適切に行うことをねらったものである。習得と専有という用語を使えば，まず，相互教授という手順をきちんと習得すること，すなわち生徒たちがすでに持つ読解に関する文化的道具に「質問・要約・明確化・予測立て」という新たな文化的道具を付け加えるということであるが，これが共同行為の中では，生徒たちがひとりではできなかった課題の意味を再解釈する手段の交換が容易になるという「共同的発見（joint discovery）」を喚起する（Palincsar, & Brown, 1988）ということにも依存して，専有的学習を生む結果ともなるのである。事実，最後の相互教授経験から6カ月後においても，生徒は自ら，自発的にそうした方略を使いこなして高い成績を示していることが認められたのである。

　しかしながら，ワーチも述べているのであるが，なぜ，1週間程度の習得的経験が，のちに専有的な力を持つのか，そのメカニズム

は必ずしも明確ではないのである。現時点での説明では，社会文化的アプローチの概念化として，相互教授法がそこをねらったように，"社会参加の形態の変化が学習・発達である"（Rogoff，1998）というのが有力な考え方ではある。しかし，社会参加の形態が変わることによって何が，どう変化するのかというメカニズム的な観点からの説明ではない。当然，社会参加＝社会的共同行為が個人内に再現，再構築されるというヴィゴツキーの内化（internalization）理論に基づく学習のメカニズムを習得的側面と専有的側面の２側面で説明し直したワーチの観点からいえば，この２側面のメカニズム的な関係を吟味しなければならないであろう。そして，メカニズムを明らかにするには，中・長期的な変化をみて間接的に推測するのではなく，短期の変化過程（microgenesis）を吟味し，直接的にその過程を取り出すことが必要であることは，すでに本書の **２章**で強調し，実践したとおりである。

　その観点からいえば，我々が **２章**，**３章**で扱ったマイクロジェネティック，マイクロメゾジェネティック・データの分析には，習得と専有のメカニスティックな関係がはっきりと立ち現れていた。例えば，実験室における母子の課題解決場面では，年少児においては，まず最初に，課題に対する自分なりの理解に基づいた専有的側面が明確に現れるが（self-initiated cycle），それでは場面が要請している課題解決はできないとわかると，母親との間で課題内容の理解に関する一致および課題が要請されている方向で解決されたかどうか評価する方法の一致を目指した共同行為が現れ（other-dependent cycle），最終的に評価方法を子どもが自分自身で適用できるようになることで（self-dependent cycle），子どもの独力での解決が可能となったのである。まさにマイクロな変化，すなわち学習過程においては，まず子どもなりの理解に基づく専有的知識の適

用から始まり，子ども自身の判断のもとに習得的知識の獲得へと進み，最終的にそれを自分のものとすることを通して新たな専有的理解に到達するのであろう。

　このような共同行為過程における学習パターン（専有→習得→新たな専有）は，年長になっていくにしたがい，最初の専有的側面の全体に占める割合が小さくなり，大人では表には現れにくくなって〈習得→専有〉というパターンが見られてくるのである。これはもちろん，課題内容の違いや，関心のない課題を強要される経験が積み重なって，パリンサーらの実験教育の対象者のように，とにかくまずは習得的獲得から始めるという構えが出てくることなどにも影響されよう。しかし基本的には，習得と専有の関係は短期の発達過程においても交代で出てくることは間違いないのである。

　しかしここで重要なことは，我々の小学１年生の学級会の観察で見られたように，共同行為の中での学習においては，習得は常に専有を喚起し，専有は常に習得を喚起するという形で，常に共時的に存在するということである。専有的側面はその多様性，多声性ゆえに複数の学習者の間に葛藤を生むことになり，それを処理するために習得的側面へと導かれる。話し合いという専有的側面の活性化をねらった学級会での「多数決」という文化的道具の導入は，まさに生徒たちの専有的学習を活発化させると同時に，多数決による共有物を「決まり文句」化してでも受け入れさせるための習得的学習を強要しているのである。しかし同時に，この習得的側面は個々の学習者に葛藤を生み，不平・不満の表出という形から出発する専有的側面へと導かれるのである。

　まさに，多数決は多数派の意見に特権性を与える文化的道具であり，これは制度的教育における習得的学習に特権性を与えるという学校文化適用過程にもつながるものと考えられる。そしてこのこと

は，子どもの学習において常に専有的側面と習得的側面が共起することを前提にしたものであると考えられるのである。

　以上のように，共同行為の中の学習は専有と習得の共起性（共時性），あるいは表裏一体性というべきものが示唆されるのであるが，このことを支持するためには，学習の両側面は独立した過程であると同時に，お互いに不可欠なものとして存在するという，弁証法的関係にあることが強調されなければならない。この点については，ヴィゴツキー（1934/1962）がその著『思考と言語』の最終章で「意味（sense）」と「語義（meaning）」の関係について，個人的な認識である「意味」と一般的，社会的，辞書的定義である「語義」はお互いに不可欠な弁証法的関係であることを示唆しているが，これはまさに上記のような専有的側面と習得的側面の関係を指していると考えられる。また，ワーチ（1998）が米国の大学生の自国に関する歴史的意識の形成においてほとんど歴史の教科書の習得の結果に依存しながらも，その中で矛盾することがらに関しては悩んだ末の辻褄合わせとしての専有的側面が垣間見られること，さらにソビエト支配下のエストニアにおけるソビエト歴史教科書の習得を強要されたエストニアの人々が，それらに対抗するため専有的な独自の歴史意識をそれらに潜み込ませた事例をあげているが，これもまさに専有と習得が表裏一体の関係を持っていることを示唆しているものと考えられるのである。

　以上のように，共同行為が内化される，つまり共同行為の中での学習とは，専有的側面が習得的側面へと，習得的側面が専有的側面へと変化する過程であり，そうした変化はいずれも共同行為に参加する学習者の間で，あるいは学習者の中で，葛藤ないし抵抗が生じることによるのである。これはバフチン（1981）が認識形成の原理としての「原初的対話性（原理）」として定式化した発話成立のメ

カニズムを説明する中での「対抗のことば」に関する叙述, "(発話の) 理解は相手のことばに対し, 対抗のことばとでもいうべきものを探し出そうとするものです"(Voloshinov, 1973, p. 102；邦訳 p. 227) に基礎づけられるものであろう。

文化的道具に媒介された行為としての学習・発達の特性

本節では, 社会文化的な観点から, 人間的な学習・発達としての特性を示す共同行為の中の学習とは何か, ということについて考察してきたが, その要点を整理してみると以下のように定式化できよう。

学習・発達の過程

(1) 共同行為における学習・発達は, 基本的には, ヴィゴツキー理論における「精神間機能(相互行為過程)」の内化による「精神内機能」への移行ないし変形(transformation)として定式化できる。

(2) そのメカニズムを表す「内化」は, 共同行為過程がそのまま個人内に引き写されるのではなく, 個人内での再現, 再構築化を通して変形された独自の過程として存在する。その意味では, バフチンの定式化が示唆するように, 共同行為過程における他者の声と自己の声が対等にぶつかり合い, あるいは闘争・抵抗を通して, 変形された独自の声(発話)を生成する過程としてとらえ直すことが可能であり, あえて社会的なものと個人的なものを分けて, 社会的なものが内化していくと考えず, 共同行為過程そのものが学習過程ととらえることができる。

(3) バフチンの定式化に基づけば, 上記のような学習＝発話の成立過程は他者との対等な闘争に基づく「原初的対話」の過程で

あり，そこでの発話＝社会的な認識の成立は専有と呼ばれている。これが基本的なメカニズムであるが，他方，他者の特権的な声である社会的言語（共同行為が行われる文脈としての階層，集団に独特の発話形式）・ことばのジャンル（活動文脈に独特の発話形式）に大きな影響を受ける過程がある。

(4)　そのためワーチは，共同行為過程における学習を社会的なものの引き写しと誤解されるのを避ける意味で，ヴィゴツキーの「内化」概念の代わりにバフチンに基づく「専有」概念を採用するとともに，特権性を持った社会的言語・ことばのジャンルに媒介される側面を「習得」と定義して，学習＝内化を「専有」と「習得」の二つの独自な過程の関係で説明されるとした。

(5)　専有と習得は，バフチン理論やワーチの事例が示唆するように，中・長期の学習過程では〈習得→専有〉という過程を示すのであるが，乳幼児の短期の学習過程においては〈専有→習得→専有〉という過程が見られ，年長になるほど最初の専有的側面の占める割合が小さくなってくる。つまり，社会化されてくると最初の自分なりの認識の適用と社会や他者の要請に応えるという部分が重なってくることが示唆されるのであるが，その意味では，共同行為としての学習過程における習得的側面と専有的側面は共時的，表裏一体的に立ち現れ機能するということ，さらに，習得と専有は両者とも，共同行為の中で学習者に不一致，すなわち葛藤や抵抗を生じさせるがゆえに習得が専有に，専有が習得に変化すると考えられる。

学習・発達の特性と所産

(1)　ワーチが提唱する社会文化的視点では，習得と専有で示される学習は「（文化的道具に）媒介された行為」（Wertsch, 1991）

と定義される。例えば，社会や他者の声（認識）に媒介されて自己の声（認識）が成立するわけであるが，すると学習の結果として発達していくということは，社会文化的文脈に配置された複数の媒体の獲得と使用（習得），さらに自分なりの使用を通した新しい媒体の生産（専有）ということになる。習得・専有の対象は，まずは媒体としての文化的道具というわけである。

(2)　文化的道具にはどんなものがあるのか。それこそ共同行為が行われる社会文化的文脈に特有のものがあり，それに基づいて学習の結果，発達の様相に文化特有のものが見られてくるわけであるが，それらの諸文脈に通底するものをあげるならば，それは相互行為を成立させる道具としてのことば＝記号的意味であろう。具体的には，コミュニケーションのことば（発話）であり，語り（narrative）やテクスト，そして共同行為のパターンを規定する諸制度までも含まれる。まさに言語的，非言語的行為のやりとりを通して共有の，あるいはそれぞれ独自の意味を達成していく過程が学習・発達なのである。バフチンのいう社会的言語・ことばのジャンルはそれらに社会的，文化的，歴史的特性を練り込む不可欠な文化的道具といえる。

(3)　このように文化的道具は共同行為としての学習・発達＝媒介された行為の蓄積には不可欠な存在であるが，文化的道具そのものの持つ性質として念頭においておかねばならないのは，一つは，共同行為を成立させる役割を果たすという意味で行為のアフォーダンスを提供する，あるいは行為を促進するという側面があるのであるが，他方，そうした役割は行為をある方向へと方向づけてしまうという意味で行為に制約を課すという側面がある。この2側面が，まさに文化的学習・発達の特性を決定することになるのである。

　以上のように，共同行為としての学習は，文化的道具に媒介された行為としての学習という性質を持つのであるが，これは文化的道具という比較的変動の少ない，外部社会に存する媒体に依存するという意味で"認識の社会的構成論"と呼ばれている。

　しかしここで重要なことは，この理論は決して社会が個人を統制するという側面のみを強調しているわけではないということである。文化的道具の種類や性質により学習・発達の方向性が規定されるという認識は，学習・発達の様相から想定された普遍性を強調する考え方を批判し，その相対性が強調されることになる。そしてこの学習・発達に対する相対的視点は，同時に，文化的道具の改変を通してその様相が変化するということを示唆しているのである。しかも，社会の権力者が文化的道具を大衆に押しつけることで認識や発想を統制していく可能性をはっきりと否定している。そうではなく，文化的道具の獲得・利用（消費）の過程に見られる行為主体の習得的側面が葛藤・抵抗を通して主体的に専有的側面を生み，新たな文化的道具の生産へとつながっていく側面を重要視しているのである。その意味では，しばしば社会的現象として立ち現れてくる安易で無自覚な多数派の声を基盤とする特権的な道具使用への警告，そして葛藤・抵抗をきっかけとする文化的道具の改変を通しての社会・文化の変革をこそ強調しているのである。

　そしてこの変革を促進するためには，一方で，行為主体の持つ条件，その主体性，積極性の尊重と，他方で，習得を促す"統制のことば"とでもいうべきものと，その専有を促す"創造のことば"とでもいうべきものの表裏一体的使用という教育的機能の必要性が強く示唆されているのである。

3節 本書の意義と今後の展望

本書の意義

　以上のような本書の主たるねらいについての概念化に続いて，その他の知見について，先行研究との関係を考察することにより，本書の持つ意義について整理してみよう。

　1．本書の意義の一つは，共同行為過程の構造的，機能的側面を明らかにしたことである。母子関係をはじめとする共同行為過程においては，躾，指導といった，ある意味で一方向的な情報の流れと見えながら，実際に成功裡に進んだ過程では，教授者，学習者という役割ないし目的は異なっていても，その意味では，お互いが独自の意味づけから出発しても，対等なやりとりの中でお互いにそれぞれ新たな意味を創造し，共通の意味を共有するといった過程となっているのである。つまり，お互いに影響をおよぼしあい，受けあっていく，まさに対等な相互行為過程であるということであろう。しかも共通の意味の共有に至る過程がそれぞれ独自であるため，その後はまた，それぞれ独自の意味づけの発芽の土台を作っていると考えられる。その意味では，単なる間主観性の成立ではなく，他者性（Wertsch, 1998）に基づくそれぞれの発展が進行していく過程としてとらえられる。これはまさに，バフチン理論の「対話性原理」に基づく発達のメカニズムを支持していると考えられる。

　この点については，ワーチ（1991）も共同行為過程，とりわけコミュニケーション過程について，情報処理論的に情報伝達の過程としてとらえる「伝達モデル」に対して，バフチン的な対話過程としてとらえる「対話モデル」に基づいた批判的な論議を行った。情報

発信者が概念を符号化して，一方向的に受信者に流し，受信者はそ
れを解読して情報理解に達するという，情報理論では当たり前とさ
れている「伝達モデル」は，符号化に使われる言語・記号が導管の
ように働き，ある人から他の人へと一方向的に思考を伝達するとい
うことで「導管メタファー」といわれるが（Reddy, 1979），その
単声的な一方向性に対しバフチン的な視点から反論しているのであ
る。その主要点は「（コミュニケーション過程における）理解は，
他者に対する，理解する人の声による応答」（Wertsch, 1991）と
考えるべきだというのである。この点についてロットマン（Lot-
man, 1988）は一般的なテクストの理解には伝達機能と対話機能の
両方があると仮定するのだが，その場合でも，伝達機能とは聞き手
と話し手の符号が完全に一致して，単声機能を獲得した特殊な状況
であるとしている。言い換えると，共同行為過程ないしコミュニ
ケーション過程においては，基本的には，多声性に基づく対話機能が
働いており，当初は話し手と聞き手の間で符号がくい違っているの
が標準であって，対話的やりとりの中で共有の意味を獲得，すなわ
ち（両者にとって）新しい意味の生成を通して情報理解が可能とな
ると考えるべきだと主張するのである。

　しかしながら実際は，共同行為過程における理解過程は一方向的
な情報伝達過程という発想が強かったのであるが，ヴィゴツキー理
論の示唆を受け，いくつかの実証的研究において対話モデルを支持
するような間接的な資料も報告されている。

　ロゴフら（Rogoff, 1986, 1990, 1998；Rogoff, & Gardner,
1984）は社会文化的な視点を持つアプローチを行い，共同行為の文
脈の中での大人のかかわりや教示を子どもが精神間機能（共同行
為）への「参加を導いていく（guided participation）」過程である
と考えた。大人による子どもの課題理解の程度の評価と，それに基

づく「足場づくり」（Wood, Bruner, & Ross，1976）の調整が行われる一方で子どもも教示にペースを合わせながら情報の提供を要求するなど，大人の援助を調整しており，共同的・補完的な形で精神間活動がなされ，精神内機能への移行が可能となると主張している。

　このような諸研究の結果は，基本的には本書の結果からも示唆される「対話モデル」支持という点で軌を一にするものである。しかし本書では，共同行為過程の中で「相手との課題理解の一致および自己の制御的行為の評価・修正方法の獲得」が具体的な共有的意味形成の内容として，直接的に学習・発達へとつながるということを示唆した点，そしてそこに至るプロセス・モデルを提起してさまざまな文脈で吟味し，発達過程を示唆したという点で，バフチン的な対話モデルを発達的観点から精緻化・拡張化するための重要な知見となっていると思われる。

　2．さらに本書が持つ意義としては，現実の生活世界の中で，具体的にどのような課題解決がどのように行われているかという，社会文化的，生態学的文脈のもとでの共同行為のあり方について吟味したことであろう。子どもは生活場面で要請された課題に対し，母親，教師などの周りの人々とのやりとりの中から，"ことばの使い分け"に見られるような彼らの言語的，記号的な行為を，自己の行為の指針（ナビゲーター）として取り込むことでさまざまな活動を自分で，自己制御的に行えるようにし，それらを文化的道具に仕立て上げていること，そのため獲得後は，それらを改変・応用し活動の新しい指針作りをも目指していくようになることが示唆された。これらの結果は，やはりバフチン理論の「対話性原理」を支持するとともに，広く社会文化的文脈の中での対話のあり方とその機能を示した「社会的言語・ことばのジャンルを媒介とした，そしてそれらの媒体を創造していく形の特定社会集団や活動場面への適応・変

革のプロセス」についても明らかにしていると考えられる。

　この分野での実証的研究はまだそう多くはないが，状況的認知理論の流れの中でいくつかの先駆的研究の中に，本書の主張とかかわってくる部分が見られる。

　ヒース（Heath, 1983）は三つのコミュニティにおける家族内の言語的相互行為が子どもたちに異なる言語使用習慣（language variants）を身につけさせ，それが学校での読み書きのプログラム遂行に異なる効果をあげるという談話分析に基づく資料を提示しつつ，失敗する子どもは，教師の子どもの言語使用習慣の違いへの認識の欠如による能力発揮の妨害作用のためだと指摘した。これはバーンステイン（1959, 1960, 1961）の仮説の実証研究の一つと考えられ，学習・発達のメカニズムそのものを明らかにしているわけではない。しかし，より広く日常的な文脈に依存する認知過程への注目に大きく影響し，状況的認知理論の流れのきっかけの一つとなった（Rogoff, & Lave, 1984）。

　状況的認知理論に基づく研究では，スーパーマーケットでの買い物行動における算数活動の巧みさが，学校や実験室での教授・学習場面のそれと対照的に論じられたり（Lave, 1988），西欧文化に接触したパプアニューギニアの人々の土着的数量システムの変化過程の研究を行ったサックス（Saxe, 1981）によって，子どもの発達に寄与する環境はより広く多様な文化的文脈の中でとらえねばならず，学校教育も知識や知識を生成する道具を伝達するのではなく，むしろ子どもの認知発達に新しい文脈を提供し，伝統的な文化の中での理解を発展させる存在として理解されねばならないといった主張などがなされた。

　近年，こうした点の関心が強くなり，子どもが社会文化的制度へ参入していく過程のメカニズムの解明に焦点がおかれるとともに，

ヴィゴツキー理論の「最近接発達領域論」と「内化理論」では不十分だとして，実践的・生産的活動の場への参加による生産活動の一翼を担う過程（正統的周辺参加：legitimate peripheral participation）の分析の重要性が説かれたり（Lave, & Wenger, 1991），その典型の一つである徒弟制（apprenticeship）をモデルとした認知発達過程の分析（Rogoff, 1990）などに基づく実証的研究が行われてきた（Rogoff, 1998）。

　状況的認知にかかわる研究は，必然的に言語学，社会学，民族学，文化人類学などの隣接諸領域からのアプローチも多い。オークスら（Ochs, 1988；Ochs, & Schieffelen, 1984）は言語発達に関する信念のシステムが現実の言語使用のあり方にどう影響しているのかといった問題を中心に，「言語的社会化（linguistic socialization）」という概念のもとで学校，家庭，コミュニティにおける言語使用の民族誌学的研究を進めている。また，教育者の信念と実際の教授行為との間の矛盾に見られるように，社会文化的文脈の中で刻々と進行する行為そのものを"物語る"ことにより，物語が信念や社会的知識として行為そのものを制約していく媒体としての役割を果たすといった過程も明らかにされてきた（Edwards, & Mercer, 1987）。

　日常の媒体（言語・道具）使用過程の記述を目的としたエスノメソドロジーや，ヴィゴツキー学派の流れの一つとして活動理論に基づく研究および，その理論的発展も近年著しいものが見られる。仕事の現場に新たに導入された医療記録用コンピュータ機器をめぐって，媒体の変化がどのような労働過程の変化や道具観（意味・機能）などの認識の変容を導くかを現場観察と面接により分析する（Engeström, 1990）といったことを含め，現代社会の必須の問題である"人と機械との相互作用"の進行に伴う媒体（資源）利用過

程と認識の変容のあり方を明らかにしていく必要性の主張と努力がなされてきたのである（Suchman，1987；佐伯，1992）。

　以上のように，子どもの社会文化的制度への参入のメカニズムについては，なされた諸研究の文脈に特有なさまざまな視点が提案されてきた現状であり，本書でも，具体的に「フォーマル言語」と「インフォーマル言語」といった我々の社会で特徴的だと思われる大人のことば，およびその使い分けを記号的な手がかりとして場面適応的に行動する子どもたちに注目するとともに，それらの手がかりを文化的道具とすることにより，自らも使い分けて自己主張するといった積極的な適応的行動を自ら形成していく姿を示唆した。さらに，これまでの研究が参入，適応過程に重点があるのに対して，本書では，それらの文化的道具を応用・改変することで新しい道具を自ら，共同で創り出していくという変革的，創造的側面についても実証的に示唆したという点では，バフチンのモデルに示唆された生態学的な共同行為過程を具体的に説明する数少ない資料の一つといえる。それと同時に，こうした「ことばの使い分け」と自己制御行動とのかかわりが，発達的にどのようなオリジンを持つものかということに関する吟味は，このモデルを我々の周りに適用するときには教育的示唆に富むものといえよう。

　3．しかし，本書の本来的な意義としては，本書の主張が，子どもの発達に対するこれまでの理論的，メタ理論的枠組みの再検討を迫るものであるということであろう。母子間の対等な相互行為に基づく母子関係の成立・変容過程，そして母子関係そのものが子どもの発達に相乗的相互作用的にかかわることを示唆した本書では，子どもの発達はピアジェ理論が仮定するような，単一の発達の道筋を想定するのではなく，かりに同じ到達点に達する場合でも，異なる発達の道筋がありうることを示唆したのである。しかも，共同行為

過程そのものの分析からは，発達は共同行為による新しい意味の創造過程，とりわけ子ども自身が自ら自己制御的に行動する方法を獲得することであること，さらに，生態学的な共同行為過程の分析から，大人の言語・記号的な手がかり，その文化的道具化を適応活動，さらには変革・創造活動の指針，土台としていることが示唆されており，まさに発達は子どもが生活する社会文化的文脈の中で利用可能な道具に基づいて独特の活動をした結果であると考えられるのである。そのため，子どもの発達のあり方は生活文脈に応じた独自の発達の道筋を通ると考えられるのである。

この点は，コールら（1989）のいう「発達の文化的文脈説」に軌を一にするものであり，また，バフチンの多声性の概念から発した，複数の文化的道具の利用可能性に依存した多様な発達のあり方を示唆するワーチ（1991）の道具箱アナロジーも同様の主張をしているところである。これらは近年のピアジェ理論に対する反普遍的，相対的発達観の流れに位置すると思われるが，理論先行が現状で，とりわけ発達的観点を持つ実証的研究はほとんど見られていなかったのである。しかし本書では，従来の認知的社会化研究の枠組みにおいても，また，これまでの文化心理学，状況的認知心理学の枠組みで主流のケース研究においても，縦断的，横断的資料に基づく発達的資料を吟味した上で，相対的発達観を支持するような結果を示しえたことは大きな意味があると考える。

4．さらに本書の方法論上の意義の一つとして，子どもの発達に影響をおよぼす社会文化的要因のうち，心理過程と社会文化的過程が共起し，影響をおよぼしあう最小単位としての「共同行為過程」に焦点を絞ったことで，認知的社会化研究のパラダイムでも相互作用的なダイナミズムを示唆できることを示したこと，また，ケース研究の特性を生かして，具体的に両過程のメカニズム，両過程の関

連の変容過程を明らかにしたこと，そして，そのモデルを短期縦断（微視発生）的に，また中・長期縦断（個体発生）・横断的に，さらに生態学的場面において検討し，その妥当性を吟味してきたということがあげられよう。

　その意味では，本書では，法則定立的な観点を持つ各要因間の関係抽出を目的とした相関分析的方法と，個性記述的な観点から関係性形成のプロセスそのものを描写・分析する相互行為過程分析法の両方法論をともに採用し，それぞれの特徴を生かした方法論の吟味，とりわけ過程そのものを描写する方法の開発を行ったといえよう。そして，描写の妥当性の吟味のもとに，法則定立的吟味に持ち込むモデル，すなわち質の高い仮説ないし理論を提案するというケース研究の役割を浮き彫りにするとともに，相関分析法の役割については，モデルをもとに法則定立的吟味を行うときだけでなく，ケース研究においてどこに焦点化すべきかといった位置取りへの示唆をするような大枠の知見を得るための探索的研究を行うときにも使われる重要な方法論であることを示したと考えている。

今後の展望

　本書は，ヴィゴツキー理論やバフチン理論の示唆する視点に基づき，子どもの発達におよぼす社会文化的要因，とりわけ共同行為過程のあり方について実証的吟味を基礎に考察したのだが，彼らの理論の主要概念である「媒介」，「社会的起源論」，「発生的アプローチ」は，“発達をどうとらえるか”“発達研究にどうアプローチしていけばよいのか”といったことについて，これまでの伝統的発達心理学の発想と方法論の変革を要請していると思われる。そして，その要請に応えるべく，これまでさまざまな試みがなされてきたのも事実である。本書で扱った社会文化的アプローチもその一つであ

るが，全体としては「文化心理学」という領域でそうした試みや議論がなされている。そこで，本書の最後に，本書のこれまでの主張を基に，今後の展開に対する展望をとらえる目的で，文化心理学の展開過程をここで改めて吟味しておきたい。

文化心理学のパラダイムの変遷

ルカリエーロ（Lucariello, 1995）は認知・発達心理学の立場から，心（認知）と文化（文脈）の関係を明らかにする領域としての文化心理学のレヴューを行っている。コール（1990）よりは広義の定式化になっているが，現在，文化心理学という名のもとにさまざまな試みが，比較的広範な領域で行われており，そのため文化という鍵概念のもとに，これまで細分化されてきた心理学諸領域間の対話，あるいは心理学とその隣接諸領域との間の対話が広がってきているという現状に鑑み，文化心理学の展開を展望するきっかけの役割を果たしていると思われる。

ルカリエーロは1960年代以降のいわゆる「文化心理学」研究の流れには認知（mind），文化（culture），人（person）という三大要素の関係のとり方について四つの研究パラダイムの流れがあると整理している。

第一は1960～70年代半ばまで主流であった「認知と文化（mind and culture）」研究で，セネガルのウオロフ族の色，形に関する特異な分類能力の吟味（Greenfield, & Bruner, 1966）や，学校教育経験の有無による分類，推論能力の差異（Luria, 1979）などの研究のように，認知と文化を分けて考え，認知（従属変数）に影響をおよぼす文化（独立変数）の影響を吟味するものである。認知と文化の二分法のため，それらの相互作用研究のきっかけとはなったが，理解は進まなかったし，人（認知主体）の存在，その条件が欠けて

いるとする。

　第二のパラダイムは「文化に組み込まれた認知（mind in culture）」研究である。これは認知能力（論理・科学的思考）を従属変数とする点では二分法と同じであるが，文化を実践的活動と定義することにより認知と文化を分けて考えることがなくなり，その活動における認知と文化の相互作用を解明するモデルを提供した。コールらの複数の文化的活動にかかわる認知能力の差異を吟味する比較文化認知発達研究（Cole, 1992；Scribner, 1986；Scribner, & Cole, 1981），活動に埋め込まれた実践的算数能力の吟味（Saxe, 1981），ヴィゴツキーの「最近接発達領域」モデルをベースにしたワーチ，ロゴフらの共同行為過程の分析とモデル化（Rogoff, 1990；Wertsch, 1979），レイヴらの実践コミュニティへの参加形態の変化とアイデンティティの成立過程をモデル化した「正統的周辺参加」モデル（Lave, & Wenger, 1991）など，現代の活動理論や状況的認知理論に基づく文化心理学研究の源流的研究群である。

　ただ，ルカリエーロ自身は，論理・科学的思考過程のみを扱い非合理的な思考が考慮されていないこと，そして何よりも，認知主体が世界を解釈するフレームなどを考慮すべき人的要素がやはり欠けていることに不満を漏らしている。

　第三のパラダイムは「認知に組み込まれた文化（culture in mind）」研究で，認知に固有の文化的カテゴリー，すなわち論理・科学的思考モードに対して，登場人物，意図，手段，状況，行為の5要素からなる「語り（narrative）思考」モードを想定し，この「語り」を最小分析単位とすることで，文化に影響される人の心理的過程の成立・変容過程を解明していこうとするものである（Bruner, 1983）。このことで認知と文化が相互構成的なものととらえられ，文化的認知という新たな視点を導入したのであるが，やはり

人的要素が欠けており，「語り」が認知を組織する原理となっているため認知至上主義の感は免れず，また，二つの思考モードしか設定されていないため，思考が機械的なものと解釈されるおそれがあるという。

第四のパラダイムは「人間に組み込まれた認知と文化（mind and culture in person）」研究であり，いわば「文化は認知にあり，その文化と認知は人間にある」ということで，基本的には第三のパラダイムを基盤としたものである。現実世界や活動に対し認知主体が一定のスタンス（Geertz, 1973；Nelson, 1986）をとることによって，それらを解釈することで文化的カテゴリーが認知の中に形成されていくものとするのである。最小分析単位としては解釈枠としてのフレーム（Glick, 1981）をとり，さまざまな場面でどのようなスタンスが生起し，どのような解釈枠，すなわち文化的カテゴリーが生起・変容しているかを吟味する研究が中心となる（Bruner, & Lucariello, 1989；Lucariello, 1990, 1994）。

ルカリエーロ自身が目指しているものは当然この第四のパラダイムであり，第二の文化的実践理論や，第三の「語り」による説明は，認知と文化をまだ二分法的に見ており，かつ，認知と文化に偏った見方をしていると断じている。これに対して，コールら（Cole, & Engeström, 1995）は，認知と文化を分けることができないという主張は前提としながらも，ルカリエーロが分析単位と測定単位をごちゃ混ぜに使用している点を指摘するとともに，社会文化的経験の指標化がなされていないことから，認知至上主義に陥ることの危険性を指摘している。その上で，文化心理学として共通する視点を，①文化は人が生きていく上での特有の媒体として機能すること，②この媒体は人の行為の制約および道具の両方として働き，行為の性質を決定すること，③この媒体は人が発生して以来，種の生物学的

構造とともに進化してきたこと，の三点をあげ，これらの概念を文化心理学の中核として，人の行為の意味と文脈を重視した，比較や発生的アプローチを中心に据えた方法論を採用することの必要性を強調している。そして「主体−対象−媒体」という人と文化の分離できない直接的なかかわりを示す最小分析単位としては「道具に媒介された主体の行為」が優れていると主張している。

文化心理学の今後のあり方をめぐって

　ルカリエーロ（1995）が定式化したような文化心理学における研究パラダイムの変遷は，人間の認識・行動に対する文化的影響のあり方の解明に焦点化されたものであったが，その前提には，認識・行動と文化は切り離して考えることができないという発想と，それを実現していくにはこれまでの伝統的発達心理学の発想と方法論の変革を要請していることがわかる。そうしたことをさらに深く実現していくためには，少なくとも文化心理学的諸視点に共通する問題設定および方法論について確認し，その上で認知心理学，発達心理学，社会心理学，比較行動心理学などの心理学諸領域および文化人類学，社会学，教育学，言語学，哲学などの関連隣接諸領域それぞれ独自の視点間の交流を進めていかねばならないと考える。

　現代の文化心理学に共通する視点を考える上では，コール（1990）も指摘するように，ロシア社会（文化）・歴史学派，とくにその前提的発想を定式化したヴィゴツキー（1978）の理論に基づく方法論の影響が大きく，ここでも彼に従って論を進めてみる。

⑴　発生的アプローチの必須性

　文化心理学は認識・行動といった人間存在の本質を明らかにすることがその目的であるが，ヴィゴツキー（1978）は彼の理論を定式

化するにあたり，その前提的，方法論的な発想として「発生的分析の必須性」を強く主張した。これはヴィゴツキーが精神機能を検討する際の最も基本的，前提的なテーマであり（Wertsch，1991），ある行動の本質をとらえるには，その起源と発生的な変化を明らかにすることが不可欠であることを強く主張したものである。もし発生的分析を採用しなければ「化石化された行動」の現象的な見えによって誤った説明へと導かれてしまいかねない危険を指摘する。彼にとって発生的方法は，単なる一研究法というのではなく，人間の精神機能の本性を理解する上で必須，かつ基本的な方法なのである。

　彼はこの手法を主として個体発生の領域に適用したが，同時に，系統発生，社会・歴史的発生，微視的・実際的発生の問題をも検討し，とりわけ，交差歴史的アプローチに基づく人間の意識の歴史的相違性を示しながら，社会・歴史的変化と個体の変化の関連について大きな示唆を残している。しかしこの四つの異なる発生領域が同一の原理のもとに進行するという反復論者の見解にははっきりと拒否の姿勢を示し，おのおのの発生領域はそれ独自の力と変化のメカニズムを持っていることを強調するとともに，問題は，さまざまな変化の力がどのように人間の活動の中でお互いに共同して働くのかということを明らかにする社会・文化・歴史的アプローチを遂行することであった。

　具体的なデータとしては，本書で示したような社会・文化・歴史的文脈における行為の発達過程そのものを描写的に扱うマイクロジェネティック（微視的，実際的発生）データが基礎となろうが，こうしたデータはこれまで伝統的な認知心理学研究では，望まれてはいたものの，積極的に扱う意欲と努力に欠けていたことが指摘され，再評価の動きが見られている（Siegler, & Crowley, 1991）。今後，こうしたデータをもとに，種々の発生的側面の比較に基づく発生的

アプローチが展開されることを期待したい。

(2) 問題設定と方法論の吟味の不可避性

　各研究領域で研究を遂行するにあたり，最初に念頭においておかねばならないことは，「研究はある枠組み（パラダイム）に基づいて行われるのであり，かつ，その枠組みとは，ある立場からのものの見方（視点）にすぎない」ということであろう。その意味では，一つの現象を解明するにあたり，すべてを説明する必要はなく，一定の要因に集中し その他の要因は統制するといった操作が可能となるし，必要でさえある。しかしそのために，その枠組みは常に研究結果そのものにより，また，他の視点からの先行研究により，その妥当性を吟味され続けられねばならない。それゆえ，一つの研究テーマを実施していく過程は複数の研究によって吟味されていく過程であるといえよう。最終的には，一つの現象は 複数の視点で吟味され，統合化された上で安定的な結論が出されなければならないのである。そこで一つ一つの研究は，その研究がどういう枠組み（理論，メタ理論あるいはそれらに基づく先行諸研究の知見）に基づくものであるかを研究遂行時にきちんと意識しておく必要がある。その上で，他の視点に立った研究群との比較検討が重要になってくる。

　とくに先行研究群の基礎にある隠れた（明言されない）パラダイム（メタ理論）の吟味を行い，積極的に研究の流れを変えていく，といった活動に不可欠な手続きとして「問題（範囲）設定の吟味」と，「方法論，とくにデータの最小分析単位の吟味」が必要となる（Wertsch, 1991）。

　問題設定や方法論の吟味にあたっては，以下のような点に留意する必要があろう。①発達研究には「認識・行動発達の様相の記述」

研究と，様相を規定する「発達の機序（メカニズム）のモデル提示・検証」研究があるが，両者のどちらかに重点をおくにしても，両者それぞれの理解は相互に深い関連があり，問題意識の中では，常に他方の発想を念頭に置きつつ進めていく必要がある。②発達の機序にかかわる要因は生物学的要因と社会・文化・歴史的要因が不可分的にかかわっており，両要因間の統合的理解の必須性，とくに本書でも例示したように，生物学的要因を持つ発達主体は社会・文化・歴史的要因と切り離してとらえることは不可能であるということの認識を強く持ち，その把握を可能とする問題範囲の設定を目指す必要がある。これに従い，方法論，とくにデータの最小分析単位の吟味においては，本書でもいくつか提案され，適用例が示されたように設定された問題範囲の把握を可能とするものを考案していく必要がある。

(3) 諸理論間の対話を基礎に統合を目指す総合科学としての文化心理学

　文化心理学の諸理論は伝統的な諸理論に対するアンチテーゼという側面があることも事実であるが，しかし，人間理解の本質を探るにはどうすればよいか，といった問題意識が先行しているのも事実であろう。心理学の創始者ヴントによる実験心理学を補完するものとしての民族心理学の提唱（Wundt, 1916），それを二重性として批判し，心理学の危機をどう回避するかを考えたロシア社会・歴史学派も，いずれも上記の意識から出たものであった。その意味では，先に述べたように，一つの視点としての各理論それぞれは，文化心理学の諸領域においても，また，文化心理学と伝統的な心理学の間においても，真摯な対話を通して総合化ないし統合化されることが文化心理学の目指すところといえよう。このこととかかわって，近

年，1970年代後半のピアジェ理論再考の動きの中で，ピアジェ理論とヴィゴツキー理論との統合の動きが多く見られている（Bidell, 1988）。ビデル自身はピアジェ理論とヴィゴツキー理論の差異性よりも，発達を弁証法的にとらえるという点での共通性に重点をおいた考察を行い，両理論を補完的にとらえることが今後の認知・発達心理学のあり方として重要であるとしている。確かに子どもの個体発生の過程は，系統発生的に制約を受けた生物学的特徴と，社会・歴史・文化的制約要因との相互作用の過程の産物であるわけだが，実際に研究アプローチとして補完的になるためには，真にこうした理論が"弁証法"的に統合される必要があり，現代の文化心理学の重要な課題として，今後の発展が望まれるところである。

(4)　既存の研究法の並存的利用と新しい研究法の開発の必要性

　問題としても述べ，かつ本書でも明らかにしてきたように，子どもの発達におよぼす環境の影響については必ずしも一義的には決められないというのが現状である。環境要因といっても家族関係から学校，地域，社会というようにいくつかの社会システムが内包的に関連性を持って子どもの発達の源である活動に影響を与えているし，しかもそれらは同時期に平面上に広がっているだけでなく，歴史性という時間的厚みを持っており，かつ将来に向かい時々刻々変化していくのであるから複雑きわまりないわけである。するとこれらの環境要因の影響を受けて発達する子どもが，具体的にどういう影響をどのように受けているのか，ということを資料的な裏づけをもって同定するためには以下のような二つのアプローチを提言しておきたい。

　一つはここで見てきたように，社会・歴史・文化的要因が凝縮された具体的な子どもの活動場面の詳細な描写に基づくマイクロな変

化のプロセスを吟味し，活動パターンを抽出していくことであろう。しかしこれは実施の難しさと一般化の困難性などがあり，必ずしも十分な方法ではない側面がある。少なくとも別の方法論的特徴を持つ認知的社会化研究や比較文化認知発達研究との並存ないし相互的吟味が必須になってこよう。

　もう一つは発達主体である子ども自身が環境からどのような影響を受けたかを子どもから直接聞くことである。環境の影響を主体がどうとらえるかは，状況的認知理論が示唆するように，主体側の主観的な解釈にまったく依存してしまうというわけではないが，しかし，例えば環境側の要因（アフォーダンス）が同じであっても主体自身の持つ生得的個性によって個人差が出てくることもあるように（三宅，1991），主体側の条件も大きく影響してくるのである。とりわけ子どもの発達が共同行為を通して共通の意味を形成していく過程であるとすると，自己をどうとらえるか，自己をどこに同一視するか，といったこととかかわって，主体の動機づけに依存した選択的な活動が推し進められ，その結果個人差が出現するということになるのである。この点でミラーら（Miller, & Moore, 1989）が採用する「自分についての物語（self-narratives）」法に関連した新しい方法論を開発し，社会・歴史・文化要因と自己意識やその他の領域の発達との関係性の分析を行うことは，これからの環境と発達の関係を吟味する研究には役に立つアプローチだと思われる（Wertsch, 1998）。我々は，もっとこのような子どもの条件，とくに社会・情動的な側面を重視し，子ども自身が自己をどうとらえ，あるいはとらえさせられていくのかを明らかにすることによって，子どもの立場から社会・文化的な影響過程を見つめていく必要があると思われる。

あとがき

　本書は，平成7年に大阪大学より授与された博士論文とその出版物（田島，2000）をもとに，その後の研究や再分析の結果を追加することで，大きく再概念化をはかったものである。その主たる主張点は，社会的相互行為の分析に重点をおいた博士論文に対し，その過程で起きる短期の発達（マイクロジェネシス）＝学習，とりわけその性質の吟味に重点がおかれた。また，その関係で，生態学的なマイクロジェネティック，マイクロメゾジェネティック・データに関する資料が豊富になった。こうして本書のメインテーマは，社会文化的アプローチからみた学習・発達の分析ということになったのである。

　本書のサブテーマになっている，もう一つの主張点は，社会文化的アプローチの発達心理学における位置づけについての考察である。近年，社会・文化・歴史的文脈を考慮した研究が多出してきたが，その大部分は"社会的影響（social　influential）アプローチ"（Rogoff，1998）であり，本書で強調した"社会文化的（socio-cultural）アプローチ"は少なかった。この原因の一つに，方法論的な違和感からくる，別次元の研究という感情が伝統的なアプローチで訓練される発達心理学徒にあるからだと感じている。そこで本書では，相関分析的アプローチ，認知心理学（認知科学）的アプローチ，社会文化的アプローチを順に並べ，それらの成果の連続性を強調し，まさに社会文化的アプローチは伝統的なアプローチの延長上にあることを示したかったのである。筆者自身，この三つのアプ

ローチを順に経験してきたので，その思いには痛切なものがある。

　本書が企画されたのは，上記の博士論文上梓の前であった。しかし，途中で博士論文をまとめてしまうという作業が入り，完成後すぐにワーチ（J. V. Wertsch）教授のもとで8カ月間在外研究の場が与えられ，そこでさまざまな議論を彼や，彼の大学院生たちと行ったということが，企画当初の性格を変えてしまった。その意味では，当初企画が博士論文になったのであるが，そのため，本書自体の執筆は大幅に遅れてしまった。金子書房には大変ご迷惑をおかけした。それにもかかわらず，編集部スタッフの皆様から励ましを受け続け，ついに本書が日の目を見ることになった次第である。言葉もないくらい感謝している。

　最後になってしまったが，本書および博士論文をまとめるにあたって多くの方々のご協力，ご援助，そしてご指導を受けた。それらの方々は博士論文出版物において記して感謝申し上げたので重複は避けさせていただくが，ただ，博士論文をまとめることになったきっかけをつくっていただき，かつ，貴重なご助言をいただいた聖心女子大学の川上清文，日本女子大学の高井清子ご夫妻には，本書がこうした形で完成する道筋をつけてくださったという意味からも，改めて，記して感謝申し上げる次第である。

　2002年　中秋

　　　　　　　　　　　　　　　　　　田 島 信 元

文　献

Ainsworth, M. D. S., Blehar, M. C., Waters, E., & Wall, S. 1978 *Patterns of attachment : A psychological study of the strange situation.* Lawrence Erlbaum Associates.

Azmitia, M., & Montgomery, R. 1993 Friendship, transactive dialogues, and the development of scientific reasoning. *Social Development,* 2, 202-221.

東　洋　1994　日本人のしつけと教育――発達の日米比較にもとづいて（シリーズ人間の発達 12）　東京大学出版会

東　洋・柏木惠子・ヘス, R. D.　1981　母親の態度・行動と子どもの知的発達――日米比較研究　東京大学出版会

Bakhtin, M. M.　1981　*The dialogic imagination : Four essays by M. M. Bakhtin,* ed. M. Holquist, trans. C. Emerson & M. Holquist. University of Texas Press.（伊東一郎訳：小説の言葉（ミハイル・バフチン著作集 5），新時代社, 1979. 北岡誠司訳：小説の時空間（ミハイル・バフチン著作集 6），新時代社, 1987. 川端香男里ほか訳：叙事詩と小説（ミハイル・バフチン著作集 7），新時代社, 1980）

Bakhtin, M. M.　1986　*Speech genre and other late essays,* ed. and trans. C. Emerson. University of Minnesota Press.（新谷敬三郎ほか訳：ことば　対話　テキスト（ミハイル・バフチン著作集 8），新時代社, 1988）

Barker, R. G., & Wright, H. F.　1951　*One boy's day.* Harper & Brothers.

Bates, J. E., & Bayles, K.　1988　The role of attachment in the development of behavior problems. In J. Belsky, & T. Nezworski (Eds.), *Clinical implications of attachment.* Lawrence Erlbaum Associates.

Bell, R. Q.　1968　A reinterpretation of the direction of effects in the studies of socialization. *Psychological Review,* 75, 81-95.

Belsky, J., Taylor, D., & Rovine, M.　1984　The origin of individual differences in infant and mother attachment : Maternal and infant contributions. *Child Development,* 55, 718-728.

Berberian, K. E., & Snyder, S. S.　1982　The relationship of temperament and stranger reaction for younger and older infants. *Merrill-Palmer Quarterly,* 28, 79-94.

Bernstein, B.　1959　A public language : Some sociological implication of linguistic form. *British Journal of Sociology,* 10, 311-326.

262

Bernstein, B. 1960 Language and social class. *British Journal of Sociology,* **11**, 271-276.

Bernstein, B. 1961 Social class and linguistic development : A theory of social learning. In A. H. Harlsey, J. Floud, & C. A. Anderson (Eds.), *Education, economy and society*. Free Press.

Bernstein, B. 1970 A sociolinguistic approach to socialization : With some relevance to educability. In F. Williams (Ed.), *Language and poverty*. Markham Publishing Co.

Berry, J. W. 1976 *Human ecology of cognitive style : Comparative studies in cultural and psychological adaption*. Wiley.

Berry, J. W., & Dasen, P. R. 1974 *Culture and cognition : Readings in cross-cultural psychology*. Harper & Row.

Bidell, T. 1988 Vygotsky, Piaget and the dialectic of development. *Human Development,* **31**, 329-348.

Bowlby, J. 1969 *Attachment and loss. Vol. 1. Attachment*. The Hogarth Press. (黒田実郎ほか訳:母子関係の理論Ⅰ——愛着行動, 岩崎学術出版社, 1976)

Brislin, R. W., Bochner, S., & Lonner, W. J. (Eds.) 1975 *Cross-cultural perspectives on learning*. Wiley.

Bronfenbrenner, U. 1975 Is early intervention effective? In U. Bronfenbrenner, & M. A. Mahony (Eds.), *Influences on human development, 2nd ed*. Dryden Press.

Bronfenbrenner, U. 1977 Toward an experimental ecology of human development. *American Psychologist,* **32**, 513-531.

Bruner, J. S. 1983 *Child's talk : Learning to use language*. Norton.

Bruner, J. S., & Lucariello, J. 1989 Monologue as narrative recreation of the world. In K. Nelson (Ed.), *Narratives from the crib*. Harvard University Press.

Bruner, J. S., Olver, R. R., & Greenfield, P. M. 1967 *Studies in cognitive growth*. Wiley. (岡本夏木ほか訳:認識能力の成長 (上・下), 明治図書, 1968)

ブルシュリーンスキー, A. V. (中村和夫訳) 1986 ヴィゴツキーとルビンシュテーイン——思考の文化-歴史的理論批判 ひとなる書房

Carpenter, M., Tomasello, M., & Savage-Rumbaugh, E. S. 1995 Joint attention and imitative learning in children, chimpanzees and enculturated chimpanzees. *Social Development,* **4**, 217-237.

チェス, S./トマス, S. (林 雅次監訳) 1981 子供の気質と心理的発達 星和書店 (Thomas, A., & Chess, S. 1980 *The dynamics of psychological development*. Brunner/Mazel)

Cohen, L. B. 1979 Our developing knowledge of infant perception and cognition. *American Psychologist,* **34**, 10. (高橋道子訳:乳児の知覚と認知

に関する最近の知識，波多野誼余夫監訳：現代児童心理学 3 ——子どもの知的発達，金子書房，1981)

Cole, M. 1990 Cultural psychology : A once and future discipline? In J. J. Berman (Ed.), *Nebraska symposium on motivation 1989 : Cross-cultural perspectives.* University of Nebraska Press.

Cole, M. 1992 Applying cultural psychology : The necessity of genetic methodology. *Paper presented at the 1st Conference for Socio-Cultural Research.* Madrid.

Cole, M. 1996 *Cultural psychology : A once and future discipline.* The Belknap Press of Harvard University Press. (天野　清訳：文化心理学 ——発達・認知・活動への文化−歴史的アプローチ，新曜社，2002)

Cole, M., & Cole, S. R. 1989 *The development of children.* Freeman.

Cole, M., & Engeström, Y. 1995 Commentary. *Human Development, 38,* 19-24.

Cole, M., & Griffin, P. 1980 Cultural amplifiers reconsidered. In D. R. Olson (Ed.), *The social foundations of language and thought.* Norton.

Cole, M., & Scribner, S. 1974 *Culture and thought : A psychological introduction.* Wiley. (若井邦夫訳：文化と思考——認知心理学的考察，サイエンス社，1982)

Condon, W. S., & Sander, L. W. 1974 Neonate movement is synchronized with adult speech : International participation and language acquisition. *Science,* 183, 99-101.

D'Andrade, R. G. 1981 The cultural part of cognition. *Cognitive Science,* 5, 179-195.

Dasen, P. R. 1975 Concrete operational development in three cultures. *Journal of Cross-Cultural Psychology,* 6, 156-172.

Dickson, W. P. (Ed.) 1981 *Children's oral communication skills.* Academic Press.

Dunn, J., & Plomin, R. 1986 Determinants of maternal behaviour towards 3-year-old siblings. *British Journal of Developmental Psychology,* 4, 127-137.

Edwards, D., & Mercer, N. M. 1987 *Common knowlegde : The development of understanding in the classroom.* Methuen.

Engeström, Y. 1990 *Learning, working and imagining : Twelve studies in activity theory.* Orienta-Konsultit Oy.

Ericsson, K. A., & Simon, H. A. 1980 Verbal reports as data. *Psychological Review,* 87(3), 215-251.

Ericsson, K. A., & Simon, H. A. 1984 *Protocol analysis : Verbal reports as data.* The MIT Press.

Frye, D. 1981 Developmental changes in strategies of social interaction. In M. E. Lamb, & L. R. Sherrod (Eds.), *Infant social cognition : Empirical and theoretical consideration.* Lawrence Erlbaum Associates.

藤原正博・遠藤辰雄・井上祥治　1974　Self-esteem の心理学的研究(6)　日本教育心理学会第 16 回総会発表論文集，504-505.

福井とみ子・本田時雄・伊藤裕子・川浦康至・田代俊子・池田政子・山村香苗　1977　女性の生活史に関する研究(3)　日本教育心理学会第 19 回総会発表論文集，444-445.

Furth, H. G.　1966　*Thinking without language : Psychological implication of deafness.* Free Press. (染山教潤・氏家洋子訳：言語なき思考——聾の心理学的内含，誠信書房，1982)

Gamoran, A.　1990　Civil religion in American schools. *Sociological Analysis,* **51**(3), 235-256.

Garcia-Coll, C. G., Kagan, J., & Reznick, L. J.　1983　Behavioral inhibition in young children. *Child Development,* **55**, 1005-1019.

Gauvain, M.　1995　Influence of the purpose of an interaction on adult-child planning. *Infancia y Apredizaje,* **69-70**, 141-155.

Geertz, C.　1973　*The interpretation of cultures.* Academic Press.

Gibson, E. J.　1969　*Principles of perceptual learning and development.* Applenton-Century Croft.

Gibson, J. J.　1979　*The ecological approach to visual perception.* Houghton Mifflin Company. (古崎　敬ほか訳：生態学的視覚論——ヒトの知覚世界を探る，サイエンス社，1985)

Ginsberg, H.　1972　*The myth of the deprived child.* Prentice-Hall.

Glaser, R., & Resnick, L. B.　1972　Instructional psychology. In P. H. Mussen, & I. Rosensweig (Eds.), *Annual review of psychology,* **23**, 181-276.

Glick, J.　1981　Functional and structural aspects of rationality. In I. Sigel, D. Brodzinsky, & R. Golinkoff (Eds.), *New direction in Piagetian theory and practice.* Lawrence Erlbaum Associates.

Goldsmith, D., & Rogoff, B　1995　Sensitivity and teaching by dysphoric and nondysphoric women in structured versus unstructured situations. *Developmental Psychology,* **31**, 388-394.

Goldsmith, D., & Rogoff, B　1997　Mothers' and toddlers' coordinated joint focus of attention : Variations with maternal dysphoric symptoms. *Developmental Psychology,* **33**, 113-119.

Goodnow, J. J.　1987　The socialization of cognition : What's involved? *Paper presented at the conference on Culture and Human Development.* Chicago.

Graves, Z. R., & Glick, J.　1978　The effect of context on mother-child interaction. *Quarterly Newsletter of the Institute for Comparative Human Development,* **2**, 41-46.

Greenfield, P. M., & Bruner, J. S.　1966　Culture and cognitive growth.

International Journal of Psychology, **1**, 89-107.

Hayes-Roth, F., Klahr, P., & Mostow, D. J.　1981　Advice-taking and knowledge refinement : An interactive view of skill acquisition. In J. R. Anderson (Ed.), *Cognitive skills and their acquisition.* Lawrence Erlbaum Associates.

Heath, S. B.　1983　*Ways with words : Language, life and work in communities and classroom.* Cambridge University Press.

Hebb, D. O.　1949　*The organization of behavior.* Wiley.（白井　常訳：行動の機構，岩波書店，1957）

Hess, R. D., & Shipman, V. C.　1965　Early experience and the socialization of cognitive modes in children. *Child Development,* **36**, 869-886.

Hess, R. D., & Shipman, V. C.　1967　Cognitive elements in maternal behavior. In J. P. Hill (Ed.), *Minnesota Symposia on Child Psychology,* **1**, Minnesota University Press.

Holloway, S.　1992　A potential wolf in sheep's clothing : The ambiguity of "cooperation." *Journal of Education,* **174**, 80-99.

Holquist, M.　1981　The politics of representation. In S. Greenblatt (Ed.), *Allegory in representation : Sellected papers from the English institute.* Johns Hopkins University Press.

Holquist, M.　1994　The reterritorialization of the enthymeme. *Paper presented at the International Conference on "Vygotsky and the Human Science".* Moscow.

Hunt, J. McV.　1961　*Intelligence and experience.* Ronald Press.

Kagan, J.　1989　*Unstable ideas : Temperament, cognition, and self.* Harvard University Press.

小泉　保　1999　挨拶とコミュニケーションの文化　國文学，**44**(6)，6-9.

Kopp, C. B.　1982　Antecedents of self-regulation : A developmental perspective. *Developmental Psychology,* **18**, 199-214.

鯨岡　峻　1986　母子関係と間主観性の問題　心理学評論，**29**，506-529.

Labov, W. P., Cohen, P., Robins, C., & Lewis, J.　1968　A study of the nonstandard English of negro and Puerto-Rican speakers in New York city. *Final report, US Office of Education cooperative research project,* No. 2288.

Lave, J.　1988　*Cognition in practice : Mind, mathematics and culture in everyday life.* Cambridge University Press.（無藤　隆ほか訳：日常生活の認知行動——人は日常生活でどう計算し，実践するか，新曜社，1995）

Lave, J., & Wenger, E.　1991　*Situated learning : Legitimate peripheral participation.* Cambridge University Press.（佐伯　胖訳：状況に埋め込まれた学習——正統的周辺参加，産業図書，1993）

Lenneburg, L.　1969　*Biological foundations of language.* Wiley.

Lewis, M., & Brooks-Gunn, J.　1974　Self, other and fear : Infant's reaction to people. In M. Lewis, & L. Rosenblum (Eds.), *The origin of behavior : The origin of fear, Vol. 2*. Wiley.

Lewis, M., & Brooks-Gunn, J. 1979 *Social cognition and the acquisition of self*. Plenum Press.

Lewis, M., Brooks-Gunn, J., & Jaskir, J. 1985 Individual differences in visual self-recognition as a function of mother-infant attachment relationship. *Developmental Psychology*, 21(6), 1181-1187.

Lewis, M., Feiring, C., McGuffog, C., & Jaskir, J. 1984 Predicting psychopathology in six-year-olds from early social relations. *Child Development*, 55, 123-136.

Lewis, M., & Schaeffer, S. 1981 Peer behavior and mother-infant interaction in maltreated children. In M. Lewis, & L. Rosenblum (Eds.), *The uncommon child : The genesis of behavior, Vol. 3*. Plenum Press.

Litowitz, B. E. 1993 Deconstruction in the zone of proximal development. In E. A. Foreman, N. Minick, & C. A. Stone (Eds.), *Contexts for learning*. Oxford University Press.

Londervill, S., & Main, M. 1981 Security of attachment, compliance and maternal training methods in the second year of life. *Developmental Psychology*, 17, 289-299.

Lotman, Yu. M. 1988 Text within a text. *Soviet Psychology*, 26(3), 32-51.

Lucariello, J. 1990 Canonicality and consciousness in child narrative. In B. Britton, & A. Pellegrini (Eds.), *Narrative, thought and narrative language*. Lawrence Erlbaum Associates.

Lucariello, J. 1994 Situational irony : A concept of events gone away. *Journal of Experimental Psychology : General*, 123, 129-145.

Lucariello, J. 1995 Mind, culture, person : Elements in a cultural psychology. *Human Development*, 38, 2-18.

Luria, A. R. 1976 *Cognitive development : Its cultural and social foundations*. Harvard University Press.

Luria, A. R. 1979 *The making of mind*. Harvard University Press.

ルリア, A. R.（天野　清訳）　1982　言語と意識　金子書房

Main, M. 1983 Exploration, play and cognitive functioning related to infant-mother attachment. *Infant Behavior and Development*, 6, 167-174.

Matas, L., Arend, R. A., & Sroufe, L. A. 1978 Continuity of adaptation in the second year : The relationship between quality of attachment and later competence. *Child Development*, 49, 547-556.

McCarthy, D. 1954 Language development in children. In L. Carmichael (Ed.), *Mannual of child psychology*. Wiley.

McDevitt, S. C. 1986 Continuity and discontinuity of temperament in infancy and early childhood : A psychometric perspective. In R. Plomin, & J. Dunn (Eds.), *The study of temperament : Changes, continuities, and challenges*. Lawrence Erlbaum Associates.

Mehan, H.　1985　The structure of classroom discourse. In van T. A. Dijk (Ed.), *Handbook of discourse anlysis, Vol. 3, Discourse and dialogue.* Academic Press.

Miller, P. J., & Moore, B. B.　1989　Narrative conjunctions of caregiver and child : A comparative perspective on socialization through stories. *Ethos,* 17, 428-449.

三宅和夫（編）　1991　乳幼児の人格と母子関係　東京大学出版会

Miyake, K., Chen, S., & Campos, J. J.　1985　Infant temperament, mother's mode of interaction and attachment in Japan. In I. Bretherton, & E. Waters (Eds.), Growing points in attachment theory and research. *Monographs of the Society for Research in Child Development,* 50 (1-2, serial No. 209).

Miyake, K., Chen,. S. J., Ujiie, T., Tajima, N., Satoh, K., & Takahashi, K. 1983　Infant's temperamental disposition, mother's mode of interaciotn, quality of attachment, and infant's receptivity to socialization. *Annual Report 1981-1982, Research and Clinical Center for Child Development, Faculty of Education, Hokkaido University,* 5, 25-50.

三宅和夫・田島信元・臼井　博　1980　自由遊び場面における母子相互交渉と幼児の知的発達──日米比較研究　北海道大学教育学部紀要，37, 1-76.

水上啓子　1987　乳児世界への挑戦──乳児はどこまで分かったか　子ども学研究，1, 160-174. 建帛社

茂呂雄二　1991　対話としての知・行為としての知──認知科学におけるヴィゴツキーとバフチンのアプローチの今日的な意味　現代思想，19(6), 104-113.

無藤　隆　1983　会話　波多野完治・依田　新（監修）　児童心理学ハンドブック　金子書房

中村和夫　1999　ヴィゴツキーの発達論──文化−歴史的理論の形成と展開　東京大学出版会

Nelson, K. (Ed.)　1986　*Event knowlegde : Structure and function in development.* Lawrence Erlbaum Associates.

Newman, D., Griffin, P., & Cole, M.　1989　*The construction zone : Working for cognitive change in school.* Cambridge University Press.

Norman, D. A.　1989　Cognitive artifact. *Paper prepared for the workshop on cognitive theory and design in human-computer interaction.* New York.

Nystrand, M.　1993　Dialogic instruction and the social mediation of learning and understanding : A two-year study of classroom discourse in eighth- and ninth-grade English. *Paper presented at the convention of the American Educational Research Association.* Atlanta.

Ochs, E.　1988　*Culture and language development : Language acquisition and language socialization in a Samoan village.* Cambridge University Press.

Ochs, E., & Schieffelen, B. B.　1984　Language acquisition and socialization. In R. A. Shweder, & R. A. LeVine (Eds.), *Culture theory : Essays on mind, self and emotion.* Cambridge University Press.

大日向雅美　1978　母性意識の発達に関する研究(2)　日本教育心理学会第20回総会発表論文集, 140-141.

大日向雅美　1988　母性の研究　川島書店

岡本夏木　1982　子どもとことば　岩波書店

岡本能里子　1997　教室談話における文体シフトの指標的機能――丁寧体と普通体の使い分け　日本語学, 3, 39-51.

Palincsar, A. S., & Brown, A. L.　1984　Reciprocal teaching of comprehension-fostering and comprehension-monitoring activities. *Cognition and Instruction,* 1, 117-175.

Palincsar, A. S., & Brown, A. L.　1988　Teaching and practicing thinking skills to promote comprehension in the context of group problem solving. *RASE,* 9, 53-59.

Paradice, E. B., & Cucio, F.　1974　Relationship of cognitive and affective behaviors to fear of strangers in male infants. *Developmental Psychology,* 10, 476-483.

Piaget, J., & Inhelder, B.　1966　*La psychologie de l'infant.* Presses Universitaires de France.（波多野完治ほか訳：新しい児童心理学, 白水社, 1969）

Reddy, M. J.　1979　The conduit metaphor : A case of frame conflict in our language about language. In A. Ortony (Ed.), *Metaphor and thought.* Cambridge University Press.

Resnick, L. B., Levine, J. M., & Teasley, S. D. (Eds.)　1991　*Perspectives on socially shared cognition.* American Psychological Association.

Rogoff, B.　1986　Adult assistance of children's learning. In T. E. Rapheal (Ed.), *The context of school based literacy.* Random House.

Rogoff, B.　1990　*Apprenticeship in thinking : Cognitive development in social context.* Oxford University Press.

Rogoff, B.　1998　Cognition as a collaborative process. In D. Kuhn, & R. S. Siegler (Eds.), *Handbook of child psychology (5th edition), Vol.2, Cognition, perception, and language.* Wiley.

Rogoff, B., & Gardner, W.　1984　Adult guidance of cognitive development. In B. Rogoff, & J. Lave (Eds.), *Everyday cognition : Its development in social context.* Harvard University Press.

Rogoff, B., & Lave, J. (Eds.)　1984　*Everyday cognition : Its development in social context.* Harvard University Press.

Ryle, G.　1949　*The concept of mind.* Barnes & Noble.

Sameroff, A. J.　1979　The etiology of cognitive competence. In R. B.

Kearsly, & I. E. Siegel (Eds.), *Infants at risk*. Lawrence Erlbaum Associates.

Sameroff, A. J.　1993　Models of development and developmental risk. In C. Zeanah (Ed.), *Handbook of infant mental health*. Guilford Press.

Sameroff, A. J., & Chandler, M. J.　1975　Reproductive risk and the continuum of caretaking causality. In F. D. Horovits, M. Hetherington, S. Scarr-Salapatek, & G. Siegel (Eds.), *Review of child development research, Vol. 4*. University of Chicago Press.

佐藤俊昭　1990　子どもの気質の追跡研究──第3報・1～2歳児の気質とその安定性　東北大学教養部紀要, **53**, 295-318.

真田信治・渋谷勝巳・陣内正敬・杉戸清樹　1992　社会言語学　おうふう

佐伯　胖　1992　ヒューマン・インタフェースは異文化交流の場である　認知科学の発展, Vol. 5, 5-27. 講談社

Saxe, G. B.　1981　Body parts as numerals : A developmental analysis of numeration among the Oksapmin in Papua New Guinea. *Child Development*, **52**, 306-316.

Scarr, S., & Salapatek, P.　1970　Patterns of fear development during infancy. *Merrill-Palmer Quaterly*, **16**, 53-87.

Schneider-Rosen, K., & Ciccihitti, D.　1984　The relationship between affect and cognition in maltreated infants : Quality of attachment and the development of visual self-recognition. *Child Development*, **55**, 648-658.

Scribner, S.　1986　Thinking in action : Some characteristics of practical thought. In R. Sternberg, & R. Wagner (Eds.), *Practical intelligence*. Cambridge University Press.

Scribner, S., & Cole, M.　1981　*The psychology of literacy*. Harvard University Press.

Shweder, R. A.　1990　Cultural psychology—what is it? In J. W. Stigler, R. A. Shweder, & G. Herdt (Eds.), *Cultural psychology : Essays on comparative human development*. Cambridge University Press.

Shweder, R. A.　1991　*Thinking through cultures : Expeditions in cultural psychology*. Harvard University Press.

Siegler, R. S., & Crowley, K.　1991　The microgenetic method : A direct means for studying cognitive development. *American Psychologist*, **46**, 606-620.

Smolka, A. L. B., de Goes, M. C. R., & Pino, A.　1995　The constitution of the subject : A persistent question. In J. V. Wertsch, P. del Rio, & A. Alvarez (Eds.), *Sociocultural studies of mind*. Cambridge University Press.

Sorce, J. F., Emde, R. N., Campos, J., & Klinnert, M. D.　1985　Maternal emotional signaling : Its effection the visual criff behavior of 1-year-olds.

Developmental Psychology, **21**, 195-200.

Sroufe, L. A. 1979 The coherence of individual development : Early care, attachment and subsequent developmental issues. *American Psychologist,* **34**(10), 834-841.

Stigler, J. W., Shweder, R. A., & Herdt, G. (Eds.) 1990 *Cultural psychology : Essays on comparative human development.* Cambridge University Press.

Suchman, L. 1987 *Plans and situated actions : The problem of human machine communication.* Cambridge University Press. (佐伯 胖監訳：プランと状況的行為——人間-機械のコミュニケーションの可能性, 産業図書, 1999)

菅原ますみ・島 悟・戸田まり・佐藤達哉・北村俊則 1994 乳幼児期にみられる行動特徴——日本語版 RITQ および TTS の検討 教育心理学研究, **42**, 315-323.

田島啓子 1992 プロトコル分析 東 洋ほか（編） 発達心理学ハンドブック 福村出版

田島啓子 2000 プロトコル分析 田島信元・西野泰広（編） 発達研究の技法 福村出版

田島信元 1984 子どもはどのようにモノゴトを理解するのか 発達, No. 18, Vol. 5, 95-103.

田島信元 1986 認知発達に及ぼす社会的相互交渉の影響過程 東京外国語大学論集, **36**, 209-230.

田島信元 1988 母子相互交渉における子どもの情報処理過程 心理学評論, **31**, 158-177.

田島信元 1990 社会的文脈における子どもの情報処理過程の変容と一貫性 発達の心理と医学, **1**(3), 291-301.

田島信元 1991 母子関係・子どもの行動特徴と自己制御行動の発達 三宅和夫（編） 乳幼児の人格形成と母子関係 東京大学出版会

田島信元 1992 子どもの発達と学習 教育と医学, **40**(8), 49-54.

田島信元 1993 心の社会的構成論——発達への社会・文化的アプローチ 別冊・発達, No.15, 222-239.

田島信元 1997 母子相互交渉と母性形成との関係に関する短期縦断的研究 性格心理学研究, **6**, 40-49.

Tajima, N. 1997 The influence of dialogicality on the development of child's self-regulation : An experimental approach. 平成8年度科学研究費補助金研究成果報告書（一般研究C：代表, 田島信元）, 4-17.

田島信元 2000 社会的相互交渉と子どもの人格発達 多賀出版

田島信元・小林琢哉・上村佳世子・山崎浩一 1996 認識の社会的構成の過程——児童期の同輩集団の影響過程について 東京外国語大学論集, **52**, 179-197.

Tajima, N., & Miyake, K. 1980 The mediational role of the child's style of reaction in determining the relationship between maternal behavior and the child's cognitive development. *Annual Report 1978-1979, Research and Clinical Center for Child Development, Faculty of Education, Hokkaido University,* 2, 31-42.

田島信元・小田倉泉　1986　母性の形成過程と保育　現代のエスプリ，No. 234, 115-128.

田島信元・上村佳世子　1988　コミュニケーションと情報処理──母子，教師−生徒，教師−障害児，留学生間相互交渉における情報処理過程の分析　安田生命社会事業団研究助成論文集，第24号，No. 2, 73-87.

田島信元・上村佳世子　1994　認識の社会的構成の過程──マイクロメゾジェネティック・アプローチ　東京外国語大学論集，第48号，203-228.

田島信元・上村佳世子　1995　認識の文化的発達──マイクロメゾジェネティック・アプローチに基づく認識の社会的構造過程の分析　平成7年度科学研究費補助金研究成果報告書（総合研究A：代表，井上史雄），33-44.

田島信元・上村佳世子・西澤弘行・山崎浩一・大場説子　1990　展望──親子関係と子どもの発達　母子研究，10, 1-30.

田島信元・上村佳世子・山崎浩一・井上史雄　1997　ことば遣いの「自然さ」に関する子どもの認識　平成8年度科学研究費補助金研究成果報告書（一般研究C：代表，田島信元），42-59.

田島信元・上村佳世子・山崎浩一・若尾良徳・亀井美弥子　2001　小学校1年生の教室行動適応過程における討論活動の意味と貢献──協同行為の中の学習　母子研究，21, 87-96.

田島信元・臼井博　1979　展望──認知的社会化研究　教育心理学年報，19, 125-144.

Taylor, C. 1985 *Human agency and language : Phylosophical papers 1.* Cambridge University Press.

Thomas, A., & Chess, S. 1986 The New York longitudinal study : From infancy to early adult life. In R. Plomin, & J. Dunn (Eds.), *The study of temperament : Changes, continuities and challenges.* Lawrence Erlbaum Associates.

Thomas, A., Chess, S., & Birch, H. G. 1968 *Temperament and behavior disorders in children.* New York University Press.

Tomasello, M. 1995 Joint attention as social cognition. In C. Moore, & P. Dunham (Eds.), *Joint attention : Its origins and role in development.* Lawrence Erlbaum Associates.

Tomasello, M. 1999 *The cultural origins of human cognition.* Harvard University Press.

Tomasello, M., & Barton, M. 1994 Learning words in non-obstensive contexts. *Developmental Psychology,* 30, 639-650.

Tomasello, M., Savage-Rumbaugh, E. S., & Kruger, A. C. 1993 Imitative learning of actions on objects by children, chimpanzees, and enculturated

272

chimpanzees. *Child Development,* **64**, 1688-1705.

Trevarthen, C. 1977 Descriptive analysis of infant communicative behavior. In H. R. Schaffer (Ed.), *Studies in mother-infant interaction. Procedings of the Loch Lomond Symposium, Ross Priory, University of Strathclyde, September 1975.* Academic Press.

Trevarthen, C., & Hubley, P. 1978 Secondary intersubjectivity : Confidence, confiding, and acts of meaning in the first year. In A. Lock (Ed.), *Action, gesture, and symbol.* Academic Press.

Tulviste, P. 1978 On the origins of theoretic syllogistic reasoning in culture and in the child. In *Problems of communication.* Tartu University Press.

Uemura, K. 1997 The development of dialogicality in child's utterance. 平成8年度科学研究費補助金研究成果報告書（一般研究C：代表，田島信元），18-28.

上村佳世子・田島信元 1994 子どもの一日の生活に関する社会文化的研究 人間科学研究，7(1)，111-118.

上村佳世子・田島信元 1995 子どもの仲間同士の交渉と意志決定過程 人間科学研究，8(1)，75-84.

上野直樹 1991 状況的認知 日本児童研究所（編） 児童心理学の進歩1991年版 金子書房

上野直樹 1999 仕事の中での学習――状況論的アプローチ（シリーズ人間の発達9） 東京大学出版会

Voloshinov, V. N. 1973 *Marxism and the philosophy of language.* trans. L. Matejka, & I. R. Titunic. Seminar Press.（北岡誠司訳：言語と文化の記号論（ミハイル・バフチン著作集4），新時代社，1980／桑野 隆訳：マルクス主義と言語哲学，未来社，1989）

ヴィゴツキー，L. S.（柴田義松ほか訳） 1930/1987 心理学の危機 明治図書

Vygotsky, L. S. 1934 *Thinking and speech : Psychological investigations.* Uchpedgiz.（柴田義松訳：思考と言語，明治図書，1962）

ヴィゴツキー，L. S.（柴田義松訳） 1930-1931/1970 精神発達の理論 明治図書

Vygotsky, L. S. (Eds. M. Cole, V. John-Steiner, S. Scribner, & E. Souberman) 1978 *Mind in society : The development of higher psychological processes.* Harvard University Press.

Werner, H. 1948 *Comparative psycology of mental development.* International Universities Press.（鯨岡 峻ほか訳：発達心理学入門，ミネルヴァ書房，1976）

Wertsch, J. V. 1979 *The concept of activity in Soviet psychology.* M. E. Sharpe.

Wertsch, J. V. 1985 *Vygotsky and the social formation of mind.* Harvard University Press.

Wertsch, J. V.　1991　*Voices of the mind : A sociocultural approach to mediated action.* Harvard University Press.（田島信元ほか訳：心の声―― 媒介された行為への社会文化的アプローチ，福村出版，1995）

Wertsch, J. V.　1998　*Mind as action.* Oxford University Press.（佐藤公治 ほか訳：行為としての心，北大路書房，2002）

Witkin, H. A.　1962　*Psychological differenciation : Studies of development.* Wiley.

Wood, D., Bruner, J. S., & Ross, G.　1976　The role of tutoring in problem-solving. *Journal of Child Psychology and Psychiatry,* **17**, 89-100.

Wundt, W.　1916　*Elements of folk psychology.* Allen and Unwin.

Yamazaki, K., Tajima, N., & Uemura, K.　1997　Development of self-regulation through dialogue : Self-assertion through self-inhibition. *Annual Report 1995-1996, Research and Clinical Center for Child Development, Faculty of Education, Hokkaido University,* **19**, 65-73.

人名索引

事項索引

278

● 著 者 紹 介

田 島 信 元（たじま　のぶもと）

1946 年　福岡県に生まれる
1971 年　東京外国語大学外国語学部ロシア語学科卒業
1974 年　東京大学大学院教育学研究科教育心理学専攻
　　　　　修士課程修了
1974 年　北海道大学教育学部発達心理学講座助手
1984 年　東京外国語大学外国語学部教職課程心理学研究
　　　　　室助教授
1997 年　博士（人間科学）大阪大学
現　在　東京外国語大学外国語学部総合文化講座心理学
　　　　　研究室教授
主著書　『社会性の発達心理学』（共編著，福村出版，
　　　　　1991）『発達心理学ハンドブック』（共同企画・
　　　　　編著，福村出版，1992）『社会的相互交渉と子
　　　　　どもの人格発達』（多賀出版，2000）『発達研究
　　　　　の技法』（共編著，福村出版，2000）『認知発達
　　　　　とその支援』（共編著，ミネルヴァ書房，2002）

認識と文化 1

共同行為としての学習・発達
　　　──社会文化的アプローチの視座

2003 年 4 月 25 日　初版第 1 刷発行　　　　　　〔検印省略〕

著　者　　　田 島 信 元

発 行 者　　　保 坂 健 治

発 行 所　　株式 金 子 書 房
〒 112-0012　東京都文京区大塚 3 - 3 - 7
電　話　03（3941）0111〔代〕
Ｆ Ａ Ｘ　03（3941）0163
振　替　00180-9-103376
URL http://www.kanekoshobo.co.jp

印　刷　壮光舎印刷株式会社
製　本　株式会社三水舎

ISBN 4-7608-9251-6　C 3311

認 識 と 文 化

編集　田島信元・無藤　隆

金子書房刊